U0582472

2012年河南省哲学社会科学规划课题"人文主义视野下高等职业院校办学理念演变与归向"（2012BJY014）

2014年河南省高校科技创新人才（人文社科）支持计划（教社科2004-295）

技术人文视野下
高等职业院校办学理念研究

刘　刚　邵　帅　刘志坚◎著

人民出版社

责任编辑:李椒元

装帧设计:中联学林

责任校对:张明明

图书在版编目(CIP)数据

技术人文视野下高等职业院校办学理念研究/刘刚,邵帅,刘志坚著.
—北京:人民出版社,2019.12
ISBN 978－7－01－021133－6

Ⅰ.①技…　Ⅱ.①刘…②邵…③刘…　Ⅲ.①高等职业教育—学校管理—研究—中国　Ⅳ.①G718.5

中国版本图书馆 CIP 数据核字(2019)第 171318 号

技术人文视野下高等职业院校办学理念研究

JISHU RENWEN SHIYE XIA GAODENG ZHIYE YUANXIAO BANXUE LINIAN YANJIU

刘刚　邵帅　刘志坚　著

人民出版社 出版发行

(100706　北京市东城区隆福寺街 99 号)

三河市华东印刷有限公司印刷　新华书店经销
2019 年 12 月第 1 版　2019 年 12 月北京第 1 次印刷
开本:710 毫米×1000 毫米　1/16　印张:16.5
字数:240 千字　印数:0,001－3,000 册
ISBN 978-7-01-021133-6　定价:36.00 元

邮购地址:100706　北京市东城区隆福寺街 99 号
人民东方图书销售中心　电话:(010)65250042　65289539

版权所有·侵权必究

凡购买本社图书,如有印制质量问题,我社负责调换。

服务电话:(010)65250042

前　言

　　2019 年 1 月，国务院印发的《国家职业教育改革实施方案》明确指出："职业教育与普通教育是两种不同教育类型，具有同等重要地位。"改革开放以来，包括高等职业教育在内的现代职业教育体系框架全面建成，服务经济社会发展能力和社会吸引力不断增强。20 世纪 90 年代以来，我国高等职业教育更是经过了一个快速发展的时期，高等职业教育的迅速壮大和蓬勃发展，满足了社会发展对应用型人才的需要，顺应了广大群众接受高等教育的强烈需求，为我国经济社会发展提供了有力的人才和智力支撑。

　　但是，随着我国进入新的发展阶段，产业升级和经济结构调整不断加快，各行各业对技术技能人才的需求越来越紧迫，高等职业教育重要地位和作用越来越凸显。同时，在世界文化多元化、经济发展转型化、高等教育普及化等背景下，高等职业教育质量面临诸多挑战。国家在提出并持续推动建设高水平大学、推动部分普通高等学校向职业院校转型等重大教育政策的同时，进一步就高等职业教育改革与发展做出了一系列重要安排部署。近两年来，先后印发了《国家职业教育改革实施方案》《加快推进教育现代化实施方案（2018 - 2022 年）》《中国教育现代化 2035》《关于实施中国特色高水平高职学校和专业建设计划的意见》等一系列对高等职业教育发展有重大影响的文件，高等职业院校改革与发展的路径逐渐清晰。比如，《国家职业教育改革实施方案》提出的目标是："经过5—10年左右时间，职业教育基本完成由政府举办为主向政府统筹管理、社会多元办学的格局转变，由追求规模扩张向提高质量转变，由参照普通教育办学模式向企业社会参与、专业特色鲜明的类型教育转变，大幅提升新时代职业教育现代化水平，为促进经济社会发展和提高国家竞争力提供优质人才资源支撑。"《中国教育现代化2035》提出"持续推动地方本科高等学校转型发展。加快发展现代职业教育，不断优化职业教育结构与布局。推动职业教育与产业发展有机衔接、深度融合，集中力量建成一批中国特色高水平职业院校和专业"。

没有职业教育现代化就没有教育现代化。高等职业院校要满足国家经济社会发展需要，满足全民终身学习需要，实现高等职业教育现代化，就必须进一步创新高等职业院校办学理念，在审视大学理念发展演变的规律中，推动技术技能人才培养结构变革，增强服务经济社会发展的能力，这样才能肩负起建设人力资源强国、工匠大国的重任。因此，当前加强高等职业院校办学理念的研究具有较强的现实意义，将直接推动高等职业院校的改革与发展。"一个人如果不理解过去不同时代和地点存在的大学理念，他就不能真正理解现代大学。"① 为此，我们以技术人文为视角，对高等职业院校办学理念进行了比较系统的研究。力图沿着技术进步与人文发展两条线，从历史发展的宏观高度系统梳理和考察高等教育、高等职业教育办学理念的发展规律；通过对高等教育、高等职业教育发展历程中技术与人文此消彼长的纵向考察和横向比较，指

---

① ［美］伯顿·克拉克：《高等教育新论》，王承绪等译，浙江教育出版社1988年版，第45页。

出高等职业院校办学理念先天缺失人文主义思想，具有显著的技术主义倾向。进而提出了高等职业院校办学理念的技术人文归向和创新。

全书包括 8 个部分。"导论——高等职业教育研究的新视角"，主要介绍我国高等职业教育从高等教育事业的边缘走向中心的历史背景，并说明高等职业教育发展在新时期所迎来的机遇和面临的挑战，提出当前高等职业院校办学理念新的研究视角。第一章"人文主义的滥觞"，介绍中西方人文主义源流，以此作为研究的基础和起点。第二章"早期大学及其办学理念"，考察中西方早期大学发展历程，研究对比中西方早期大学的办学特征和主要办学理念。第三章"人文教育的兴衰与高等教育办学理念的转向"，以人文教育的兴衰为线，介绍高等教育办学理念的转向，考察高等职业教育办学理念的人文教育缺失。第四章"技术对职业教育办学理念的浸染"，以技术进步为线，从生产技术发展与职业教育的萌芽、技术革命与现代职业教育的产生、第三次技术革命与高等职业教育的壮大三个阶段考察职业教育办学理念的技术主义基因。第五章"我国高等职业院校办学理念的技术主义偏向"，指出技术主义对高等职业教育的浸染显而易见，深入分析了高等职业院校呈现的技术主义偏向及其原因。第六章"人文主义回归对高等职业院校办学理念的矫正"，梳理了 20 世纪 80 年代以来，我国基础教育素质教育、大学人文教育、高等职业院校人文教育等理念的提出与发展，沿着历史的脉络把握人文主义对高等职业院校办学理念的矫正。第七章"高等职业院校办学理念的归向"，归纳和概括了适应我国社会发展的高等职业院校技术人文相融的办学理念，提出了"技术人文""职业人文""实践人文"、服务区域、开放共享等理念，这些理念既是适应社会发展的适时转向，也是不忘初心遵循教育本源的归向。

尽管我们努力了，但限于水平和能力，我们认为此次研究也还存在一些不足。比如，对于高等教育、高等职业教育办学理念的历史梳理还有待进一步条理化，有些历史资料的收集还有待进一步充实；对我国高等职业院校办学理念现状的调查与分析还有待进一步准确，对高等职业院校办学理念发展趋势的总结还有待进一步提炼，等等。

时至初夏，繁花盛开。愿我们的研究能够对我国高等职业教育的发展有所裨益，希望我们的研究能够促进高等职业院校创新办学理念、提升办学活力、提高人才培养质量，更好适应我国产业结构转变，服务国家发展战略，促进高等职业教育创新、协调、绿色、开放、共享和特色发展。

目　录

导论——高等职业教育研究的新视角

    1999 年以来，我国高等职业教育进入了一个快速发展的新时期。高等职业教育的迅速壮大和蓬勃发展，满足了社会发展对应用型人才的需要，顺应了广大群众接受高等教育的强烈需求。就教育发展意义上来讲，一方面推动了我国高等教育大众化进程，一方面丰富了我国高等教育体系结构。随着社会发展和人民群众对高等职业教育的要求不断提高，高等职业教育机遇与挑战并存，持续提高教育教学质量既是现代化建设的必然要求，也是高等职业教育发展的自身要求。2006 年，教育部《关于全面提高高等职业教育教学质量的若干意见》提出："要认真贯彻国务院关于提高高等教育质量的要求，适当控制高等职业院校招生增长幅度，相对稳定招生规模，切实把工作重点放在提高质量上。"这实际上也标志着我国高等职业教育在前几年规模扩张为主的基础上，开始进入由规模到质量的历史转型时期。2014 年，国务院印发《关于加快发展现代职业教育的决定》，进一步提出加快发展现代职业教育，着重强调"引导一批本科高等学校向应用技术类型高等学校转型，重点举办本科职业教育"。高等职业教育面临新的发展机遇与挑战，如何面对和适应新的发展形势和发展趋势，不仅是决策层思考的重要问题，而且是理论界普遍关注的重大课题。站在我国高等职业教育发展战略的高度思考，以技术与人文的视角研究高等职业院校办学理念的演变与归向既是当前的一个研究重点更是一个研究难点，无论对于现有高等职业院校的发展，还是对于部分普通本科院校向职业院校转型都具有理论价值和现实意义。

第一节　高等职业教育是一项朝阳事业

经过数十年的艰难发展，高等职业教育正在"从边缘走向中心"，[①]尤其1998年之后，已经发展成为我国高等教育的一项朝阳事业。

一、高等职业教育从边缘走向中心

中国高等职业教育真正纳入高等学历教育基本上是从1998年后开始的，"也就是从那个时候起，在教育部的高等教育司设置了高职高专处，来统筹管理中国的高职高专教育。从1998年开始，中国的高职高专教育，尤其是高职教育得到了跨越式的迅猛发展"[②]。1999年6月，第三次全国教育工作会议通过了《关于深化教育改革全面推进素质教育的决定》，其中强调高等职业教育是高等教育的重要组成部分，提出"通过多种形式积极发展高等教育，到2010年，我国同龄人口的高等教育入学率从现在的9%提高到15%左右"。具体措施就是要通过现有的职业大学等改组和改制、本科高等学校举办或与企业合作举办、省（自治区、直辖市）统筹当地教育资源举办等多种形式"大力发展高等

---

① 别敦荣：《从边缘走向中心：高等职业教育的新理念》，《煤炭高等教育》2002年第5期。

② 范唯：《中国高等职业教育现状及发展趋势》，载中国教育国际交流协会编：《中国教育国际论坛》第5辑，人民教育出版社2007年版，第51页。

职业教育"。1999 年年底，召开了第一次全国高职高专教育教学工作会议；2002 年召开的全国职业教育工作会议，政府再一次把发展高等职业教育列入了重要的议事日程，会议通过的《国务院关于大力推进职业教育改革与发展的决定》提出："大中城市和经济发达地区要在继续发展中等职业教育和职业培训的同时，积极发展高等职业教育，有条件的市（地）可以举办综合性、社区性的职业技术学院。"2005 年，《国务院关于大力发展职业教育的决定》提出：到 2010 年，"高等职业教育招生规模占高等教育招生规模的一半以上"。这一目标提前 3 年达到。

高等职业教育的发展极大地推动了高等教育大众化进程。1999 年，"大扩招"成为我国高等教育发展的主题词，在世纪之交掀起了一场巨大而深刻的变革。我国高等教育毛入学率在 2002 年正式突破 15% 的界限，提前 8 年实现了高等教育"大众化"的战略目标。2007 年 10 月，教育部权威发布："2006 年，全国普通高校招生 540 万人，是 1998 年 108 万的 5 倍；高等学校在学人数 2500 万人，毛入学率为 22%。我国高等教育规模先后超过俄罗斯、印度和美国，成为世界第一。"①

在这一进程中，高等职业教育承担了大部分高等教育扩招的任务，逐渐从教育系统的边缘走向中心，成为高等教育系统非常重要的组成部分。1999 年扩招以来，高等学校每年新增的招生计划，主要投放到了高等职业教育。

从招生情况来看，2005 年全国高职高专招生人数达 268.1 万人，是 1998 年的 5.6 倍；从在校生规模来看，2005 年全国高职高专在校生人数为 713 万人，占普通本专科在校生总数的 45.7%，比 1998 年提高了 11.3 个百分点；从院校数量来看，2005 年全国独立设置高职高专院

---

① 《党的十六大以来教育改革与发展成就系列材料之六：切实把重点放在提高质量上，高等教育为现代化建设服务能力不断增强》，中华人民共和国教育部网站，http://www.moe.gov.cn/jyb_ xwfb/gzdt_ gzdt/moe_ 1485/tnull_ 27558.html。

校 1091 所，是 1998 年的 2.5 倍，占普通高等学校总数的 60.9%。①

到 2012 年，全国独立设置的高职（专科）院校 1297 所，是 1998 年的 3 倍，占普通高等学校总数的 53.1%；全国高职（专科）在校生人数 964.2 万人，是 1998 年的 8.2 倍，占本、专科在校生总数的 40.3%。②

在河南省，2016 年高等职业院校 74 所（其中民办 20 所），占普通高等学校（其中 8 所独立学院）总数的 57.4%；高等职业教育招生31.88 万人，占普通高校全部招生总数的 52.6%；高等职业院校在校生84.1 万人，占普通高等学校在校生总数的 44.8%；高等职业院校校均规模达 7893 人。③

由此可见，1999 年以来，是高等职业教育大发展、大跨越、大崛起的时期，不论是学校数、招生数还是在校生数，高等职业教育都已经占据了我国高等教育的半壁江山，成为我国高等教育的一条主渠道，成为我国的"一项朝阳事业"④。2014 年后，部分普通本科院校向职业教育转型更是推动高等职业教育向更高层次发展。

二、普通本科院校转型为高职教育发展带来新的历史性机遇

2014 年 3 月 22 日，"中国发展高层论坛 2014"在北京钓鱼台举行，教育部副部长鲁昕的发言引起了整个社会的广泛关注，各大媒体在报道中的一个显著标志就是标题性强调"600 所本科院校转型职业院校"，

① 马树超：《高职教育的现状特征与发展趋势》，《中国教育报》2006 年 9 月 14 日。
② 教育部 1999—2013 年《教育统计数据》，http：//www. moe. gov. cn/publicfiles/business/htmlfiles/moe/s7567/list. html。
③ 《2016 年河南省教育事业发展统计公报》，http：//www. haedu. gov. cn/2017/03/17/1489720664881. html。
④ 别敦荣：《我国高等职业技术教育是一项朝阳事业》，《煤炭高等教育》2004 年第2 期。

这意味着现有的 1200 多所普通本科院校中大约有一半左右将必须转型为职业教育。

600 所普通本科院校转型职业院校后，对现有高等职业教育格局的影响显而易见。根据教育部发布的《2015 年全国教育事业发展统计公报》，全国普通高校中本科院校 1219 所，高职（专科）院校 1341 所。高等职业院校本身就超过本科院校，如果普通本科院校中的一半院校再转型职业教育，数年之后，现有的 2560 所高等学校中，将有近两千所学校从事高等职业教育。

可以想象，未来高等职业院校的竞争将会更加严峻。这一方面对一批办学质量不高的高等职业院校提出了挑战，因为如果不能很好地适应社会发展，将可能面临淘汰的命运；但另一方面，转型也为高等职业院校的发展带来新的历史性机遇，提出质的要求。湖北省人大常委会副主任、华中师范大学教授周洪宇认为，部分普通高等院校向应用技术型或者职业教育类型转型，其方向是正确的，但关键要看如何转型。大力发展职业教育和应用技术大学是经济社会发展需要，是大势所趋，随着我国产业结构转变，城镇化率的不断提高以及人们生产生活方式的变革，必然要求人才培养结构予以变革。以荷兰为例，2011 年时荷兰应用技术大学的在校生，约占高等教育总在校生数的 63.4%，芬兰则达到 46%。①

教育本身必须是分类型、分层次的，社会是用不同类型、不同层次的教育满足人们不同的需要。部分普通本科院校在转型过程中，必须适应社会和时代的要求，正确认识普通高等教育与高等职业教育的区别与联系，创新办学理念，才能解决转型面临的问题，走出健康发展之路。

---

① 《600 多所地方本科高校谋转型高职院校或被淘汰》，http：// gaokao. eol. cn/kuai _ xun_ 3075/20140401/t20140401_ 1092804_ 1. shtml。

普通本科院校在转型职业院校过程中如何找准本科高等职业教育定位，形成高等职业教育特点，最关键的就是要创新办学理念，要在现有办学基础上突出技术性。

一是培养目标定位为技术技能型人才。人才培养目标是高等学校开展教学活动的出发点和归宿，是有效实施人才培养的基础和前提。普通本科院校转型职业院校，首要的就是要准确定位人才培养目标，然后才能据此制定人才培养计划，构建课程体系，保证人才培养质量。普通本科院校转型职业院校必须注意对学生的理论要求从系统性转变为"以必需和够用为度"，突出学生技术技能的培养。

二是教学过程增加技术教育内容。本科职业教育以培养技术技能型人才为目标，要实现这一目标，就必然要有与之相一致的教学内容及课程体系。技术性特征体现在人才类型上是技术技能型人才，体现在教学内容上则是指生产、管理与服务的工艺、方法、规则、制度等知识系统。当前高等职业教育的教学内容总的来看包括普通文化课和专业课两部分，其技术性特征主要体现在专业课教学内容中。专业课程内容又包括专业理论知识和专业实践知识两部分。专业理论知识为职业技术能力的培养提供必要的理论支撑，专业实践知识则为在生产现场进行一些管理、决策、调试等提供过硬的生产技术技能，二者相辅相成、相互促进。在转型过程中，普通本科院校有自身基础和优势。现代社会对高等职业教育培养高技术人才的要求不断提高，教学内容比以前更加注重理论知识的学习，强调职业综合素质与基本能力和关键能力的培养，增强学生的适应性和应变能力。培养学生有较宽厚的基础和较强的综合能力是普通高等学校优势，但转型后的本科职业院校还必须针对生产实际，加强专业实践知识的传授。因为生产的过程就是一种实践活动，除了需要一定的专业理论知识之外，还需要大量的个人经验知识，需要构建以策略性、创造性解决生产服务中的具体问题为核心的课程体系，这是普通本科院校转型职业院校的重点和难点。

三是办学实践开展高效的技术技能积累。技术积累一般指组织在生产和创新实践中获得的技术知识的沉积和技术能力的递进。技术经济学家傅家骥认为，技术积累包括技术知识积累和技术能力积累两个方面。技术知识又分信息知识和暗默知识两类，信息知识可用语言、文字和符号表征，可以通过学习、交易等获得；暗默知识难以用文字、符号等表征，不易复制、转移和传播，如管理经验、技术秘诀等。技术能力包括各种各样在生产和创新过程中发展起来而又复为生产和创新所需的能力，如技术选择和消化吸收能力、技术研究开发能力、技术系统使用能力——包括设备操作、维修、生产管理与调度等。技术能力同样具有较高的"暗默性"。[①] 从技术积累的这些特点来看，高等职业院校加强技术教育，必须增强自身的技术积累，才能培养技术技能人才。国务院《关于加快发展现代职业教育的决定》也明确提出，"强化职业教育的技术技能积累作用。……推动职业院校与行业企业共建技术工艺和产品开发中心、实验实训平台、技能大师工作室等，成为国家技术技能积累与创新的重要平台"。普通本科院校在转型职业院校的过程中，开始可以较多地采取迁移和联合的途径促进技术技能积累，这两种方式具有"短平快"的特点，有助于在较短的时间内实现社会范围内积累资源的优化配置，调整技术积累结构，有效增强自身的积累水平。但长期来看，本科职业院校从根本上提高自身的技术技能积累水平，还必须依靠不断学习这一技术技能积累的最终源泉。

[①] 傅家骥、施培公：《技术积累与企业技术创新》，《数量经济技术经济研究》1996 年第 11 期。

第二节　技术与人文是研究高等职业教育的
新视角

近年来，关于高等职业教育的研究有渐成热点之势，无论是研究数量还是研究质量都呈现出明显的上升趋势。纵观整个研究状况，对高等职业教育的内涵、发展的社会动因、办学体制和实践、实习实训模式、特色课程建构、"双师型"队伍建设、服务地方职能发挥等进行了几乎全方位的研究，涉及高等职业院校的各个方面。但总的来看，实践层面的多，理论思考的少，尤其从技术和人文的角度对高等职业教育发展进行历史考察，探讨高等职业院校办学理念的历史演变和现实归向的研究少有人做。"在社会科学问题上有一种最可靠的方法，它是真正养成正确分析这个问题的本领而不致淹没在一大堆细节或大量争执意见之中所必需的，对于用科学眼光分析这个问题来说是最重要的，那就是不要忘记基本的历史联系，考察每个问题都要看某种现象在历史上怎样产生、在发展中经过了哪些主要阶段，并根据它的这种发展去考察这一事物现在是怎样的。"[1] 本研究就是以技术和人文的视角对高等职业教育办学理念进行历史研究，这既是新视角，也是新方法。为了后面更好地展开论述，本节主要对有关研究进行了必要的梳理和综述，以说明已有研究的成果和需要开展研究的方向。

一、高等职业教育的研究

关于高等职业教育的研究相对已经很多，这些研究几乎涉及高等职

---

① 列宁：《列宁全集》第 37 卷，人民出版社 2017 年版，第 65 页。

业院校的各个方面。总的来看，1999 年以前主要集中在高等职业教育办学内涵与办学途径的研究、高等职业教育产生发展的社会动力和原因的研究等方面。进入"新时期"之后，研究逐步扩展深入到高等职业院校人才培养模式研究、高等职业教育特色课程建构和"双师型"队伍建设研究、高等职业院校人才培养目标定位研究、高等职业院校发展研究、中外高等职业教育比较研究等方面。

在中国博士学位论文全文数据库中，以"高等职业教育"为主题进行检索，有 53 篇博士学位论文（截至 2017 年 6 月 14 日）。其中有一批比较有分量的博士学位论文，比如，樊秀娣的《我国高等职业教育的基本建设研究》（华东师范大学 2003 年博士学位论文）、王前新的《高等职业技术院校发展战略研究》（华中科技大学 2004 年博士学位论文）、肖化移的《高等职业教育质量标准研究》（华东师范大学 2004 年博士学位论文）、易元祥的《中国高等职业教育的发展研究》（华中科技大学 2004 年博士学位论文）、匡瑛的《高等职业教育发展与变革之比较研究》（华东师范大学 2005 年博士学位论文）、熊健民的《高等职业教育经济功能与规模效益的实证研究》（华中科技大学 2005 年博士学位论文）、彭元的《高职院校人才培养模式研究》（华中科技大学 2006 年博士学位论文）、高宝立的《高等职业院校人文教育问题研究》（厦门大学 2007 年博士学位论文）、付雪凌的《高等教育大众化进程中高等职业教育发展研究》（华东师范大学 2008 年博士学位论文）、张弛的《基于企业视角的高技能人才职业能力培养研究》（天津大学 2014 年博士学位论文），等等。

除了博士学位论文成果之外，这些年来关于高等职业教育的研究专著也不断涌现，其中比较有影响的著作有 1994 年原国家教育委员会职业技术教育司编写的《中国职业技术教育概论》（北京师范大学出版社）、2001 年石伟平著《比较职业技术教育》（华东师范大学出版社）、

2004 年吴雪萍著《国际职业技术教育研究》（浙江大学出版社）、2005 年上海职教论坛秘书处编写的《对职业技术教育若干问题的基本认识》（高等教育出版社）、2007 年姜大源著《职业教育学研究新论》（教育科学出版社）等。这些研究能够帮助我们从更广泛的意义上，更深入、更全面地了解当前我国高等职业教育的发展状况和研究现状，为我国高等职业教育的实践提供了很好的指导思想，有的研究为我们研究高等职业教育提供了新的视角。

已有关于高等职业教育的研究除了早期对高等职业教育内涵进行了比较多的探讨之外，更多的是对高等职业教育办学实践进行研究，如专业设置、课程设置与评价、教学模式、双证书制、培养模式、实习实训基地建设、教师发展、办学投资体制、就业创业等，而对高等职业教育发展历程、办学理念等研究相对较少。其中的原因一方面或许是因为对我国高等职业教育发展历程认识不一，尤其大发展的历程较短；一方面或许是因为高等职业教育办学理念相对单一和趋同，从理论上探讨高等职业院校的办学理念问题显得简单而不必要。本研究恰是从技术和人文的视角，对高等职业教育办学理念的历史演变和现实归向进行研究，力图从理论上、实践上进一步加深对高等职业教育的认识。关于研究基础的一个基本认识是：已有的研究成果一方面是高等职业教育蓬勃发展的产物，一方面又进一步推动了我国高等职业教育的健康发展，这也是我们能够进一步开展研究的基础。

二、高等职业教育办学理念的研究

高等职业院校的办学理念是对办学历程的总结、对办学经验的凝练，由于受到发展历史、办学传统、地区文化、面向行业等的影响，不同类型的高等职业院校往往会形成不同的办学理念。比如，高等职业院校因为服务面向不同，往往具有不同的行业背景，因而其办学理念也往往往具有行业特色：武汉船舶职业技术学院形成的办学理念是"立足船舶、服务军工、面向社会"①，郑州铁路职业技术学院形成的办学理念是"立足地方，依靠行业，服务铁路和地方经济建设"②。地方综合性的高等职业院校则体现了鲜明的服务地方经济发展的办学理念特色，深圳职业技术学院提出了"政校行企四方联动，产学研用立体推进"的办学理念③，天津职业大学提出了"服务为本，应用为根，质量立身，卓尔不群"的办学理念④，等等。这种以服务实践为基础的办学理念在很多高等职业院校都能够看到，但学术上关于高等职业院校办学理念的理论研究相对比较薄弱。

截至 2017 年 6 月，在中国知网中，尚没有专门研究高职院校办学理念的博士学位论文和硕士学位论文。以"办学理念"（篇名）＋"高职"（关键词）为检索词，进行精确检索，也仅仅有 115 篇文章。而且，其中有一些研究文章对办学理念的讨论并不准确或者理解不深，比如标题是关于办学理念的讨论，内容却是"高职教育的办学背景""高职教育的内涵""高职教育的办学策略"三个部分。⑤ 比较早的研究高等职业院校办学理念的文章有：2001 年陈新文、周志艳在《辽宁教育学院学报》第 10 期发表的《论高职院校的办学理念及其大学形象》，2002 年王成方在《中国高等教育》第 6 期发表的《更新办学理念，改革高职教育教学》，2003 年姜玉波在《交通职业教育》第 4 期发表的

---

① "学院简介"，武汉船舶职业技术学院网站，http：//www. wspc. edu. cn/xygk1/xyjj. htm。
② "学校概况"，郑州铁路职业技术学院网站，http：//www. zzrvtc. edu. cn/s/22/t/2/p/13/c/63/list. htm。
③ "学校简介"，深圳职业技术学院网站，http：//www. szpt. edu. cn/xxgk/xxjj/in-dex. shtml。
④ "学校简介"，天津职业大学网站，http：//www. tjtc. edu. cn/xxgk/xxjj. htm。
⑤ 朱爱华、徐国权：《当前我国高职办学理念浅析》，《华东交通大学学报》2005 年第6 期。

《更新高职办学理念全面提高教学质量》，2003 年解树青等人在《滨州师专学报》第 1 期发表的《对高职教育办学理念的思考》等。这些早期关于高等职业教育办学理念的研究更多的是实践层面的思考，虽然涉及办学理念，但并不系统、完整，实际上是对办学实践的思考。比如，解树青等人在《对高职教育办学理念的思考》中主要讨论了对培养目标的思考、对培养模式的思考、对课程设置的思考、对教学方式方法的思考等①；姜玉波在《更新高职办学理念全面提高教学质量》中提出"我院几年来在这方面做了一些有益的探索，形成了一些新的办学理念"是：树立现代职业教育观念是办好高职教育的前提，确定有特色的人才培养方案是提高教学质量的根本，加强实践教学环节建设是提高教学质量的重点，运用多种教学方式是提高教学质量的有效手段，提高师资队伍水平是提高教学质量永恒的主题，加强教材建设是提高教学质量的重要环节等。② 这实际上是整个办学思路和举措。

总的来看，在已有的研究中，比较多的文章强调就业导向、服务面向、市场接轨、校企合作。如陈玉华认为，"我国在市场经济条件下，进入高等教育大众化阶段的新时期，高职院校应将以人为本的基本办学理念具体化为'市场需求、产学结合、就业导向'，即以服务为宗旨，以市场需求为原动力，以就业为导向，走产学结合的改革发展之路，培养应用型高技能人才，办让人民满意的高职教育"③。曾华、张海峰等人认为，"高职院校的办学理念是以育人为根本、以就业为导向、以服

---

① 解树青、王洪刚：《对高职教育办学理念的思考》，《滨州师专学报》2003 年第 1 期。

② 姜玉波：《更新高职办学理念全面提高教学质量》，《交通职业教育》2003 年第 4 期。

③ 陈玉华：《略论新时期高职院校的办学理念》，《中国高教研究》2004 年第 6 期。

务为己任、以社会评价为标准"①。

汤敏骞对国家级示范性高职院校的办学理念进行了比较系统的研究:"就高等职业院校与其所处环境,即与国家、社会和市场的关系而言,41 所国家示范性高等职业院校的办学理念中出现频次最高的关键词是'服务'。"或者提出了和"服务"一词比较接近的其他提法,如"'擎术济生''适应市场''职业教育和社会需求最真实的结合''以就业为本''职业融入学业,学业凸现职业''适应地方支柱、优势产业发展需要''企业的需要,我们的目标''走产学结合之路''立足区域经济''开放办学''立足林业创特色''学校与社会结合'等"。"就高等职业院校的教育要素观而言,41 所高等职业院校的办学理念中,出现频次较高的关键词首先是'能力'。"一些院校还提出了意思相近的其他说法,如"'擎术济生''学做合一''动脑和动手最真实的结合''工艺非学不兴,学非工艺不显''艺术融入技术,技术凸现艺术''育厚德长技人才''知行合一''培育技术应用人才''铸就技术品质''鲁班传人'等"。"就高等职业院校的教育管理观而言,41 所高等职业院校的办学理念中出现频次较高的关键词首先是'质量'。"提到"质量"或者与"质量"意思相近的其他说法有"产品精品化""争创一流""引领安徽高职教育""青胜于蓝""鲁班传人"。"出现频次较高的关键词其次是'特色'。"②总的来看,关于高等职业院校办学理念的研究水平还不够高,还需要从理论性上进一步提高和加强。

三、技术或人文视角高等职业教育的研究

以技术人文的视角研究高等职业教育的成果很少。主要研究成果有

---

① 曾华、张海峰、刘越等:《高职院校的办学理念及其制度保障研究》,《教育与职业》2007 年第 3 期。

② 汤敏骞:《浅析国家示范性高职院校的办学理念》,《职教论坛》2010 年第 5 期。

高宝立的《高等职业院校人文教育问题研究》（厦门大学 2007 年博士学位论文），唐锡海的《职业教育技术性研究》（天津大学 2014 年博士学位论文），周明星的《论高等职业教育人才观、教学观和质量观》（《天津职业技术师范学院学报》2004 年第 2 期），刘刚的《技术人文教育——高职院校的战略选择》（《职教论坛》2011 年第 36 期）和《部分普通本科院校向职业院校转型之思》（《高等教育研究》2015 年第 4 期）等文。也很少有以技术主义或者技术性的视角对高等职业教育进行研究的，这是关于高等职业教育研究的一个研究难点和洼地。但以人文的视角对高等职业教育进行研究，或者关于高等职业院校人文教育的研究相对已经比较多，也是近些年来高等职业教育研究的一个热点。

在中国知网中，以"人文"和"高等职业教育"为检索词进行"主题"检索，共有 1432 条结果（截至 2017 年 6 月 14 日），其中中国博士学位论文全文数据库 3 篇，中国优秀硕士学位论文全文数据库 134 篇，中国期刊全文数据库 1274 篇。根据作者掌握的资料，作者所见到的关于高职人文教育的较早研究文章有 1997 年刘刚发表的《人文教育在高等职业教育中的地位和作用》①、1998 年及秀琴的《高等职业教育与素质教育》② 和李孝华的《高等职业教育需要转变哪些思想和观念》③ 等。根据笔者陋见，现有关于高等职业院校人文教育研究方面的著作可谓稀少，仅见丁继安等人著的《职业人文——高职人文教育的新视角》、刘刚的《问题与路径——高等职业院校人文教育策略研究》等书。所以，无论是理论上还是实践中，高等职业院校人文教育都有很

---

① 刘刚：《人文教育在高等职业教育中的地位和作用》，《河南职技师院学报》1997 年第 Z 期。
② 及秀琴：《高等职业教育与素质教育》，《连云港职业大学学报》1998 年第 4 期。
③ 李孝华：《高等职业教育需要转变哪些思想和观念》，《荆门职业技术学院学报（社会科学版）》1998 年第 3 期。

多的问题需要继续研究和探索，需要后来者进一步积累和提升。

在已有的研究文献中，从时间分布来看，2005 年以前的文献只有 148 条；2005—2017 年有 1297 条，占到总数的 90% 以上，其中 2007—2014 年每年稳定在百篇以上，近年略呈下降趋势。从这一趋势来看，高等职业院校人文教育的研究相对大为滞后于普通高等教育人文教育研究，2005 年以前的研究相对较少，2006 年开始渐成热点。这与高等职业教育事业的发展趋势基本一致，表明随着高等职业教育的快速发展、异军突起，关于高等职业院校人文教育的研究也有渐成热点之势。

但纵观全部研究文献可以发现，虽然关于高等职业院校人文教育的研究数量相对多一点，其中有分量的文章和著名学者的文章较少。尤其与普通高等教育人文教育的研究相比较，不仅著名学者、名家、大家关注不多，文章总体数量也比较少。即便是已有的高等职业教育人文教育的研究，很多问题也还处在探索之中，相对缺少系统性。所以，从另一个角度来讲，越是如此，以技术或人文的视角研究高等职业院校发展越有必要性和现实意义。

从文章发表期刊也可以看出这一趋势。在检索的文献中，文献来源比较多的期刊是《教育与职业》（49 篇）、《职教论坛》（28 篇）、《中国成人教育》（24 篇）、《职业教育研究》（23 篇）。这些期刊虽然包含一些核心期刊，但相对来说，更有分量的 CSSCI 期刊对此虽有关注，但刊发文章很少。"权威"期刊《高等教育研究》有 6 篇，《教育研究》有 2 篇。虽然仍然比较少，但也从一个侧面表明，高等职业院校人文教育研究如同高等职业教育的发展一样正在"从边缘走向中心"。但总的来看，对高等职业院校人文教育的研究还处于刚刚起步阶段，还比较薄弱，总量偏少，层次偏低，尤其是有分量的权威之作缺少。

第三节　核心概念诠释：高等职业教育　办学理念

以技术或人文的视角研究高等职业教育办学理念，主要包括"高等职业教育""办学理念""人文主义""技术主义"等概念。关于人文与技术，在后面的研究中将对其概念和发展进行详述，这里主要对"高等职业教育"和"办学理念"进行必要的界定和滤清，以便为展开研究提供一个准确的研究对象和基础。

一、高等职业教育

从汉语语法来看，"高等职业教育"是一个复合词，是"高等"和"职业教育"的复合，所以它包含了两层内容。一是从类型上看，高等职业教育是一种职业教育，是一种高层次的职业教育；二是从层次上看，高等职业教育是一种高等的教育，是一种特殊类型的高等教育。在教育部文件中也对高等职业教育进行了明确定位："高等职业教育是我国高等教育体系的重要组成部分，也是我国职业教育体系的重要组成部分。"[①] 原国家教委副主任、中国职教学会前会长王明达指出："界定高等职业教育要说明两层意思：其一，什么是高层次？其二，什么是职业教育？……关键是职业教育。"[②] 所以，对于高等职业教育的认识，首先应当从职业教育入手。

[①]《教育部关于以就业为导向　深化高等职业教育改革的若干意见》，教育部网站，http://old. moe. gov. cn//publicfiles/business/htmlfiles/moe/moe _ 737/200507/9969. html。

[②] 王明达：《关于发展高等职业教育的几个问题》，《中国职业技术教育》1995 年第 5 期。

（一）高等职业教育在类型上属于职业教育

关于职业教育的理解是仁者见仁，智者见智。据统计，国内外关于"职业教育"概念所下的定义竟有 30 多种①。在我国，关于职业教育学的专门研究也取得了一批成果，自 1917 年中华职业教育社创立前后至今，相关研究著作当在 120 部以上②。这些著作分别从职业教育基本理论（职业教育原理）、农村及农业职业教育、工业职业教育、国外职业教育理论与实践研究、职业教育心理研究、补习教育研究、职业学校教师教育、职业指导理论与实践、商业职业教育、女子职业教育等方面对职业教育进行了专门研究。但这些研究关于职业教育的界定言人人殊，这些定义都是在特定的视阈中，针对所要言说的问题，所作的某一方面的强调。其实我们也无意对职业教育的概念作一个统一的定义，也不可能提出一个大家都一致认可的"标准"定义，但我们必须根据国内外比较一致的看法，结合研究需要，提出我们的理解。原国家教委职教司司长、中国职教学会副会长杨金土先生认为："看起来这个问题（职业教育概念的理解）好像是老生常谈，可是'常谈'却并未解决，所以这样的'常谈'，还有继续的必要。"③

在我国，职业教育一词最早见于 1904 年。时任山西农林学堂总办的姚文栋在一份公文《山西农林学堂经济普通教习》中提出："论教育原理，与国民最有关系者，一为普通教育，一为职业教育，二者相成而

---

① 欧阳河：《试论职业教育的概念和内涵》，《教育与职业》2003 年第 1 期。

② 米靖：《20 世纪上半叶中国"职业教育学"的学科探索》，《江苏技术师范学院学报》2008 年第 2 期；周明星、唐林伟：《职业教育学科论初探》，《教育研究》2006 年第 9 期。米靖根据《民国时期总书目》所列出的"职业技术教育"书目进行的统计，相关研究有 93 种之多；周明星等人则提出自 1941 年商务印书馆印行《职业教育学》以来，我国已先后出版相关著作或教材 30 余部，其中主要在 1978 年之后。

③ 杨金土：《杨金土先生给本刊负责人的来信》，《职教通讯》2007 年第 6 期。

不相背。……本学堂兼授农林两专科，即以职业教育为主义。"① 但当时，从政府到学界，使用更多的是实业教育。比如，在 1903 年颁行的《奏定学堂章程》（也称"癸卯学制"）中就明确规定，实业教育是整个教育体系中很重要的一部分，实业教育是与普通教育相互平行的两个教育体系。这里，实业教育和后来的职业教育内涵基本一致。1917 年，著名教育家黄炎培联合蔡元培、梁启超、张謇、宋汉章等教育界、实业界知名人士 48 人，在上海发起创立"中华职业教育社"，无论是在思想上，还是在实践中，都极大地推动了职业教育的发展，并最终奠定了"职业教育"今日的"标准"称谓。

高等职业教育的兴起与发展有其自身的历史和现实背景，与经济社会发展密切相关。在 1949 年以前关于职业教育的研究中，尚未见有完整的"高等职业教育"的概念，但已经有了"高等实业教育""高级职业学校"等提法，这可以视作高等职业教育的起步与萌芽。

我国最早的高等职业教育萌芽于 19 世纪下半叶，定型于 20 世纪初。1903 年颁行的"癸卯学制"规定，实业学堂分为三级，即初等实业学堂、中等实业学堂和高等实业学堂；中学堂学生可以升入"高等农、工、商实业学堂"，学制三年。无论是从教学内容来看，还是从教育层次来看，高等实业学堂都可以视为我国高等职业教育的起步阶段。

中华人民共和国成立后，由于受到政治和经济多方因素的制约，高等职业教育发展非常缓慢。建国初期，百废待兴，国家经济建设需要大量的高级技术人才。1950 年，国家政务院颁布《专科学校暂行规定》，决定继续保留和发展国民政府时期的专门学校和专修科，并采取本科生提前毕业和在本科学校内设置两年制专修科的办法，以培养当时急需的

---

① 周洪宇：《谁在近代中国最早使用"职业教育"一词》，《教育与职业》1990 年第 9 期。

各类应用型人才。比如复旦大学就设有茶叶专修科、湖南大学设有矿化专修科、广西大学设有铁路勘测专修科和输配电专修科、原平原省农学院设有林业和棉业专修科等。专修科适应了当时经济社会发展的需要，为建国初期培养了一大批专门人才。1952 年，我国学习借鉴了苏联经验，对全国高校院系进行了调整，只设普通本科与中专两个教育层次。但之后一个时期的专科学校总体上是一种"压缩"的本科教育，不能简单地归类为高等职业教育。

新中国高等职业教育的第一次跨越式发展始于 20 世纪 80 年代。在一些研究中，有人认为我国高等职业教育的起点就是 1980 年。比如，李海宗认为，"（1980 年）这批职业大学的诞生，开创了我国高等职业教育发展的先例，标志着我国高等职业教育的开始，它基本代表了我国高等职业教育发展的雏形"。① 陈英杰认为，"（1980 年）金陵职业大学的创立，标志着我国高等职业教育的诞生"。② 但如果说，"1922 年颁布的壬戌学制明确用'职业教育'取代了清末以来的实业教育，这是我国官方第一次正式使用'职业教育'，在职业教育的历史上具有重大意义"③。那么，清末实业教育就是职业教育，职业教育仅仅是实业教育的名称的变更，所以，高等实业学堂是我国高等职业教育的开端，1980 年后是我国高等职业教育一个大发展时期。

从清末的高等实业学堂，到民国时期的专门学校，到解放初期的专修科，到改革开放后的职业大学、职业技术学院，我国的高等职业教育虽然一波三折，但紧跟国家经济社会需要，不断发展壮大，并日益成为我国的"一项朝阳事业"。

---

① 李海宗：《高等职业教育概论》，科学出版社 2009 年版，第 1 页。
② 陈英杰：《中国高等职业教育发展史研究》，中州古籍出版社 2007 年版，第 42 页。
③ 陈英杰：《中国高等职业教育发展史研究》，中州古籍出版社 2007 年版，第 13 页。

（二）高等职业教育在层次上属于高等教育

界定高等职业教育还要理解什么是"高层次"。高等教育是在完成中等教育的基础上进行的专业教育，这已经是一个基本一致的看法。我国高等教育又分为专科、本科、研究生等阶段。所以，高等职业教育属于高等教育不存在过多的疑问，这里主要研究其在高等教育中的定位。

高等职业院校招收的学生包括普通高中毕业生和中等职业学校学生，分别通过两条不同的渠道进入高等职业学校学习。比如，2017 年以前，河南省普通高中学生主要是通过高考升入高等职业院校，高考成绩公布后，按照分数由"一本""二本""三本""一专""二专"等顺序择优录取，其中"一本"是指重点大学或与重点大学同批次录取学校，"二本"是省属普通本科院校，"三本"为独立学院，"一专"主要是原来的专科学校，"二专"则是近几年新成立的高等职业院校，所以整体来看，高等职业院校的生源相对最差。中等职业学校学生则通过"对口招生"进入高等职业院校，本科对口招生和专科对口招生考试使用同一试卷，分专业类别按照考试成绩划定分数线，根据学生填报的志愿，学校在最低分数线上从高分到低分择优录取，"对口招生"录取的学生享受国家和省普通高校同一招生计划形式招收的同一专业学生的待遇，修完或提前修完教学计划规定的全部课程，成绩合格或修满学分者，发给毕业证书。2017 年之后，河南省开始大力推动高职分类考试，分类考试录取成为高职院校招生主渠道。高职院校分类考试招生的主要形式有对口招生、单独考试招生、五年一贯制和"3＋2"分段制进入高等职业教育阶段学习等。考生通过高职分类招生等方式已被录取的，不得再参加普通高等学校招生全国统一考试和对口升学考试。同时，2017 年本科二批和本科三批合并执行一个分数线。

对口招生、分类考试招生等实际上是一种高考制度改革，是国家为大力发展职业教育，完善职教体系，培养高技能人才，促进职业教育健康持续发展和形成特色而设立的一种考试制度。对口招生、分类考试招生满足了中等职业学校毕业生升入大学继续深造的要求。所以从这里可以看出，在多年的教育实践中，我国也是始终把高等职业院校列入高等教育的层次，是作为高等教育的最低一级的层次（一专和二专）而存在。这与国际教育标准分类法中的定位是一致的。

"高等职业教育"始终被认为是一个具有中国特色的概念，虽然从"高等实业教育""高级职业学校"的提法开始已经有百年历史，但关于高等职业教育的内涵和意义始终见仁见智。直至今日，虽然关于高等职业教育概念的界定仍然有争论和分歧，但高等职业教育的实践已经促使人们对其的理解趋于一致和统一。因为我们可以确定的是，高等职业教育的内涵不是教育理论研究的结果，而是社会发展和教育实践的产物。

基于上述研究和分析，我们可以把高等职业教育简单概括为：高等职业教育是在中等教育基础上进行、培养具有某类职业或行业技能和知识的高级技术应用型人才的教育活动。具体而言包括以下几个方面：①

第一，高等职业教育在类型上属于职业教育，但它是高层次的职业教育，主要为生产、建设、管理、服务第一线培养具有某类职业或行业技能和知识的高级技术应用型人才和管理人才。

第二，高等职业教育在层次上属于高等教育，是特殊类型的高等教育，是在中等教育基础上实施的一种教育，这里中等教育包括普通高中阶段的教育和中等职业教育。

第三，高等职业教育主要培养学生具有从事某个职业或行业的技术和知识，学生一般具备直接进入劳务市场所需的能力与资格。

---

① 刘刚：《问题与路径——高等职业院校人文教育策略研究》，人民出版社 2012 年版，第 58—59 页。

第四，高等职业教育是低层次的高等教育，对照《国际教育标准分类法》属于 5B 层次的教育。

二、办学理念

"一个人如果不理解过去不同时代和地点存在的大学理念，他就不能真正理解现代大学。"① 因此，研究高等职业教育办学理念首先从大学理念入手，在对大学理念发展的源头和历史进行研究的基础上，结合大学理念的应有之义和时代发展特征对高等职业教育办学理念进行发展创新。

（一）大学理念的应有之义

关于大学理念的研究属于一个久远而且深刻的话题。对大学理念的众多研究一般都可以追溯至古希腊时期的柏拉图，曾任英国高等教育研究会主席、伦敦大学教育学院职业发展系主任的罗纳德·巴尼特（Ronald Barnett）就认为："虽然希腊并没有涉及我们所定义的高等教育的大规模师生团体，但他们肯定具有某种高等教育理念。"② 现代意义上的大学起源于中世纪，中世纪大学理念主要包括"学习和探究中的参与方式、内部管理的合作形式、院校自治、院校对所有来者的开放，以及坚信学习的价值在于自身经受批判性论说锤炼的信念"③。显然，这些理念也是后来关于大学理念讨论的主要论题，一些理念甚至是直到现在大学仍在追求的目标。

19 世纪初叶，伴随第一次技术革命的发展，社会发展对大学提出

---

① ［美］伯顿·克拉克：《高等教育新论》，王承绪等译，浙江教育出版社 1988 年版，第 45 页。

② ［英］罗纳德·巴尼特：《高等教育理念》，蓝劲松主译，北京大学出版社 2012 年版，第 25 页。

③ ［英］罗纳德·巴尼特：《高等教育理念》，蓝劲松主译，北京大学出版社 2012 年版，第 28 页。

了许多新的要求，普遍要求大学要能够研究、教授最新科技知识，进而推动大学发生了许多质的变化。1810 年，德国的洪堡（Wilhelm von Humboldt，1767—1835）和费希特（Johann Gottlieb Fichte，1762—1814）等人创立了柏林大学，洪堡在柏林大学提出并贯彻了教学与科研相结合的方针，把着眼点放在高深的专门知识的研讨和科学学术水平的提高上，他认为大学的主要任务是追求真理，科学研究是第一位的。在洪堡思想的影响下，柏林大学呈现出与传统大学不同的理念与风格，"为科学而生活"成为新建的柏林大学的校风。"柏林大学自始至终贯穿着洪堡关于'大学自治''学术自由''教授治校''教学与科研相统一'的大学理念。"① 洪堡在柏林大学的办学理念对其他国家产生了广泛而深远的影响，后来直至现在已经成为现代大学制度思想的滥觞。"洪堡所概括的这四条经典的'大学理念'，基本上体现了世界各国对大学的理性认识、理想追求及所持的教育观念和哲学观点，其精髓仍然存在并实施于今天的大学理念之中，展现了其历久弥新的勃勃生机与活力。"②

所谓经典大学理念其实并不能包括今天大学理念的全部应有之义，但我们无意纠结于大学理念的具体内容，我们要表达的是在大学发展中必须理解、清楚大学理念的重要地位。张楚廷认为，"对理念一词，已经用得很多，事实上存在着不同的理解。我想，理念包含两方面的内容：理想和信念。理想和信念合称为理念，从字面上看也比较吻合。我们笃信什么，我们追求什么，或者说，我们从哪里出发，我们走向哪里，这两方面构成了理念"③。大学理念其实也是这样，可以简单地理解为大学的理想和信念，当然大学的理想和信念是通过人的理念表现出

---

① 韩延明：《大学理念论纲》，人民教育出版社 2003 年版，第 108 页。
② 韩延明：《大学理念论纲》，人民教育出版社 2003 年版，第 233 页。
③ 张楚廷：《新世纪：教育与人》，《高等教育研究》2001 第 1 期。

来的，大学理念应该是大多数校园人的主流思想，或者说当某种理想与信念成为大多数校园人的主流思想时才能形成大学理念。大学理念更大程度上是人们理想中的大学应该具有的"应然"状态，包括大学是什么、大学追求什么、大学的使命是什么，这些都是关于大学的价值判断和理性认识的基本问题。

（二）大学理念和办学理念

"作为理论探析的大学理念是一般的，而作为指导实践的办学理念则是特殊的。……无论是奉为经典的传统大学理念，还是带有时代特征的流行的新兴大学理念，都是从不同的角度和侧面反映大学教育的性质、功能、规律，是办学者所应掌握的。但每所大学，各有其不同的文化背景与社会地位，办学的主体又有其不同的教育价值观。因此，办学者还应在一般性的大学理念基础上，树立自己的办学理念，也就是对这所大学的理性认识与理想追求，并使之成为全校师生的共同认识与共同追求。"① 大学理念与办学理念既有联系又有区别。大学理念具有普遍性、一般性，办学理念则具有特殊性、个别性，普遍的大学理念对特殊的办学理念有指导作用。普遍比特殊深刻，特殊比普遍丰富；普遍寓于特殊之中，并通过特殊体现出来；特殊包含普遍，普遍随着特殊的发展而发展。

办学理念包含或体现大学理念的一般意义，但有自己的特点和追求。大学理念具有一般和普适意义，是所有大学都应该秉承或追求的价值观，对大学理念认识不清或者违背了大学理念，办学目标就会发展偏差，甚至会偏离大学教育的性质和规律。但大学又是有区别的，历史、文化背景不同，区域经济社会发展状况不同，办学主体不同而且各具不

---

① 潘懋元：《大学理念论纲序》，载韩延明：《大学理念论纲》，人民教育出版社2003年版，第2页。

同的教育价值观等，这些都决定了大学各有特色、个性和品格。办学理念决定了大学的这种千差万别，实质上办学理念就是要把一所大学办成什么样的大学或者与其他大学有什么不同，就是一种能够被全校师生共同认识、共同追求地对学校发展的理性认识和理想追求。大学的办学理念应该服从或者体现大学理念，但也应该有自己的特点与追求。作为一所具体学校的办学理念，应该是一种师生共同的认识，共同的追求，必须在大学办学方向、办学思路等诸多方面取得共识，这些方面包括：大学的办学宗旨、办学方向、办学定位、办学特色、指导思想、培养目标，等等。不同的学校在这些方面显然是有差异的，办学理念就决定了学校的这些差异和不同。

无论哪一所大学，其办学理念既是抽象的，又是具体的。办学理念是一种理性认识，是一种思想和观念，这些观念层次的理念必须依附或落实在一定的制度安排上才有实践意义，才有实现价值。办学理念首先是一种对于学校办学的观念和认识，这种认识不仅仅是大学校长对办学的深入思考和理性认识，还必须得到全体教职工的认可，必须形成共识，这样才能成为人们共同的学校价值观。

其次，办学理念要体现在制度安排中，办学理念一定要与制度安排相联系，没有一定的制度安排，办学理念只能停留在观念层次上，只能是纸上谈兵。看不见的办学理念可以通过大学章程、校训、校风等予以固化或制度化。办学理念一经确立，就必须在各种规章制度中予以体现，不管是教学制度、科研制度，还是学生管理制度、后勤管理制度，都必须体现办学理念，必须保证办学思想的统一，保证办学方向和办学力量的一致性，这样才能推动学校发展，实现战略目标。大学办学理念可以蕴含在大学各种办学行为之中，大学办学行为必须以大学办学理念为指导，体现办学理念和学校精神，反映学校文化。

（三）办学理念的战略创新

潘懋元认为："经济的发展、社会的进步以及大学职能的扩展，尤其是大学从远离社会的'象牙塔'走向社会的中心，高等教育日益受到外部关系规律的制约，社会也日益要求大学为经济、政治、文化、科学的发展提供有效的服务。根据 19 世纪以前高等教育发展历程所总结的经典的大学理念，已不能全面反映社会与高等教育关系的新进展，也不能满足人们对高等教育改革与发展的新追求。因此，20 世纪以来，尤其是世纪之交，人们不断地提出许多新兴的大学理念。"[①] 新兴的大学理念更多的是办学层次上的理念，大学办学理念无论是一种理性认识，还是一种制度体现，都具有强烈的时代特征和民族特征，都必须随着所处历史时代的变化、经济社会的发展、文化背景的差异等不断变化和创新。这种变化和创新不是另起炉灶，而是对经典大学理念的诠释和发展，"只有'经典'大学理念和'新兴'大学理念的互补、互动、相辅相成与相得益彰，才能真正构成完整的、内外协调的'大学理念'"[②]。大学理念的创新同时也要因校而异，一流大学的理念创新和地方大学的理念创新有着巨大的差别，普通高等教育与高等职业教育的理念创新也有巨大的差别。

我们以技术与人文为视角，研究高等职业教育办学理念的基本思路，就是通过考察高等职业教育办学理念的发展历程，探索提出高等职业教育办学理念的创新发展。因为高等职业教育是技术进步的产物，所以长期以来的高等职业教育的办学理念主要体现的是技术的影响、技术的特征。但在当今社会发展越来越迅猛、对人的发展的要求越来越全面、人的自身发展的追求越来越自由的现实中，高等职业教育办学理念

---

① 潘懋元：《多学科观点的高等教育研究》，上海教育出版社 2001 年版，第 11 页。
② 韩延明：《大学理念论纲》，人民教育出版社 2003 年版，第 356—357 页。

需要人文的关照与参与，这或许就是对早期高等教育中人文教育的一种"归向"——既是回归，又是趋势，不是简单的回归，而是创新的回归。高等职业教育办学实践必须顺应这一趋势，才能实现新的更大的发展。

第一章　人文主义的滥觞

关于人文主义的研究，无论是在哲学界，还是思想界、教育界，几乎是一个经久不衰的课题，也是一个众说纷纭的课题。在已有的研究中，诸论者对"人文主义"概念的界定多有出入，对其内涵的理解也不完全一致。我们以人文主义的视角研究高等职业院校办学理念的演进，首要的就是对人文主义的概念进行一下滤清或界定，这样才能为以后展开研究提供一个基础和出发点。

"人文"首先是一种思想，一种观念，当然也可以呈现为制度和法律。这种思想无论东方、西方都早已有之。只是东方古代已有"人文"一词，但"人文主义"则源于西方。正是基于"人文"的基本含义，才将西方的人文即"humanism"译为"人文主义"。"人文"的核心是"人"，也就是现在已经深入人心的以人为本、生命关怀、人类关怀等，人文或人文主义承认人的价值，尊重人的权益。在这一点上，东方的人文和西方的人文主义是基本一致的。

第一节 西方人文主义溯源

人文主义在英语中写作 humanism，这是很晚才出现的一个词，但并不影响它成为一个丰富、深邃、令人向往的词语。

一、词源学上的人文主义

在词源学上，西方的人文主义，即英语"humanism"一词，就其含义而言，最早可以追溯到古希腊。在古希腊文中，有"paideia"一词，其含义包括"教育、教化、开化"等，可以理解为培养自由教化的公民教育。最早出现相近词根的词语"humanistas"的时间是公元前55年，当时的古罗马著名政治家、演说家、雄辩家、法学家和哲学家马库斯·图留斯·西塞罗（Marcus Tullius Cicero，前106—前43），在其作品《为阿奇亚辩护》中提到了拉丁文"humanistas"，大致意思是通过学习一些科目，发挥人的全部潜能而成为自由公民。后来，到文艺复兴时期，"humanistas"的所有格发展为"studia humanitatis"，译成英语为"the humanities"，原意是教授古典语言和文学的教师和教授法律的教师二者所教课程统称。15世纪上半叶，开始出现了"humanista"（即人文学者）一词，"最初是学生口头上称呼那些教授语法、修辞、文学、历史、道德哲学一系列科目的教师"。1490年，意大利比萨的一部文献中第一次使用拉丁文"humanista"，英文即 humanist，"用于统称那些教授人文学的教师、研究人文学的学者及学习人文学的学生，后来人文主义一词出现后，他们被称为人文主义者"①。

拉丁单词 humanista 后来翻译为德语时被译为 humanismus。人文主义即"humanism"一词就源于德语"humanismus"，但其过程却具有某种偶然性。1808 年，当时的德国尚没有完全统一，巴伐利亚王国是德意志南部的重要邦国，尼特哈默尔（Friedich Immanuel Niethammer，1766—1848）在巴伐利亚政府担任高等学务委员，在一次关于教育的辩论中，尼特哈默尔根据拉丁词根"humanus"，并与德语"humanismus"一词相结合，杜撰了"humanism"一词。但就是这个杜撰的词语后来被赋予了丰富的内涵，得到了广泛的使用，产生了巨大的影响。1859 年，德国历史学家乔治·伏伊格特（George Voigt）出版了《古代经典的复活》（又译为《人文主义的第一个世纪》）一书，书中第一次把尼特哈默尔首创的"humanismus"（人文主义）一词用于文艺复兴的研究，"并将人文主义一词'与古典学问的复活有关的新态度和新信念'联系起来，并称'这种新态度和新信念'为'文艺复兴时期的人文主义'"②。1860 年，瑞士文化历史学家布克哈特（Jacob Christoph Burck-hardt，1818—1897）在撰写《意大利文艺复兴时期的文化》这部名著时也使用了"humanismus"（人文主义）一词。此后，"人文主义"一词被广泛使用，并成为文艺复兴的标志性思想，现在更发展成为一个通行的学术术语。

二、古希腊人文主义思想传统

西方人文主义思想作为一种传统，毫无疑问最早可以追溯到古代希腊。古希腊哲学家普罗塔哥拉（Protagoras，约前 490 或 480—前 420 或

---

① 周秀文：《人文主义概念的历史界定》，东北师范大学 2006 年硕士学位论文，第 5—6 页。
② 孙宜学：《白璧德：新人文主义者与浪漫主义者》，《书屋》2012 年第 4 期。

410）最早揭示了人文主义的本质。"（普罗塔哥拉提出）'人是万物的尺度，是存在的事物存在的尺度，也是不存在的事物不存在的尺度'。这事实上是人文主义的内在本质，同时也是后世文艺复兴时代的基本精神。"①

包括普罗塔哥拉的思想在内的以人为中心的思想是整个古希腊时期最吸引人的思想之一。苏格拉底（Sokrates，前469—前400）对"人是万物的尺度"的说法进行了部分修改，提出"有思考力的人是万物的尺度"，认为"美德是一种善""美德就是知识""美德是灵魂的一种属性"，智慧的人必然是有美德的人，"美德从教育而来"②。柏拉图（Plato，约前427年—前347年）认为教育就是对儿童的习惯所给予的影响和培养，通过教育引导他们"恨你所应恨的，爱你所应爱的"，使"心灵的和谐达到完善的境地"③。亚里士多德（Aristoteles，前384年—前322年）则最早从理论上论证了和谐发展教育的可能性和必要性，其核心是音乐教育，他认为音乐教育是实现人的和谐发展的最重要内容，音乐是一种"自由和高贵"的文雅学科，它能够使人"形成高尚自由的心灵"④。总的来看虽然古希腊人的思想并未像后来的欧洲西方哲学那样达到了完善和精致的地步，但从普罗塔哥拉到苏格拉底等，都对作为主体的"人"进行了整体的、深入的思考和讨论，这种以人为主的思想正是西方人文主义的起点。

---

① 杨春苑、李春荣：《论西方人文主义》，《西安电子科技大学学报（社会科学版）》2011年第2期。

② 北京大学哲学系外国哲学史教研室：《西方哲学原著选读》，商务印书馆1982年版，第164、165页。

③ 王天一、夏之莲、朱美玉：《外国教育史》（上），北京师范大学出版社1993年版，第45页。

④ 王天一、夏之莲、朱美玉：《外国教育史》（上），北京师范大学出版社1993年版，第58页。

古希腊人文主义的思想还体现在诸多艺术中，尤其体现在以神像为主要内容的雕刻艺术上。古希腊人一向敬重神，柏拉图就认为神是主宰一切的。在古希腊，根据人的需要和人的生活形成了诸多的神，人们一方面崇拜信仰神，一方面又根据需要追求现在当世的幸福生活，在敬神的同时更注重对人的赞扬和歌颂，把众神看作理想的人，这也是古希腊宗教人格化的一个重要特征。比如光明之神阿波罗是最英俊的神，他快乐、聪明、拥有着阳光般的气质；智慧女神雅典娜则是最美丽、最聪明的女神，光彩照人，仪态万方，是智慧和力量的完美结合。古希腊人在想象中对众神认同的同时，也提升了他们自己的自尊意识。即便把东西方文化进行总的比较，在把人的形体幻化为神的形象方面，古希腊人是最具典型的。

三、古罗马和中世纪人文主义的继承

古希腊人的人文主义思想被古罗马人所继承。著名哲学家西塞罗既是希腊哲学的研究者，又是希腊哲学思想的传播者和继承者，在希腊被罗马征服之后，他的研究一方面为罗马人介绍了很多希腊哲学作品，一方面也使得希腊哲学思想得以延续。西塞罗在《为阿奇亚辩护》一文中首次提到拉丁文"humanistas"一词，其意思是通过学习一些科目发挥人的全部潜能而成为自由公民，他认为人性是人区别于动物的标志，人需要受到文明的教化，才能够培养人性。琉善（Lucian，约125年—180年）是罗马帝国时代的希腊语讽刺作家，他在《神的对话》《演悲剧的宙斯》《被盘问的宙斯》等文章中，以充足的理由证明神是不存在的，敬神是没有必要的。敬神的发展过程表明：是人创造了神，而不是神创造了人。基于对神的否定，琉善笔下的神界与人世间几乎没有什么

差别①。罗马帝国时代最伟大的哲学家、新柏拉图主义奠基人普罗提诺（Plotinus，205—270）是古代希腊哲学伟大传统的最后一个辉煌代表。他认为美就是一种净化，能为灵魂洗去自身的污点。净化要实践公民的德性，公民德性"为我们设立秩序，限制并规范我们的欲望，规范我们的全部经验感受，清除错误的意见"②。

此后的中世纪，一些学者认为是人文主义思想的中断或者是倒退，所以才有了后来的"文艺复兴"。但事实上，中世纪和人文主义之间有着虽然复杂但却亲缘的关系，绝非截然的对立和断裂。意大利历史学家欧金尼奥·加林（Eugenic Garin，1909—2004）在《意大利人文主义》一书中就认为，"中世纪绝不是黑暗的和野蛮的，而是充满着文明的光辉和伟大的思想，中世纪的文化从古代文化中吸取营养，并进一步滋养了人文主义及其以降的各型文化。所以，作为古典主义典范的人文主义并非突如其来，它是在中世纪思想的纷繁茂盛之中长成的"③。

也正是在中世纪文化的土壤中，产生了代表先进文化的大学。就教育内容而言，中世纪的大学仍然以神学和"七艺"为主，而这种"七艺"的教学科目最早出自古希腊，后来也成为基督教教会的课程，再后来成为大学的主要教学内容。最初的大学，一般学生在十三岁进入大学，先学习文科5—7年，在修完文法、修辞学和辩证法原理等"三艺"科目后，可得文学"学士"学位；再修完哲学全部课程和算术、几何学、天文学、音乐原理等"四艺"后可得文学"硕士"学位；在此基础上，学生才能够投考神学、医学或法学中某一高级学科，经严格考

---

① 侯愚：《试析琉善对宗教的批判》，《黄淮学刊》（哲学社会科学版）1997年第1期。
② 张映伟：《审美境界引导生命升华—新柏拉图主义美学的伦理学分析》，《广西社会科学》2008年第10期。
③ ［意］加林：《意大利人文主义》，李玉成译，生活·读书·新知三联书店1998年版，第12页。

核，可得"博士"学位。可见，在这一时期人文主义思想在大学中占据着极其重要的基础地位，与自然科学相比更是占据了支配的地位。在后文中，在对大学理念的演进进行研究时将还要对大学的产生及其发展做进一步的论述。

四、文艺复兴时期人文主义的"复兴"

到了文艺复兴时期，人文主义向来是、而且将继续是其最受关注、最具争议的主题之一，人文主义不是文艺复兴的唯一特征，但是其最主要、最典型的特征。导致文艺复兴兴起的原因可以从社会制度的发展、科技文化的进步、宗教的变革和兴衰等诸多方面进行研究，或许这些是带有根本性的、规律性的原因，但涉及内容太大、太广，也不是本研究的方向，所以不在此展开。

文艺复兴是以人文主义为特征的一次人类思想解放运动，文艺复兴的核心和特质是以人类自我意识的觉醒为主要内容的人文主义思想。这既是文艺复兴时期人文主义者的基本信念，也是人文主义思想的永恒主题。布克哈特概括文艺复兴是"发现世界和发现人"——前者是探索外部世界，后者是探索人的个性①。文艺复兴时期，众多伟大的人文主义者通过文学、诗歌、戏剧、绘画、音乐等艺术形式，反对上帝主宰一切，反对基督教神学统治，宣扬以人为中心，歌颂人的创造力、人的价值和人的伟大。

但丁（Dante Alighieri，1265—1321）在他的代表作《神曲》中热情讴歌历史上具有伟大理想和坚强意志的英雄豪杰，希望世人以他们为榜样，振奋精神，不畏艰险，去创造自己的命运。但丁称颂人的才能和

---

① ［英］阿伦·布洛克：《西方人文主义传统》，董东山译，生活·读书·新知三联书店1997年版，第50页。

智慧，他借用荷马史诗中的英雄奥德修斯的话指出："你们生来不是为了走兽一样生活，而是为着追求美德和知识"。杰出作家乔万尼·薄伽丘（Giovanni Boccaccio，1313—1375）的作品《十日谈》是一部以人为中心的现实主义作品，通过讲故事的形式，塑造了手工业者、农民、商人、诗人、艺术家、僧侣、贵族、高利贷者等不同职业、不同等级的各色人物，展现了广阔的社会生活画面，热情歌颂了丰富而又复杂的世俗生活，肯定人们的聪明才智，赞美自由爱情的可贵，揭露基督教会的罪恶，教士修女的虚伪，等等。"最伟大的戏剧天才"莎士比亚（William Shakespeare，1564—1616）在《罗密欧与朱丽叶》中赞美并讴歌了一对青年男女的美好爱情和他们对人性的渴望与追求；在名著《哈姆雷特》中，更表现出当时人文主义所特有的民主意识与人性光辉。文艺复兴人文主义者在高扬人性的同时，反对神权、封建特权和等级制度。人文主义之父彼特拉克（Francisco Petrach，1304—1374）在其《歌集》中抨击教会是封建势力的总代表，是万恶之源，要宣扬人文主义，就必须揭露和反对教会。

文艺复兴人文主义最初的起点或是对古典文化的研究，只是后来在对古典文化研究的过程中和基础上兴起了对人的价值的关注和思考。彼特拉克被称为意大利"人文主义之父"，年轻时，他没有按照父亲的希望去学习法律和宗教，而是把主要兴趣用在学习古罗马文学和写作。他经常往来穿梭于意大利、德国、法国和西班牙，目的就是为了尽可能多地搜寻拉丁语写成的经典和手稿，进而重现那些古罗马和古希腊作者的知识。他说："在我感兴趣的课题中，我尤其沉溺于古代。因为我自己的时代总是拒斥我，因此，如果不是因为热爱我亲爱的人，我宁愿选择出生在别的时代，而不是我自己的时代。为了忘记我自己的时代，我经常极力把我自己的精神置于其他时代里，所以我喜欢历史。"① 正是彼特拉克的热心搜寻和精湛研究，才发现了西塞罗等一批古典作家失传的书信和著作。克里索洛拉斯（Chrysoloras，Manuel，约 1353—1415）本是拜占庭学者，后应邀到意大利佛罗伦萨大学等地教授希腊语，以译介荷马和柏拉图而闻名于当世，为希腊古典学术的研究在意大利兴起起了巨大的推动作用。一定意义上说，关于希腊学术的研究是人文主义达到完全成熟的必要条件，前文中已简单介绍了希腊人文主义思想的传统。

第二节　东方人文源流

在已有的研究中，不少文章都认为，或者已经给人一种印象，就是人文主义是在西方产生的一种文化思想，是欧洲文艺复兴的产物。这或许与汉语"人文主义"一词产生较晚有关，汉语中"人文主义"本来就是外来词汇，就是对西方人文主义思想的一种翻译，正是西方文艺复兴时期的人文主义思想在中国广泛传播，才出现了汉语"人文主义"。但就人文主义本身具有的思想含义而言，中国自古就有人文主义传统，而且"人文主义"一词的翻译正是借用了中国古代汉语"人文"一词，其含义是相通的。所以，研究人文主义必须了解东方人文主义思想源流。

一、词源学的考察

在中国古代典籍中，很早就已有"人文"一词，但"人文主义"却是很晚才出现的词。《辞源》就没有收入"人文主义"一词。人文一

---

① 赵立行：《彼特拉克书信述评》，《山东社会科学》2005 年第 7 期。

词，"人"是核心；理解人文，"文"是关键。在中国古代汉语中，《周易》最早明确系统地提出了"天、地、人"三才之道，其基本含义就是天有天文，地有地理，人有人文，各行其道。

"文"字的甲骨文和金文的写法就像一个人前胸挂了一串贝壳或被纹以图案。"'文'的本义，指各色交错的纹理。"① 这种理解也来自古代典籍的解释，如："物相杂，故曰文。"（《易经》）；"五色成文而不乱。"（《礼记》）；"文，错画也，象交文。"（《说文解字》）等。后来，"文"被引申出其他若干含义。"其一，为包括语言文字内的各种象征符号，进而具体化为文物典籍、礼乐制度。……其二，由伦理之说导出彩画、装饰、人为修养之义，与'质''实'对称，……其三，在前两层意义之上，更导出美、善、德行之义。"②

《易经》中第一次把人文二字并用。《易·贲》曰："刚柔交错，天文也；文明以止，人文也。观乎天文，以察时变；观乎人文，以化成天下。"孔颖达疏："言圣人观察人文，则诗书礼乐之谓，当法此教而化成天下也。"《北齐书·文苑传序》："圣达立言，化成天下，人文也。"唐代诗僧皎然《读张曲江集》诗："相公乃天盖，人文佐生成。"大意都是礼乐教化。《后汉书·公孙瓒传论》："舍诸天运，徵乎人文，则古之休烈，何远之有！"唐章怀太子李贤注："人文犹人事也。"其义虽有些微差异，但一般都与天道、天文、天运相并提。清代学者魏荔彤的解释就是："人文者，上而礼乐、法度、文辞、威仪，下而风俗、歌谣、婚丧、宾祭，皆是也。"③ 用现在的语言解释就是各种文化现象。《辞

---

① 张岱年、方立克：《中国文化概论》（第二版），北京师范大学出版社 2004 年版，第 1 页。

② 张岱年、方立克：《中国文化概论》（第二版），北京师范大学出版社 2004 年版，第 1 页。

③ （清）魏荔彤：《大易通解》卷五。

海》对人文的解释就是人类社会的各种文化现象。

"人文主义"一词在中国出现大概是 20 世纪 20 年代。"人文主义"作为汉语一词的出现与美国新人文主义者白璧德（Irving Babbitt，1865—1933 年）的思想在中国的传播有关。白璧德与中国有一定渊源，他的父亲生长于中国浙江的宁波，所以，他"对中国有一份偏爱"，也经常引用孔子所说的"克已复礼"来阐释自己的哲学，对中国传统文化也有不少精辟的论述。20 世纪 20 年代初，游学美国的吴宓、梅光迪、汤用彤等人皆出自白璧德门下，其他如梁实秋、陈寅恪、奚伦、胡先骕、张歆海、范存忠、楼光来、郭斌和等也都亲耳聆听过白氏教诲，深受其思想影响，通过这些学人尤其是其中的"学衡派"把西方的新人文主义与中国的儒学加以贯通。

1921 年，美国东部中国学生会邀请白璧德为留学生做报告，白璧德以"中西人文教育谈"为题进行了讲演，他指出，中国的传统文化强调道德观念，正"适合于人文主义者"。白璧德的演讲稿随即刊发于 1921 年第 2 期《中国留美学生月报》。1922 年，"学衡派"的代表人物之一胡先骕将白璧德的演讲翻译并定名为《白璧德中西人文教育说》，载于《学衡》1922 年第 3 期。这或许是最早使用汉语"人文主义"一词的文章之一。

汉语"人文主义"一词的出现以及人文主义思想在中国的传播与"学衡派"密切相关。"学衡派"因《学衡》杂志而得名，1921 年 10 月，东南大学（南京大学前身）教师吴宓、梅光迪、胡先骕等人筹备成立学衡杂志社，1922 年 1 月正式创刊。其主要供稿人除发起人吴宓、梅光迪、胡先骕、刘伯明、柳诒徵外，还有国立东南大学的师生和他们的一些朋友，包括王国维、梁启超、陈寅恪、张荫麟、林损、汤用彤、景昌极、刘永济、陆维钊、吴芳吉、缪凤林等众多当世及后来的大师级人物。《学衡》前后历时十年有余，其文章的一个主要内容就是新人文主义的译介，先后介绍、阐释新人文主义思想的文章达 20 余篇，开引入西方人文主义思想之先河。这些介绍新人文主义的文论中比较重要的有：胡先骕译《白璧德中西人文教育说》（3 期），梅光迪《现今西洋人文主义》（8 期），梅光迪《安诺德之文化论》（14 期），吴宓译《白璧德之人文主义》（19 期），吴宓译《白璧德论民治与领袖》（32 期），徐震堮译《白璧德释人文主义》（34 期），吴宓译《白璧德论欧亚两洲文化》（38 期），张荫麟译《葛兰坚论学校与教育》（42 期），吴宓译《穆尔论自然主义与人文主义之文学》（72 期），张荫麟译《白璧德论班达与法国思想》（74 期）等。1929 年，上海新月书店将《学衡》刊发的有关文章结集出版，书名为《白璧德与人文主义》。虽是对人文主义的译介，但更寄寓了"学衡派"从传统中寻找精神资源和文化规范的思想，或许"学衡派"思想还有这样那样的缺点和不足，但他们对人文主义的介绍和推广无疑在近代中国思想史占据重要地位。

当然，汉语"人文主义"一词源于学衡派的译介，但学衡派所理解的人文主义与现在意义上的人文主义还有一定的区别。现在《辞海》给予"人文主义"的解释是：①即"人文科学"，②指文艺复兴时期同宗教神学体系对立的人性论和人道主义。进而对"人文科学"的解释是："人文科学源于拉丁文 humanities，意即人性、教养……原指同人类利益有关的学问，别于在中世纪教育中占统治地位的神学"①。冯天瑜先生认为，"人文主义一词有四种含义：一是人道主义；二是人本主义；三是欧洲文艺复兴时期的人文主义；四是从拉丁或希腊古典文化研究推引出来的人文学科研究。其中三、四为原义，一、二为引申义"②。

可以认为，许许多多关于人文或人文主义的理解和定义都有各自的

---

① 辞海编辑委员会：《辞海》，上海辞书出版社 1979 年版，第 698 页。
② 冯天瑜：《中国人文传统论略》，载《人文论丛》（1998 年卷），武汉大学出版社 1998 年版，第 17 页。

根据。但为便于研究，这里以人文或人文主义的原义为基础，对概念进行必要的界定。取《辞海》的解释，我们认为人文主义指"人文科学"或称"人文学科"，"'人文学科'或'人文科学'的含义既有历史的演变又保持着内在的统一性。在古代思想史上，特别是在古罗马的教育体系中，'人文学科'的概念与自然科学、社会科学确实存在过包容的或母子的关系。……到了文艺复兴时期，人文科学成了专门知识的独立分支或流派。但是，近代以来，人文科学被自然科学和社会科学挤入科学的后台，失去了其在文艺复兴时期的独立地位"①。《辞海》中"人文科学"词条的释义是"广义一般指对社会现象和文化艺术的研究，包括哲学、经济学、政治学、史学、法学、文艺学、伦理学、语言学等"②。根据权威典籍的界定，我们理解的人文或人文主义包括人文学科的知识和其中蕴含的精神。

二、儒学人文主义思想

在中国，儒释道有"三教"之说，作为一种教化之学，其中包含着浓厚的人文主义思想。儒学作为中国传统文化的主流思想，源远流长、博大精深，不仅对中国、对东亚，而且对全世界都产生了巨大而深远的影响。儒学思想体系宏阔而深邃，从孔子成立儒学之始，儒学思想就具有强烈的人文精神，"从总体上看，宗法伦理是儒家理论的主干，而'人'则是其全部理论的出发点与核心"③。儒学的人文性一定程度上影响到整个中国传统文化的人文性，因为从人文主义的角度看，中国传统文化的本质就是关于"人"的学问，从古至今一直重视现实的人和人生问题。最典型的事例就是孔子"问人不问马"的故事。马厩失

---

① 朱红义：《人文科学从古代到现代》，《社会科学辑刊》1995 年第 1 期。
② 辞海编辑委员会：《辞海》，上海辞书出版社 1979 年版，第 698 页。
③ 洪修平：《论儒学的人文精神及其现代意义》，《中国社会科学》2000 年第 6 期。

火，孔子退朝后首先问的是人是否受伤，然后才问马①。春秋战国时期，当时的马要比养马的人地位高，更珍贵，但孔子先问人而后问马，这是其一贯的"仁者爱人"思想的体现，是一种人文关怀。南宋大儒陆九渊更明确强调："天、地、人之才等耳，人岂可轻！人字又岂可轻！"② 极其强烈地表达了对人的价值和地位的尊重与肯定。儒学人文主义思想的核心内容集中体现在以下几个方面。

第一，人最为天下贵。荀子认为："水火有气而无生，草木有生而无知，禽兽有知而无义，人有气、有生、有知，亦且有义，故最为天下贵也。"③ 人之所以为天下贵，原因在于人有生命，知礼义，讲道德。孟子也认为："人之所以异于禽兽者几希，庶民去之，君子存之。"④ "几希"是一丁点的意思，人和禽兽的差异就差那么一点仁义，一种内心的自觉。孟子和荀子的论述角度不同，但共同点是都强调人的道德自觉，都突出"人"的意义。基于人为天下贵的思想，儒学始终关注人事。从《论语》中可以看出来，孔子经常谈人的日常生活、人的一般心理，通过"人"的特征来阐述其观点。如孔子认为"君子务本，本立而道生。孝弟也者，其为人之本欤⑤"。意思是孝顺父母，顺从兄长，这是仁的根本，也是做人的根本。孟子也注重人的作用："夫天，未欲平治天下也；如欲平治天下，当今之世，舍我其谁也？⑥"

第二，天人合一。儒学人文主义一个影响深远的思想是"天人合一"的理念，这也是儒家人文主义思想乃至中国传统文化的核心理念。儒学经典认为"人"与"自然"之间是感应相通的，所以越是深入

---

① 《论语·乡党》："厩焚，子退朝曰：'伤人乎？'不问马。"
② 《象山先生全集》卷三五。
③ 《荀子·王制》第九。
④ 《孟子·离娄下》。
⑤ 《论语·学而》。
⑥ 《孟子·公孙丑下》。

"人"的本性，就越能够感通到"天"即"自然"的意志，也就是"天命"。孔子说自己："吾十有五而志于学，三十而立，四十而不惑，五十而知天命，六十而耳顺，七十而从心所欲，不逾矩。"① 言及通过不断的学习，五十岁了才能够把握自然的规律，其中蕴含的思想就是"人"与"自然"有相通之处，能够相互进行感通，实际上就是一种天人合一的思想。宋代程朱理学代表都认为"仁"是"人"和"天"的共同本质，"人"和"天"是不可分割的。如程颢、程颐认为："仁者，浑然与物同体。"② 朱熹认为："天地以生物为心者也。"③ 对"天人合一"论述最为简洁系统的当数明代大儒王阳明："大人者，以天地万物为一体者也，其视天下犹一家，中国犹一人焉；若夫间形骸而分尔我者，小人矣。大人之能以天地万物为一体也，非意之也，其心之仁本若是。"④

第三，修身养性。儒学主张正心、修身、齐家、治国、平天下，修身是儒学的核心精神，是一切的根本。强调社会的进步，国家的治理，其前提是人的素质的提高。修身之道一是自省，二是克己，三是慎独，四是宽人。"自省"就是要从思想上、行动上检省自己，提醒自己是否遵从了道义："吾日三省吾身，为人谋而不忠乎？与朋友交而不信乎？传不习乎？⑤"自省是一种理智，是一种理性，是一种智慧，只有自省才能够真正主宰自己，通过自省才能完善自己的德行。"克己"就要节制自己的言行，要限制自己的欲望，要谨言慎行，"非礼勿视、非礼勿听、非礼勿言、非礼勿动"，"一日克己复礼，天下归仁焉"⑥。"慎独"

---

① 《论语·为政》。
② 《二程遗书》卷二上。
③ 《仁说》。
④ 王守仁：《王阳明全集·大学问》，上海古籍出版社 1992 年版，第 968 页。
⑤ 《论语·学而》。
⑥ 《论语·颜渊》。

是指在个人独处或者别人看不到、不知道的情况下更要严格约束自己。这是对个人内心隐蔽的思想意识进行自律的一种修养方式，要求具有自觉修养的意识，防止错误思想及邪欲。"莫见乎隐，莫显乎微，故君子慎其独也。"① "忠恕"是指在处理人与人的关系时要遵循宽人的原则。"忠"，尽力为人谋，中人之心，故为忠；"恕"，推己及人，如人之心，故为恕。"夫子之道，忠恕而已矣。"② 君子与人交往要言行一致，"言必信，行必果"③。

第四，民本思想。周代就有"民之所欲，天必从之"的思想，及至孔子时期，他认为："道千乘之国，敬事而信，节用而爱人，使民以时。"④ 又说，"临之以庄则敬，孝慈则忠，举善而教不能则劝。"⑤ 虽然有一点的时代局限性，但体现了孔子的敬民、爱民思想。其修己安人思想的目的是让老百姓安居乐业："修己以安百姓。修己以安百姓，尧舜其犹病诸?⑥"修养自己使所有百姓都安居乐业，即便是圣人尧、舜都难以做到呢！

民本思想的高峰当数孟子。孟子说："得乎丘民为天子。"⑦ "桀纣之失天下也，失其民也。失其民者，失其心也。得天下有道：得其民，斯得天下矣。得其民有道：得其心，斯得民矣。"⑧ 孟子甚至把"民"的定位提高到至高无上："民为贵，社稷次之，君为轻。"⑨ 这些思想在古代中国传统文化中都难能可贵。

---

① 《礼记·中庸》。
② 《论语·里仁》。
③ 《论语·子路》。
④ 《论语·学而》。
⑤ 《论语·为政》。
⑥ 《论语·宪问》。
⑦ 《孟子·尽心下》。
⑧ 《孟子·离娄上》。
⑨ 《孟子·尽心下》。

三、道家人文主义思想

在中国哲学或者传统文化中，一向是儒道并举，即便在宗教发展历史上，也是儒释道并举，所以介绍东方人文源流，毫无疑问必须了解道家人文主义思想。

在哲学研究中，关于道家曾有过这样一个问题的讨论："道家是自然主义的，还是人文主义的？或者说，道家哲学具不具备人文精神?①"我们无意沿着这样的道路深入讨论，但今天的学界大多已经认为道家具有人文精神或者人文关怀，"实际上包括老庄在内的整个道家学派是颇具科学精神和人文精神的"②。甚至有人提出"对于中国古代道家哲学中自然人文主义思想的研究探讨是构建生态人文主义价值观的必要前提"③。我们认为认识道家人文主义思想可以从以下几个方面来理解。

第一，天人合一。中国传统文化的一个基本精神就是"天人合一"，我们的先人一向认为人的存在与社会的发展不是相互孤立的，而是紧密联系的。"中国传统文化是一个'天人合一'的文化体系，中华学术可综括为天人之学。……'天人合一'的文化体系有两大支柱，即儒和道。理论地说，儒道两家各能自成一套'天人合一'的文化体系。"④ 所以"天人合一"既是儒学人文主义思想的内容，也是道家人文主义思想的内容。道家尤为重视人与自然的关系，"把人与社会、自然视为一个整体，这是先秦时期的思想家的共同认识，其中尤以道家最

---

① 李大华：《道家哲学性质的分析》，《哲学研究》2008 年第 6 期。
② 丁原明：《道家的科学精神与人文精神》，《文史哲》2002 年第 1 期。
③ 王娅：《现代生态人文主义理论溯源》，《前沿》2013 年第 19 期。
④ 卢国龙：《发天道以建人文——作为中国文化之理论基础的道家道教哲学》，《哲学研究》1994 年第 6 期。

具代表性"①。老子认为"人法地，地法天，天法道，道法自然"②。人与地、天、道、自然是相互依赖的，绝不是孤立存在的，尽管说人、地、天、道、自然各有特性与规律，但最终是一个整体。"道家发天道，明自然，发展文化的思路是由天之人，即以自然之理作为文化体系的基础，使社会机制等人文建设不违背天道自然。"③ 道家另一个代表人物庄子也认为圣人必须法天地，只有效仿天地才能统治天下："夫天地者，古之所大也，而黄帝、尧、舜之所共美也。故古之王天下者，奚为哉？天地而已矣！"④ 圣人也必须遵循天地规律，与天地相统一。

第二，关注生命。道家从哲学的高度对生命给予了特别的关注。《道德经》开篇就关注和揭示生命的本源："道可道，非常道；名可名，非常名。无，名天地之始；有，名万物之母。"⑤ "道"是生命之本、生命之源，是天地万物产生的根本和存在的根据所在。进一步又说"道生一，一生二，二生三，三生万物，万物负阴而抱阳，冲气以为和"⑥。深刻地说明了"道"化生万物的思想。又言"故道生之，德畜之；长之育之；成之熟之；养之覆之"⑦。进一步论述了"道"是生命的本质，是一切生命的存在根据。"道"创生了包括人在内的万物，"德"哺育了万物，使万物成长培育，使万物成熟结果，使万物养息延续。因为对现实生存的忧患和困惑，道家特别重视守护人的生存价值，并给予了合乎于"道"的价值判断和人格的自我完善。老子提出"绝圣弃智，民

---

① 朱汉民：《中国传统文化导论》，湖南大学出版社 2010 年版，第 29 页。
② 《老子》二十五章。
③ 卢国龙：《发天道以建人文——作为中国文化之理论基础的道家道教哲学》，《哲学研究》1994 年第 6 期。
④ 《庄子·外篇·天道》。
⑤ 《道德经》一章。
⑥ 《道德经》四十二章。
⑦ 《道德经》五十一章。

利百倍；绝仁弃义，民复孝慈；绝巧弃利，盗贼无有"①。看似有些极端，但其实老子并非拒绝"仁义"之德，而是主张"上仁""上德"。是以一种曲折迂回的路径，从看似消极的做法最终回归到人的最佳生存状态。

第三，探索理想。"小国寡民"是老子对于理想社会的一种探索和向往。"小国寡民。使有什伯之器而不用；使民重死而不远徙。虽有舟舆，无所乘之；虽有甲兵，无所陈之。使民复结绳而用之。甘其食，美其服，安其居，乐其俗。邻国相望，鸡犬之声相闻，民至老死不相往来。"② 从"小国寡民"的消极中，透出的却是没有纠纷、没有暴政、没有危险的安居生活，所描述的人的生活场景和平、富足、淳朴、幸福，这正是一种理想社会，这种理想本身就是对人的生存价值的一种追求。

对理想的探索还体现在对人的精神价值的追求上，求美、求善在《庄子》中得到很好的体现。庄子以浪漫主义的风格，以瑰丽诡谲、汪洋恣肆的文字构思出一个个巧妙奇幻、意出尘外的故事，比如大翼鲲鹏、小虫蜩和学鸠的故事，庄周梦蝶的故事，大海与小河对话的故事等，无不展示了人对生活的理想追求，是对人的自由生活的认识、体验和渲染。

---

① 《道德经》十九章。
② 《道德经》八十章。

第二章　早期大学及其办学理念

关于大学的起源不是我们研究的重点，但研究高等职业院校办学理念的演进，又必须从大学产生之时说起，这是研究的逻辑起点和基础。大学的起源又是一个大课题，这里我们只能简单解说。

第一节　中西方"最早的大学"之争

在学术界，有人认为"我国最早在虞夏商时期就有了大学，只是名称上当时并未叫大学；虞舜时称上庠，夏禹时称东序，殷商时称右学。"① 但也有很多人认为大学起源于中世纪的欧洲。关于最早的大学是在中国？还是在欧洲？各有说辞，这里仅罗列示之。

论述谁是最早的大学，必当从含义入手。大学太"大"，所以我们首先从权威典籍对大学的定义论起。在权威典籍《辞海》中，"大学"是"实施高等教育的学校。大学分综合大学和专科大学或学院。……中国西周的辟雍、汉代以后的太学以及晋代以后的国子学等都属于大学

---

① 董宝良主编：《中国近现代高等教育史》，华中科技大学出版社 2007 年版，第 1 页。

性质，……在外国，古老的大学迄今还存在的有公元 859 年创立的摩洛哥非斯城的加鲁因大学……欧洲大学开始于十二世纪……"①。《简明不列颠百科全书》对"大学"的定义是："高等学府，通常包括一所文理学院、研究生院和专业学院，并有权授予各个学科领域的学位。"② 从这些定义可以看出，大学是一个教育机构，通过实施高等教育培养人才；同时大学又是一个学术机构，有权授予各个学术领域的学位；现代大学还有社会服务职能，直接介入社会生活。

如果按照这样的定义和解释，则我国古代的"大学"与今日之"大学"有很大区别。古代的大学，非专指教育和学术机构，中国古代典籍中的"大学"最早的含义是博大的学问和修养，即"大学之道，在明明德，在亲民，在止于至善"。这与现代大学既有联系，又有区别，可以看作是现代大学的一种追求，但并非现代大学的含义。

在我国古代教育机构中，按照东汉郑玄在《礼记注》中的解释："上庠、东序、右学三种是大学，下庠、西序、左学三种是小学。大学即国学，所以养国老；小学即乡学，所以养庶老。"这里的大学是指国家开办的既有教育职能、又有养老职能的机构，但即便是国家开办的教育机构，也不一定就是大学，更与现代大学的含义差距较远。有人就认为当时的"大学"和"小学"之分"应该是针对如下三种情况而言：办学规模的大小；教育程度的高低；学生年龄的大小。"③ 显然，办学规模大一点，教育程度高一点，学生年龄大一点不是大学的标准，据此也不能够确定学校的性质就是大学或不是大学。

当然，有人在论述中强调："殷商时代的所谓'大学'，不是以中

---

① 辞海编辑委员会：《辞海》（上），上海辞书出版社 1979 年版，第 1429 页。
② 中美联合编审委员会：《简明不列颠百科全书》第 2 卷，中国大百科全书出版社 1985 年版，第 408 页。
③ 王瑞聚：《关于"最早的大学"问题》，《临沂大学学报》2012 年第 6 期。

等教育为起点，而是以初级教育为起点，这样的'大学'称不上真正意义上的大学。"其理由是"殷商时代的'右学'与'左学'，亦即'大学'与'小学'的差距至多相当于现在的中学和小学的差距"①。这样的结论有点武断和牵强。因为人类发展是一个向上的过程，尤其知识的积累更是几何级递增，4000 年前的古人所需要学习的知识和今天人们需要学习的知识不可同日而语。当时从"左学"到"右学"，亦即从"小学"到"大学"，其知识学习或已到了最高峰，相对而言，或已具备现在的大学水平。如果这样理解，则所谓的二级教育和三级教育之别并不重要，既不能说 4000 年前的二级教育就一定是对应现在的小学和中学，也不能说没有所谓的中等教育就一定不是大学。

那么，如何才能区别最早的大学呢？其实关于大学的表述和理解，由于时代、地位、角度、立场等不同会有千千万万种理解，在高等教育学经典著作中，在这些著名学者眼中，大学具有不同的定义和特征。

大学"是教授普遍知识的地方"，"一方面，是心智的，而非道德性的；另一方面，是对知识的普及和扩展，而非提高"②。——（英国）纽曼

"大学是人格完整的象征，保存文明的机构，和探求学术的社会。"③ ——（美国）赫钦斯

"每一个较大规模的现代社会，无论它的政治、经济或宗教制度是什么类型的，都需要建立一个机构来传递深奥的知识，分析、批判现存的知识，并探索新的学问领域。换言之，凡是需要人们进行理智分析、

---

① 王瑞聚：《关于"最早的大学"问题》，《临沂大学学报》2012 年第 6 期。
② ［英］纽曼：《大学的理念》，高师宁等译，北京大学出版社 2016 年版，第 1 页。
③ ［美］何钦思（赫钦斯）：《教育现势与前瞻》，姚柏春译，香港今日世界出版社 1976 年版，第 110 页。

鉴别、阐述或关注的地方，那里就会有大学。"① ——（美国）布鲁贝克

"大学，与所有类型的研究机构不同，它原则上（当然实际上不完全）是真理、人的本质、人类、人的形态的历史等等问题应该独立、无条件被提出的地方，即应该无条件反抗和提出不同意见的地方。"② ——（法国）德里达

"在维护、传播和考察永恒真理方面是无与伦比的；在探索新知识方面是无与伦比的；在整个历史上所有高等教育机构中间服务于先进文明的如此众多部分方面也是无与伦比的。"③ ——（美国）克拉克

"大学的工作是提供有意义的信息，即发明和传授知识。…大学的首要功能是保持哪些国家特有的文化，并促进其在于其他文化向碰撞中或是相互理解中的有效结合。"④ ——（英国）鲁卡斯

大学是学者的社团，只有"独立的研究者"（教授）和"受到指导的研究者"（学生），是"带有研究性质的学校"，是受到国家保护但又享有完全自主地位的学术机构⑤。——（德国）洪堡

"大学者，'囊括大典，网罗众家'之学府也"；"大学者，研究高深学问者也"；"大学为纯粹研究学问之机关，不可视为养成资格之所，亦不可视为贩卖知识之所"⑥。——蔡元培

"所谓大学者，非谓有大楼之谓也，有大师之谓也。"⑦ ——梅贻琦

---

① ［美］约翰·S. 布鲁贝克：《高等教育哲学》，王承绪等译，浙江教育出版社 2002 年版，第 82 页。

② 杜小真、张宁主编：《德里达中国讲演录》，中央编译出版社 2003 年版，第 61 页。

③ ［美］克拉克·克尔：《大学的功用》，陈学飞译，江西教育出版社 1993 年版，第 29 页。

④ 马万华：《迎来大学"灿烂的明天"》，《高等教育研究》1998 年第 4 期。

⑤ 刘保存：《洪堡大学理念述评》，《清华大学教育研究》2002 年第 1 期。

⑥ 蔡元培：《蔡元培全集》（第 3 卷），中华书局 1984 年版，第 191、211 页。

⑦ 刘述礼等编：《梅贻琦教育论著选》，人民教育出版社 1993 年版，第 10 页。

这些大家对大学的定义或者说表述和释义仍然不尽相同。显然，从这些对大学的认识来看，可以从两个方面来把握大学：一是含义广泛的大学。如果按照有人的观点，"大学的含义本身应该是尽可能地广泛，尽可能地普遍"①，则最早的大学理所当然地起源于中国。二是现代意义上的大学。这类大学应该具有教学、科研和社会服务等职能，在社会中代表着自由、真理和知识，从这种意义上讲，大学起源于欧洲中世纪。

我们现在研究的大学实际上是当代的大学，具有现代意义和当代特征，无意于刻意去区别最早的大学。但因为涉及人文主义思想的溯源，所以同样对东西方大学进行了适当的介绍。

第二节　中国早期大学及其主要特点

高等教育起源有诸多说法。尤其在我国从 20 世纪 80 年代后，基本认可我国的高等教育有 3000～4000 年的历史，同样也认为西方柏拉图的学园等也是高等教育机构。这或许是基于这样一种认识："在中等教育产生前，高等教育的含义较为模糊，凡是高深研究或教学的场所，都可称之为实施高等教育的机构，包括寺院、学校、博物馆和图书馆等。"② 如董宝良先生明确提出："我国最早在虞夏商时期就有了大学，只是名称上当时并未叫大学；虞舜时称上庠，夏禹时称东序，殷商时称右学。"③ 杜作润先生在《大学论》中专章论述"大学起源"，其基本

① 丁学良：《什么是世界一流大学》，《高等教育研究》2001 年第 3 期。
② 贺国庆、王保星等：《外国高等教育史》（第二版），人民教育出版社 2006 年版，第 1 页。
③ 董宝良主编：《中国近现代高等教育史》，华中科技大学出版社 2007 年版，第 1 页。

认可熊明安将最早的大学追溯至夏朝的东序以及后来的商周时期的右学、上庠①。季羡林先生就提出北大的历史可以从古代的太学算起，"这样计算，一不牵强，二不附会，毫无倚老卖老之意，而只有实事求是之心。既合情，又合理。倘若采用它，是完全能够讲得通的"②。

一、中国早期大学

在我国古代典籍中，《礼记》详细记载了我国大学的起源。《礼记·王制》："有虞氏养国老於上庠，养庶老於下庠。夏后氏养国老於东序，养庶老於西序。殷人养国老於右学，养庶老於左学。"东汉经学大师郑玄在《礼记注》中，作出这样的解释："上庠、东序、右学三种是大学，下庠、西序、左学三种是小学。大学即国学，所以养国老；小学即乡学，所以养庶老。""东序、东胶亦大学，在国中王宫之东。""右学为大学，在王城西郊；左学为小学，在城内王宫之东。"

这里，《礼记》已经明确提出了大学的概念，这些早期的中国大学有什么特点？从以上记载可以看出，早期的大学不仅仅是教学研究机构，同时还是养老机构。但到了西周时期，这些大学从体制到作用都发生了很大的变化，其养老作用开始有所削弱，而更强调教化功能。《礼记》记载："小学在公宫南之左，大学在郊。天子曰辟雍，诸侯曰泮宫。"辟雍又作"璧雍"，是周天子为教育贵族子弟设立的大学。汉代刘向《五经通义》认为："天子立辟雍者何？所以行礼乐，宣教化，教导天下之人，使为士君子，养三老，事五更，与诸侯行礼之处也。"用现在的话说就是教授这些贵族子弟学习礼仪、音乐、舞蹈、诵诗、写作、射箭、骑马、驾车等各种技艺。除了一些技能教育，更多的是修养

---

① 杜作润、高烽煜：《大学论》，四川教育出版社 2000 年版，第 68 页。
② 季羡林：《巍巍上庠百年星辰——〈名人与北大〉序》，《北京大学学报（哲学社会科学版）》1997 年第 6 期。

养成教育，也就是现在的人文教育。

西汉以后，历代皆有辟雍，但后来多为祭祀用。汉武帝时期，采纳董仲舒的建议在长安建立太学，主要是"罢黜百家独尊儒术"后传授儒学。所以太学最初只设一个职位——五经博士，既是学官，又类似于现在的学科，专门传授儒家经学《易》《书》《诗》《礼》《春秋》。后来太学中科目及人数逐渐增多，开设了讲解《谷梁传》《公羊传》《左传》《尔雅》《周官》等课程。汉元帝时博士弟子达千人，汉成帝时增至三千人。整体来看，汉代太学是中央官学，也是全国最高教育管理机构和最高学府，其主要教材是经史，教学内容是授"孔子之术，六艺之文"，培养目标是培养和造就一大批牢固树立儒家大一统国家观念和宗法思想的人才和官吏。

后历代均设太学，隋代以后改为国子监，而国子监内同时也设太学。唐代国子监在教学内容上进行了比较大的调整，除经学外增加了其他专门技术教育的内容，设有国子学、太学、四门学、律学、书学、算学等学科。国子学、太学、四门学分别面向三品、五品、七品以上官僚子弟，律学、书学、算学则面向八品以下子弟及庶人。国子生、太学生、四门生学习儒家经典，律学、书学、算学学生则学习专门技术。这在一定程度上反映出在唐代最高学府已经出现了职业技术教育的内容。入学年龄一般为14岁至19岁，律学则为18岁至25岁。

二、中国早期大学的主要特点

在中国古代大学中，最有代表性的当数太学、国子监和书院。其主要特点主要有以下三点。

第一，官办性质为主。秦之前的高等教育集中在官府，官府之外无书籍、无学校、无学术，史称"学在官府"。后来的太学和国子监都是国家官办的最高教育学府。太学最早出现在西汉，在中国古代，封建意识下的统治阶级处处都要彰显皇家的气势与威严，于是几乎与皇帝有关或者为皇家服务的机构、人事，往往在名称前冠以"太"字。例如，皇家御用的医生称为"太医"，皇家御用的史官称为"太史"，皇帝或皇子的教师称为"太师"，京城里主要服务皇家的大粮仓称为"太仓"等。"太学"顾名思义就是指国家或者说皇家举办的、专门为皇家提供优质教育服务的教育学术机构，类似于西方"皇家大学"的意思。

公元 276 年，晋朝武帝时于太学之外又设国子学，与太学并立。整个南北朝时期，各个时期或设太学，或设国子学，或两者同设。后北齐改名为国子寺，隋炀帝改为国子监。唐、宋时期以国子监总辖国子、太学、四门等学，具有教育管理职能。元代设国子学、蒙古国子学、回回国子学，亦分别称国子监。明、清两朝不再设立太学，只设置了国子学或国子监，明、清时期的国子监既有国家教育管理机构的性质，又有最高学府的特征。到清朝已经逐步衰败，成了科举考试制度下的附庸，形同虚设。1905 年，清光绪时期设学部，国子监遂废。

中国古代书院是个例外，它以私人创建或者主持为主，是一种藏书和教育功能兼具的机构。中国古代书院是中国古代特有的一种高等教育形式，为中国古代大学之一源。① 书院正式起源于唐代，兴盛于宋代，明、清时期渐渐衰落。在北宋时期，有历史著名的"四大书院"之称。普遍认可的对后世有较大影响的书院主要有应天书院（河南商丘）、岳麓书院（湖南长沙）、嵩阳书院（河南登封）、白鹿洞书院（江西九江）、石鼓书院（湖南衡阳）、茅山书院（江苏句容）等。一些书院发展到一定程度，也具有一定的官办性质。1034 年，北宋景祐元年，应天书院改为府学，官府拨学田十顷，充作学校经费；1043 年，范仲淹

---

① 高原、杜作润：《古典书院也是大学之源》，《复旦学报（哲学社会科学版）》1996年第 1 期。

参政"庆历新政",应天书院升为南京国子监学,与东京(今开封)、西京(今洛阳)的国子监并列为北宋最高学府。

第二,培养官员为主。在中国古代,教育的最初动机是培养有教养的贵族,其实就是培养官员。无论是早期官学,还是后来兴起的私学,其教学内容都是传授"经""书",这些"经""书",都是早期农耕文化贵族阶层提出或形成的社会理想、道德准则和行为方式。无论是早期奴隶社会时期,还是后来封建社会时期,教育都是维护、完善和延续统治阶层体制、秩序的重要手段和途径。汉代太学作为一种最高等级的教育,更是如此。

董仲舒提出设立太学的初衷就是:"太学者,贤士之所关也,教化之本源也。"① 汉武帝也认为:"太常其议予博士弟子,崇乡党之化,以励贤材焉。"② 可见,兴办太学一方面是培养官员,一方面是推行教化。太学中的太学生实行择优任官的给力原则,但进入太学并不必然可以进入仕途。太学生能够直接入仕的途径大致上有三种:一是通过考试而入官,汉代对太学实施考试的基本形式是"设科射策",成绩较好者即可封官,这是主要途径。二是诏选入仕。如武帝时,张汤决大狱,"欲博古义,乃请博士弟子治《尚书》《春秋》、补廷尉史"。三是对于一批长期滞留太学的年老学生,朝廷怜其年老,让这些"结童入学"者,免于"白首空归",特为他们独辟如仕的蹊径,在规定年龄以上,或为其创造例外的考试机会,优给标准,给予官职,或直接赏予官职。在汉灵帝和献帝时均有过这样的事例。

第三,教学内容以儒家经典为主。秦以前的教育主要是习六艺,即礼、乐、射、御、书、数,包括社会道德、礼仪风俗、生产技能等。从

---

① 《汉书·董仲舒传》。
② 《汉书·武帝纪》。

汉代开始及至近代，教学内容基本上以儒家经典为主，并逐渐形成了"四书五经"为代表的格局。"四书"包括《大学》《中庸》《论语》和《孟子》，最初由宋代朱熹作集注而合称为"四书"；"五经"包括《诗经》《尚书》《礼记》《易经》《春秋》，在汉代就已经提出了"五经"的概念，当时认为这五部经典都与孔子有关，都经过孔子的编辑或者修改，汉武帝设立了"五经博士"一职，专门教授这些儒家经典。

第三节　欧洲中世纪大学及其主要特征

中世纪一般指公元 476 年—公元 1453 年期间的欧洲时代，这一时期的欧洲以封建制度的形成、发展和解体为主线。公元 476 年，西罗马帝国灭亡，标志着西欧开始进入封建时代，尽管其后的中世纪曾被称为"黑暗时代"，但这一时期却孕育出了近代资本主义，开启了伟大的文艺复兴，所以中世纪具有历史的进步意义。对于教育，尤其是高等教育，中世纪的影响更为巨大。研究高等教育史，必然要研究中世纪的大学，很多人甚至认为"大学起源于 12 世纪"[1]。中世纪大学对后世高等教育的影响无与伦比，甚至对近现代世界也产生了巨大而深远的影响，"中世纪大学，与大教堂（cathedrals）、议会（parliaments）一道，被看作中世纪三个最有价值的遗产"[2]。

---

[1] 贺国庆、王保星等：《外国高等教育史》（第二版），人民教育出版社 2006 年版，第 33 页。

[2] 贺国庆、王保星等：《外国高等教育史》（第二版），人民教育出版社 2006 年版，第 33 页。

一、中世纪的大学

在中世纪的西欧，大学是逐渐形成的，当时并没有专门的创办大学的法令，所以关于早期大学的确切创建时间往往并不一致。一般认为，欧洲第一批大学出现在 11、12 世纪，最早的有意大利萨萨莱诺大学（1137 年）、博洛尼亚大学（1158 年）、法国巴黎大学（1150 年）、英国牛津大学（1168 年）等。13—14 世纪意大利又产生 18 所大学，法国有 16 所大学，西班牙和葡萄牙有 15 所大学，英国于 1209 年建立了剑桥大学，以后又相继成立了 5 所大学①。其中意大利的博洛尼亚大学和法国的巴黎大学是中世纪大学组织最具代表性的两种形式。

博洛尼亚大学位于博洛尼亚市。博洛尼亚位于意大利北部，由于地理位置的原因，这里是当时的一座重要的国际性城市，是经济社会的中心，也是一座自治的城市。1067 年，该地建立了博洛尼亚法律学校。约 1100—1130 年期间，著名学者欧内乌斯（Irnerius，约 1055—1130 年）在博洛尼亚法律学校任教，推动罗马法教育远远走在了意大利其他学校的前列。"欧内乌斯成功地对罗马法作了合理的分析，使其既适合职业性的需要，又适合作为高等教育的一门专门学科而进行学术研究。"② 欧内乌斯的研究及其个人的巨大声望，使得博洛尼亚声誉鹊起，一大批教师和学生从欧洲各地涌入博洛尼亚。"正是由于欧内乌斯对罗马法的学习研究以及作为教师而特有的迷人风格，使得博洛尼亚成为著名的具有革新精神的罗马法教学中心。"③ 1158 年，夫累得利克一世敕

---

① 陈小川等：《文艺复兴史纲》，中国人民大学出版社 1986 年版，第 415 页。
② 贺国庆、王保星等：《外国高等教育史》（第二版），人民教育出版社 2006 年版，第 37 页。
③ 宋文红：《欧洲中世纪大学：历史描述与分析》，华中科技大学 2005 年博士学位论文，第 35 页。

命博洛尼亚法律学校为博洛尼亚大学。

博洛尼亚大学最大的特点是曾被称为"学生大学"，学生在学校管理中曾经居于主导地位。13 世纪初，博洛尼亚大学已经发展到有学生5000 余名，在当时已经是一所庞大的大学。经过学生行会组织的不断努力，学生逐渐取得了管理控制学校事物的权力，这些权力包括学校会议的表决权、学费的数额、授课的时数、教师的选聘、教师的评价、教师的处罚、学期的时限等，教师能够完全控制的领域仅仅限于考试制度。

博洛尼亚大学之所以出现学生主导学校管理的局面，主要是当时学生特点所决定。第一，博洛尼亚大学的学生以学习法律为主，本身具有很强的法律意识；第二，更主要的是这些学习法律的学生要比当时其他大学的学生年龄偏大，具有较多的管理能力和经验；第三，最关键的是，一部分博洛尼亚大学的学生在入校学习时已经担任了重要的社会职务，虽然是学生，但却同时有显赫的家庭背景和显要的社会地位。所以，博洛尼亚大学的学生有管理大学的条件和能力。

出现"学生大学"的现象，还有经济的原因。当时，大多数教师的收入来自学生的学费，学生有比较大的经济权力，他们能够利用经济手段反对和抵制教师，使教师的收入受到影响。13 世纪晚期，博洛尼亚市镇当局开始逐步建立有薪金的教师职位，教师的收入不再依赖于学生的学费，学生管理学校的权力也开始渐渐衰退。"博洛尼亚大学学生主持和管理大学的制度一直持续到 16 世纪——大学被控制在教皇代表红衣主教手中。到拿破仑入侵意大利后，大学校长一职开始由有名望的教授担任。"①

---

① 宋文红：《欧洲中世纪大学：历史描述与分析》，华中科技大学 2005 年博士学位论文，第 37 页。

　　博洛尼亚大学这种以学生为主的管理模式最早被引入 1222 年设立的帕多瓦大学，到了 14—15 世纪，这一模式又扩展到与意大利相邻的法国各东方大学——巴黎大学除外，16 世纪影响到西班牙、葡萄牙部分大学，后来又被西班牙、葡萄牙人输入到南美洲，直到 20 世纪仍然存在。

　　巴黎大学产生时期的巴黎与博洛尼亚不同，当时的巴黎是法兰西君主国的首都，没有自治权，但是当时法国的政治、经济和文化中心，所以很多人到巴黎求学。巴黎大学的前身是教堂学校，即附属于巴黎圣母院的大主教教堂学校。正是基于这个原因，有人才认为："巴黎大学的起源甚至可以追溯至查理大帝，正是靠了他的支持，主教教堂学校重新兴起，而某种意义上，主教教堂学校就是巴黎大学的摇篮。"①

　　巴黎大学以神学和人文学科著称，曾是唯名论者和唯实论者争论的讲坛，并因此成为欧洲著名的学术中心。12 世纪初，著名的实在论者香浦的威廉（Guillaume de Champeaux，1072—1121）在主教教堂学校主持校务。1108—1139 年间，著名经院哲学家阿贝拉尔（Piere Abelard，1079—1142）多次在巴黎大学讲学，并与香浦的威廉、罗瑟林（Roscelinus，约 1050—1112）等人进行过多次论战。这些学者精彩的讲学及论战吸引了大批的学生纷至沓来。"到了 13 世纪，随着经院哲学的繁荣，它更是成了欧洲学者云集的中心，来自各地的学者都在这里求学与讲学，不同学派与思想的论战也大都在此发生，因此，它更是享有'哲学家的天城'（Civitas Philosophorum）的美誉。"②

　　巴黎大学在发展过程中善于利用教皇与国王之间或地方与国家之间的矛盾，逐步获得了许多大学的权力，并逐步走向自治与独立。当巴黎

---

① 宋文红：《欧洲中世纪大学：历史描述与分析》，华中科技大学 2005 年博士学位论文，第 39 页。

② 溥林：《中世纪的大学及其成就》，《锦州师范学院学报》2003 年第 3 期。

市民干扰巴黎大学时，他们求助于国王路易七世（Louis VII lejeune，1121—1180），1180 年，巴黎大学得到路易七世的认可。巴黎大学还经常求援于教皇并取得教会的支持。1198 年，教皇切莱斯廷三世（Celestine III，约 1106—1198）赐给巴黎大学许多特权。1200 年，法兰西国王腓力二世（Philippe II Auguste，1165—1223）承认巴黎大学教师、学生社团的合法性，教师开始逐渐掌管学校事物。

巴黎大学之所以被称为"先生大学"，就是因为教师掌管校务。在这之前，学校都是由教会管理，刚开始的巴黎大学也是由教会管理，即所在地区主教负责指定教师，进行授课授权。后来随着学校规模的日益扩大，主教开始把挑选和任命教师的权力交给教会代表，即授予"执教权"。随着教师社团（行会）地位的合法，教师的权力得到提升。1215 年，教皇特使为巴黎大学制定了第一个章程，教会代表对巴黎大学的控制权被取消，巴黎的教师协会获得了合法团体的资格，巴黎大学由习惯认可的大学转变为法律承认的大学，但主教仍然对学校管理有很大的权力。1231 年，罗马教皇以谕令肯定巴黎大学拥有结盟权和罢课权，具有授予学士、硕士、博士学位的专一权等，标志着巴黎大学最终摆脱了主教的控制。与此同时，国王也承认了巴黎大学的法人资格，巴黎大学完全摆脱了被监护的地位。

这一时期，巴黎大学也得到巨大的发展，"巴黎大学最鼎盛时期师生达 5 万多人，号称与教皇和皇帝一起并为欧洲三足鼎立的势力，因此，在当时就有'罗马有教皇，德国有皇帝，法国有知识'这种说法"[1]。

巴黎大学又被称为欧洲大学的"母大学"，很多欧洲著名大学都与巴黎大学有亲缘关系。1167 年，由于英法两国国王发生争执，部分在

---

[1] 溥林：《中世纪的大学及其成就》，《锦州师范学院学报》2003 年第 3 期。

巴黎大学求学的英国学生和学者回到英国，1168 年在牛津创办了牛津大学，12 世纪末获得正式承认，被称为"师生大学"。1209 年，部分牛津大学师生因骚乱逃到剑桥，遂在剑桥创办剑桥大学，1218 年获得国王认可。1231 年，部分巴黎大学师生迁移到奥尔良建立了奥尔良大学，吸引了来自法国、德国、洛林、勃艮第、诺曼底、都兰、苏格兰等国家和地区的大批学生。

巴黎大学对后世大学的影响极大。"自亚里士多德以来，没有一个教育机构能与巴黎大学所造成的影响相比拟。三个世纪以来，它不但吸引了最大量的学生，并且招来了心智最敏捷最突出的人士，阿贝拉尔、索尔兹伯里的约翰、玛尔伯特马格努斯、不拉班特的西格尔、托马斯·阿奎那、圣波拿文都拉、罗吉尔·培根、邓斯·司各脱、奥康的威廉等人，几乎构成了从公元 1100—1400 年的哲学史。"①

二、中世纪欧洲大学的主要特点

第一，大学享有特权。中世纪欧洲大学享有特权由来已久，历史上罗马法就规定了学者和教师的一些特权，这些特权是基督教会、世俗统治者和自治城市逐步授予所得。1158 年，为了维护博洛尼亚大学的利益，神圣罗马帝国皇帝腓特烈一世（Frederick I，约 1122—1190）颁布旨谕，把事关学生的司法权移交给了大学，大学教授有裁判权，规定任何人与学生发生纠纷，必须到学生所在城市或者由学生选择城市进行诉讼。这实际上是把一定的司法权移交给了学生。中世纪大学的特权主要包括"内部自治权、独立审判权、免除赋税及兵役权、学位授予权及

---

① 贺国庆、王保星等：《外国高等教育史》（第二版），人民教育出版社 2006 年版，第 40 页。

到各地任教权、自由讲演、罢教及迁校权，等等"①。

第二，大学追求和崇尚学术自由。学术自由与大学自治密切相关，大学享有特权本身就是对学术自由的一种保护和体现。中世纪大学追求的学术自由主要是师生教学和研究的自由，"英国学者科班说：学术自由思想的提出以及永久的警戒保护它的需要，可能是中世纪大学史上最宝贵的特征之一"②。1158 年，腓特烈一世旨谕规定，学者在国内受到保护，如遭到任何不合法的伤害将予以补偿。这对学者从事学术活动而不招致惩罚是一种有效保护。我们可以说学术自由的思想是中世纪大学的遗产，但并不表明中世纪大学有着无限的学术自由。中世纪大学的学术自由常常是短暂的、有限的，无论是世俗统治者，还是教会都害怕作为独立的社会阶层的大学对他们的管辖产生挑战，所以他们对大学进行了多方面的干预，从来也不曾想放弃控制大学，尤其到了中世纪后期更是如此。例如，1445 年政府免去了巴黎大学的司法特权，1449 年取消了巴黎大学的罢课权。尽管如此，中世纪大学始终不渝地在追求学术自由的目标，并成为大学理想的永久标志。

第三，大学教学以人文教育为主。13 世纪之前，各个大学的课程差别很大，最初的大学本身也主要是单科性大学。13 世纪之后，大学课程逐渐由大学章程或教皇救令固定下来，从此大学课程和教学内容高度统一。这一时期的大学教学内容以神学和"七艺"为主，一般学生在十三岁进入大学，先学习文科 5—7 年，在修完文法、修辞学和辩证法原理等"三艺"科目后，可得文学"学士"学位；再修完哲学全部课程和算术、几何学、天文学、音乐原理等"四艺"后可得文学"硕

---

① 贺国庆、王保星等：《外国高等教育史》（第二版），人民教育出版社 2006 年版，第 42 页。

② 贺国庆、王保星等：《外国高等教育史》（第二版），人民教育出版社 2006 年版，第 49 页。

士"学位；在此基础上，学生才能够投考神学、医学或法学中某一高级学科，经严格考核，可得"博士"学位。可见，在这一时期，人文教育在大学中占据着极其重要的基础地位，与自然科学相比更是占据了支配的地位。

第三章　人文教育的兴衰与高等教育
办学理念的转向

　　高等职业教育的发展过程也是人文教育和科技教育此消彼长的过程。对此，我们首先以人文教育的兴衰为线，通过对职业教育与普通教育、高等职业教育与普通高等教育的历史梳理和比较研究，考察高等教育办学理念的转向以及高等职业教育办学理念的基源。

第一节　早期教育中的人文教育

　　"人文教育就是人文主义的教育，就是传授人文知识、培养人文精神的教育，其核心是培养人文精神。……从人文知识来考察，大学加强人文教育，就是通过课堂教学、环境熏陶等诸多途径和方法，对学生加强哲学、语言学、文学、历史学、考古学、文化学、心理学、宗教学及音乐美术等人文学科的教育。"① 教育本身就是一种"人文"，教育过程的本身就包含有"人文教育"意义。"毫无疑问，教育学是人文学

---

　　①　刘刚：《大学人文教育探略》，《福建论坛（社科版）》2008 年第 2 期。

科，或者说教育学的根本特质是人文性的。"① 所以，我们考察高等教育、高等职业教育办学理念首先从人文教育的兴衰入手。

一、中国古代教育中的人文教育

18 世纪第一次技术革命以前，人类教育基本上就是人文教育或者说人文教育占主导地位。

在古代中国，自奴隶社会产生学校教育之始，就非常重视对人的品行的培养，其主要的教学课程便贯穿了人文教育的内容。比如西周时期的"国学"，其教学科目主要包括"乐教""三德""六艺""六仪""六舞"等，"乡学"的教学科目主要包括"六礼""七教""八政"和"乡三物"等。② 孟子在论述古代教育的宗旨时，就说："夏曰校，殷曰序，周曰庠，学则三代共之，皆所以明人伦也。"③ 意思是说，夏商周三代的学校分别叫校、序、庠，学习的内容都是一样的，都是为了明事理，懂人伦。

西汉时期，董仲舒提出"罢黜百家，独尊儒术"以后，以孔子为代表的儒家思想从此成为统治中国封建社会的主流思想，也成为历代绝大多数官学、私学的主要教育内容。儒学思想具有强烈的人文精神，"从总体上看，宗法伦理是儒家理论的主干，而'人'则是其全部理论的出发点与核心"④。儒家思想统治下的传统教育，其目的是培养"君子""圣贤"，进而"学而优则仕"，最终的社会理想是"齐家治国平天下"。儒家教育把培养君子当作教育的目标、把道德教育当成教育的

---

① 王啸：《试析教育学的决定论立场》，《华中师范大学学报（人文社会科学版）》2005 年第 3 期。

② 王炳照：《简明中国教育史》，北京师范大学出版社 1994 年版，第 11—12 页。

③ 《孟子·滕文公上》。

④ 洪修平：《论儒学的人文精神及其现代意义》，《中国社会科学》2000 年第 6 期。

核心，认为知识教育应为道德教育服务。孔子在论述"君子"所具有的品质时，多次强调"君子欲讷于言而敏于行""君子怀德，小人怀土；君子怀刑，小人怀惠""君子喻于义，小人喻于利"等，包括道、德、艺、仁、义、智、勇等诸多品质。"儒学提出了'做人'的道理、要求、方法，并让人从中得到'做人'的乐趣，表现出人的崇高的精神境界。儒学倡导刚健有力、自强不息的，不是以个体为本位，而是以群体为本位；不需要依靠宗教信仰的祈祷，不主张离开社会和家庭，而是强调在学校、家庭及世俗日常生活中不断积累道德行为，加强自我修养，在自己内心中寻找美、丑、善、恶的标准，追求道德的'自律'而不是'他律'。"① 西汉设立"太学"的主要目的就是培养、选拔精通儒经并能"尊王明伦"的治术人才。

隋唐推行科举取士制度，学校培养人才供科举选拔，学校逐渐成为科举的附庸，受到科举的引导和限制，教学内容仍然以《诗》《礼》《春秋》等传统经典为主。及至明清，科举成为唯一的入仕之阶，作为科举附庸的教育，必须以科举之需为其内容和目的，学校教育的重点自然以"八股文"为目的，八股文必须就《论语》《孟子》《中庸》《大学》"四书"取题，所以学校教育的主要内容就只有"四书"。因此，从整体来看，古代中国的人文教育其实更局限于儒家经典的教育。

纵观中国古代教育发展史，在近代接受现代技术革命成果以前，我国传统的教育虽然内容也在不断地调整，但大致集中于传统的经、史类，这些内容从学科分类来看，仍然属于人文学科。所以，我们说中国传统教育是以人文教育为主，或者说人文教育占据绝对地位和优势。但随着经济社会的不断发展，各行各业都越来越依赖于有专门技能的人，

---

① 孙哲：《儒家教育传统的基本特征及其意义》，《陕西师范大学学报（哲学社会科学版）》2009 年第 s1 期。

尤其近代科技革命的兴起，技术教育对人文教育产生了巨大的冲击，彻底动摇了人文教育的主导地位。几乎在各级各类教育中，伴随着科技教育的兴起，人文教育无可奈何地衰落下去。

二、西方早期教育中的人文教育

在古希腊时期的雅典教育中，男孩从 7 岁起就要进入文法学校（The Grammatits School）和音乐学校（The Music School，也称弦琴学校）学习，当其具备初步的阅读能力以后，就要开始学习《荷马史诗》和《伊索寓言》。音乐教育主要在于陶冶学生的性格和道德品质，而不是为了成为一个演唱者。到了十几岁的时候，要学习文法、修辞和逻辑，即"三艺"。古希腊教育家亚里士多德首次提出"教育要与人的自然发展相适应"的和谐发展教育思想，并最早从理论上论证了和谐发展教育的可能性和必要性，他强调培养道德品质的重要性，认为道德教育的目的在于通过实际活动和反复练习，逐渐养成具有"中庸""适度"的"公正""节制"和"勇敢"的美德，因为"美德乃是一种中庸之道"。他确定道德教育有三个源泉：天性（自然素质）、习惯和理智。音乐教育是亚里士多德和谐发展教育的核心部分，认为音乐教育的目的不是为了"实利"，主要"是在闲暇时供理智的享受"，理智的享受包含高贵和愉快两方面因素，音乐教育是实现人的和谐发展的最重要内容①。

在中世纪，"一部中世纪教育史实际上就是人文教育与宗教的互相牵制互相利用的发展史，并且以人文教育的最终胜利而告终"②。中世

---

① 王天一、夏之莲、朱美玉：《外国教育史》（上），北京师范大学出版社 1993 年版，第 58 页。
② 叶赋桂、张凤莲：《人文教育：一个教育史的考察》，《清华大学教育研究》1997 年第 2 期。

纪的人文教育离不开人文学科的发展，中世纪人文学科的经典科目是"七艺"，包括文法、修辞学、辩证法、算术、几何学、天文学和音乐原理。在当时，连教会都不得不承认人文学科的价值，因为教会发现，如果不给信徒特别是教士一定的人文学科的教育，他们就不能完全理解圣经的教义，很好地完成教会的职责。文艺复兴时期，人文主义者重视发展人的智慧和才能，追求个性解放，相信每个人都有享受美好生活的权利，而且未来的美好世界与幸福生活完全由人的力量来创造；青年被看作正在发展的新人，要求通过教育与训练使他们得到人文主义的知识，发展他们的体魄，培养他们的能力以及文雅、礼貌的举止与态度，既要使他们理解、赞赏过去的伟大历史，又能够为目前幸福愉快生活的创造贡献自己的智慧与力量。1640 年英国资产阶级革命后，直到第一次技术革命前，英国的中等教育基本上仍然是从封建社会流传下来的"文法学校"，主要进行古典语言和文法的教学；其间出现了一种私立学校"公学"，同样主要进行古典文科教学。在德国这一时期的"文科学校"，主要传授传统的古典文科知识，历时约一个世纪的"骑士学院"占据第一位的是现代语言（当时欧洲通行的语言和法语等）的教学。①

第一次技术革命之前，虽然西方有职业教育的萌芽，但普通教育占据绝对的主体地位，而且学徒制在当时根本就不被认为是一种教育。后来出现了职业学校，但普通学校教育仍然占据主要地位。在普通学校教育中也出现了自然科学的课程、实用技术的课程等，但整体来看，人文学科的课程仍然是第一位的。所以说在这一时期的西方教育中，人文教育占据主导地位。

---

① 王天一、夏之莲、朱美玉：《外国教育史》（上），北京师范大学出版社 1993 年版，第 188 页。

三、19 世纪前的大学人文教育

现代意义上的大学起源于中世纪，最早的代表性大学有意大利的博洛尼亚大学（1158 年）、法国巴黎大学（1150 年）、英国牛津大学（1168 年）等。13—14 世纪意大利又产生 18 所大学，法国有 16 所大学，西班牙和葡萄牙有 15 所大学，英国于 1209 年建立了剑桥大学，以后又相继成立了 5 所大学①。这一时期的大学教学内容仍然以神学和"七艺"为主，一般学生在十三岁进入大学，先学习文科 5—7 年，在修完文法、修辞学和辩证法原理等"三艺"科目后，可得文学"学士"学位；再修完哲学全部课程和算术、几何学、天文学、音乐原理等"四艺"后可得文学"硕士"学位；在此基础上，学生才能够投考神学、医学或法学中某一高级学科，经严格考核，可得"博士"学位。可见，在这一时期，人文教育在大学中占据着极其重要的基础地位，与自然科学相比更是占据了支配的地位。

文艺复兴的结果是产生了新的文学、哲学和科学，所以文艺复兴时期的大学科目十分广泛，除了"七艺"之外，增加了艺术、政治、历史、物理、地理、天文、医学和新哲学等新学科。到文艺复兴后期，已发展到近 20 个学科②。这些学科不仅促进了学生的学习兴趣，而且使学生开阔了眼界，增长了有用的知识，这些学科不同于以前，不仅是更高级的学科，而且人文主义的思想占据支配地位，基本排斥了神学的影响。但同时，自然科学也开始在大学占据重要的地位。"文艺复兴时期复兴古典教育理念，促进了人文教育与科学教育的结合，这种两者结合

---

① 陈小川等：《文艺复兴史纲》，中国人民大学出版社 1986 年版，第 415 页。
② 王天一、夏之莲、朱美玉：《外国教育史》（上），北京师范大学出版社 1993 年版，第 103 页。

的一个成果是促成了近代科学的诞生，由此导致人类知识体系的变化。"① 这一时期的大学，人文教育仍然占据主要地位，但自然科学已经开始得到重视。

第二节　高等教育办学理念的转向

"一个人如果不理解过去不同时代和地点存在的大学理念，他就不能真正理解现代大学。"② 因此，研究高等职业院校办学理念必须对高等教育办学理念发展的源头和历史有所了解。中世纪欧洲大学理念主要包括"学习和探究中的参与方式、内部管理的合作形式、院校自治、院校对所有来者的开放，以及坚信学习的价值在于自身经受批判性论说锤炼的信念"③。显然，这些理念也是后来关于大学理念讨论的主要论题，一些理念甚至是直到现在大学所追求的目标。此后高等教育发展史中，大学理念发生了两次重大的转向，其标志性事件就是洪堡（Wilhelm von Humboldt，1767—1835）在柏林大学的改革和范海斯（Charles Van Hise，1857—1918）的威斯康星思想。

一、洪堡在柏林大学的改革

19 世纪初叶，伴随第一次技术革命的发展，社会发展对大学提出了许多新的要求，普遍要求大学要能够研究、教授最新科技知识，进而

---

① 张金福：《论大学人文教育与科学教育的结合》，华东师范大学 2003 年博士学位论文，第 35 页。
② ［美］伯顿·克拉克：《高等教育新论》，王承绪等译，浙江教育出版社 1988 年版，第 45 页。
③ ［英］罗纳德·巴尼特：《高等教育理念》，蓝劲松主译，北京大学出版社 2012 年版，第 28 页。

推动大学发生了许多质的变化。比如，英国的牛津大学和剑桥大学最初的教学内容主要是古典文学与神学，17 世纪末之后，伟大的科学家牛顿的数学、物理学等最新科学成就逐渐进入大学课堂，推动大学教学内容发生了巨大的改变，大学开始设立自然科学的讲座，牛顿曾亲自担任数学讲座的教授；剑桥大学在自然科学讲座中更重视学科的分化，如从动物学中分化出比较动物学，从机械学中分化出应用力学，从生理学中分化出外科医学、病理学等。但整体来看，在 19 世纪以前，科学研究不属于大学的职能，大学的作用仅限于保存和传授已有的传统文化，科学研究成为大学的职能是在柏林大学确立的。洪堡和费希特（Johann Gottlieb Fichte，1762—1814）等人创立柏林大学伊始，就贯彻教学与科研相结合的方针，把着眼点放在高深的专门知识的研讨和科学学术水平的提高上，认为大学的主要任务是追求真理，科学研究是第一位的。

（一）洪堡其人

有人这样评价洪堡："洪堡并不是一个一生致力于教育的人，既不是专门或主要思考和研究教育的学者（钟情和用力的主要是古典文化和语言学），也不是全身心长时间投入到办学上的教育家（主要是为普鲁士利益折冲樽俎的外交官），做教育行政官员为期很短，仅仅16 个月（1809 年 2 月—1810 年 6 月），教育可以说是其政治生涯中的一个插曲，不过是其人生中偶然激起的一朵浪花。但正是这个小小的插曲和浪花却澎湃起高等教育的黄钟大吕，巨浪洪流，在历史的长河中扬起惊天回响。"① 这一评价简洁而又准确。

洪堡出生于德国波茨坦的一个贵族世家，成长于柏林的泰格尔，贵族家庭背景让其从小接受了良好的教育。洪堡因为在柏林大学的改革而

---

① 叶赋桂、罗燕：《大学制度变革：洪堡及其意义》，《清华大学教育研究》2015 年第 5 期。

成为历史上著名的高等教育改革家，同时他也是著名的语言学者和外交官。1787 年，洪堡进入法兰克福大学学习法律，约一年后转入哥廷根大学学习，这一时期他开始对历史和古典文化产生了浓厚的兴趣。1790 年，洪堡初入普鲁士政界，任柏林高等法院候补官员，一年后辞任。1794—1797 年在耶拿当家庭教师，在那里结识了著名学者歌德（Johann Wolfgang von Goethe，1749—1832）、席勒（Johann Christoph Friedrich von Schiller，1759—1805）等人，深受新人文主义思想的影响。1802 年出任普鲁士驻罗马教廷代办，此后 6 年里，洪堡大量汲取罗马的古典文化，对古典文化和语言学进行了深入的研究。因拿破仑占领罗马，1808 年秋洪堡返回德国，在慕尼黑得悉自己被任命为普鲁士内政部文化教育司的负责人，一个有意思的现象是："无论如何可以肯定，洪堡对这一任命最初的反应是消极的。"① 1809 年 2 月，洪堡被正式任命为普鲁士内务部文化和教育司司长，到 1810 年 6 月辞职，洪堡在教育行政任职仅仅 16 个月。随后，洪堡被任命为驻维也纳公使和全权大臣，此后的洪堡一直专心做外交工作。1819 年 1 月被任命为等级事务大臣，12 月辞去公职，此后一直在老家泰格尔致力于学术研究。

洪堡任职期间创办柏林大学实际上是受命于危难之际。1806 年 9 月，普鲁士和英国、俄国、瑞典结成第四次反法同盟，10 月普鲁士即战败并割地赔款蒙辱，皇室逃亡到东普鲁士，胜利者关闭了久负盛名的耶拿大学和哈勒大学。1807 年，一个来自原哈勒大学的教师代表团请求国王在柏林重建大学，国王答应了请求并发布命令，规定原来给哈勒大学的经费全部拨给柏林大学。"国王写道：'亲爱的枢密顾问拜姆，由于易北河彼岸地区已被割让，国家丧失了哈勒大学，从而失去了最重要、最完备的教育机构。填补这个空缺应当是国家重建缔造时期的首要

---

① ［德］贝格拉：《威廉·冯·洪堡传》，袁杰译，商务印书馆 1994 年版，第 67 页。

任务。法兰克福和柯尼斯堡那两所大学并不合用，因为前者基金有限。
……后者则远离政府所在地。而柏林则不同，它具有一座完善的全国性
的教育机构所需的一切，能以最小的开支取得最大的效果。因此我决定
在柏林建立这样一所大学，并使之与科学院建立适当的联系。……我命
令从中央和各省财库中原来拨给哈勒大学的一切经费都改为柏林大学的
补助费用。'"①

　　作为内务部文化和教育司司长，洪堡直接负责柏林大学教师的选聘
工作，聘请了一批整个欧洲最杰出的人才。有人评价"从此再没有一
位德国的教育大臣或部长可以出示一张更可值得自豪的聘任表"②！对
柏林大学的教师选聘工作，在离任前的 1810 年 5 月，洪堡在给国王的
一封信中写满了自信与自豪："以事实证明，这座好不容易才办起来的
大学已经在德国赢得了巨大的威信。到现在为止，受聘的人还没有一位
拒绝：赖尔和萨维尼已经离开很好的职位，并拒绝他们各自政府提供帮
助的一切建议。我认为现在不便聘请的一些学者都告诉我，他们将欣然
前来。……根据雨果最近的来信，他很可能会来。……在蒂宾根的基尔
马耶（生理学上所有既新又好的观点几乎都是来自他那里），多年来谢
绝了差不多一切大学的聘请，最近还谢绝了哈勒大学；现在甚至在还没
有受到正式聘请的情况下，就已表示愿意来柏林，他来的可能性最大。
甚至就目前论……这所大学里面已经有的维尔德诺、克拉普洛特、卡斯
滕、路德菲、赖尔、胡斐兰、费希特、特拉尔斯、艾特尔文、奥尔特曼
斯、厄曼、沃尔夫、萨维尼等人，在各自专业上都应该是首屈一指的人

---

① 贺国庆、王保星等：《外国高等教育史》（第二版），人民教育出版社 2006 年版，第
159 页。
② 贺国庆、王保星等：《外国高等教育史》（第二版），人民教育出版社 2006 年版，第
159 页。

物了，这是任何其他大学都拿不出来的。"①

（二）洪堡的大学理念

洪堡的大学理念集中体现在 1809—1810 年担任内务部文化和教育司司长期间的一些文章、文件中，主要有：《文化和教育司工作报告》（1809）、《柯尼斯堡计划》（1809）、《立陶宛学校计划》（1809）、《论柏林高等学术机构的内在和外在组织》（1810）等。这些文献在当时并没有系统出版，一直到百年之后的 20 世纪初，人们出于研究德国经典大学理念的需要，才对此进行了系统整理并结集出版。

后世关于洪堡大学理念的研究非常多，但实际上洪堡的大学理念散见于一些文章和文件中，并不系统和完整，但在柏林大学创建过程中还是比较集中地体现为"学术自由""教授治校""大学自治""教学与研究相结合""由科学达至修养"等。我们认为，在高等教育发展进程中，对大学理念影响最大、也是洪堡最核心和经典的理念主要是"学术自由"和"教学与研究相结合"。

一是学术自由。这几乎是大学自产生以来就一直孜孜追求的理想目标，只是在不同的时期实现的程度不同。洪堡把大学学术自由提高到一个至高无上的地位，"洪堡大学教育理想的终极目标是'完人'之教化和培养，'完人'就是'自由人'，因此，'自由'应该是大学的题中之义"②。大学自由蕴含的是大学的自主独立和纯粹学术的品质，是大学的基本精神和根本理念。大学自由一方面保护大学不受或者少受政府对大学的可能的侵害，一方面从根本上体现为大学内部运作中大学人的自由，包括教师教学的自由和学生学习的自由。大学是学者（包括教师

① 贺国庆、王保星等：《外国高等教育史》（第二版），人民教育出版社 2006 年版，第 160 页。

② 孙周兴：《威廉姆·洪堡的大学理念》，《同济大学学报（社会科学版）》2007 年第 2 期。

和学生）从事学术研究的场所，大学教师与学生均是"为科学而共处"，学术研究的前提必须是自由地选择研究学科、方向、课题，自由地开展研究和发表研究成果。学生可以自由选择学习专业、课程以及学习的程度。洪堡既提倡学术自由，强烈反对国家对大学的干涉，但同时又提出办好大学是国家的职责。所以说，完全独立于国家的大学不可能存在，大学学术自由其实只是强调要尊重大学的发展规律，不要过分地干预大学的学术活动，以免扼杀了大学的活力。

二是教学与研究相结合。洪堡认为，大学首先是从事科学的机构，而不是狭义的教育机构，"大学兼有双重任务，一是对科学的探求，二是个性与道德的修养。"[1] 大学应"唯科学是重"，科学研究是第一位的。在《关于柏林高等教育机构的内部组织与外部组织的理念》中，洪堡提出："与传授和学习既成知识的中学不同，大学的特征在于常常将学问看作是没有解决的问题不断地进行研究。因此在大学中教师与学生的关系完全不同于中学，既大学的教师并不是因为学生而存在，教师和学生都为学问而存在。"[2] 大学的教学必须与研究结合起来，只有教师在科学研究中取得的创新性成果，才能作为知识传授给学生，"大学教师必须不断地进行研究活动，并将从研究活动中获得的见解与成果直接用于教学"[3]。这才是真正的大学学习或者大学教学。

（三）洪堡大学理念的影响

在后世的研究中，大多对洪堡的大学理念推崇备至，但实际上我们今日所追求的洪堡的大学理念并不是他的首创。一个仅仅与大学甚至是

---

[1]　陈洪捷：《什么是洪堡的大学思想》，《中国大学教学》2003 年第 6 期。

[2]　胡建华：《科学研究在大学中的历史演进》，《南京师大学报（社会科学版）》2006 年第 4 期。

[3]　胡建华：《科学研究在大学中的历史演进》，《南京师大学报（社会科学版）》2006 年第 4 期。

教育界只有 14 个月交集的人，也很难凭空提出具有思想深刻性、思辨精致度和文字雄辩力的思想理念。"洪堡在离开文化教育司的职位后再也没有与教育事务发生过关系，也没有再写过有关教育的文字，而此前洪堡却有不少与教育有关的论述。"①

但为什么作为大学发展史上的一位匆匆过客，却对高等教育发展产生了如此巨大而久远的影响呢？主要是洪堡在参与创建柏林大学并为之规划组织制度、选聘杰出人才的同时，明确阐述并贯彻了业已有之的学术自由、教学与研究相统一的思想，形成了一套系统的大学理念。这套系统的大学理念并不是洪堡首创，但之前却是纷扰而又争论，在一些大学虽有体现却不彻底。洪堡把康德（Immanuel Kant，1724—1804）等人经典的思想理念，哈勒大学、哥廷根大学在组织创新方面做出的探索等系统集中地运用到柏林大学的创建和组织规划中去，形成了更具有德国大学代表性的柏林大学模式。《威廉·冯·洪堡传》就认为："他是把早已形成的思想、把一般的趋势加以具体化来实现的；这种改革不是变魔术，而是收获。……当然洪堡本人也阐述了他自己的意见，更重要的是，他是唯一使之付诸实现的人。"② 这就是洪堡的巨大超越，因而历史的光环总是围绕在洪堡的身上。

在洪堡思想的影响下，柏林大学呈现出与传统大学不同的理念与风格，"为科学而生活"成为新建的柏林大学的校风，科学研究成为教授的正式职责，甚至是第一位的职责。"柏林大学至始自终贯穿着洪堡关于'大学自治''学术自由''教授治校''教学与科研相统一'的大

---

① 叶赋桂，罗燕：《大学制度变革：洪堡及其意义》，《清华大学教育研究》2015 年第 5 期。
② 贺国庆、王保星等：《外国高等教育史》（第二版），人民教育出版社 2006 年版，第 157 页。

学理念。"① 诗人和评论家阿诺德（Matthew Arnold，1822—1888）认为，德国大学的最高目的是"鼓励对研究和科学的热爱"，他的名言"法国大学缺乏自由，英国大学缺乏科学，而德国大学则兼而有之"被认为是对当时欧洲大学的极好描述②。不仅如此，洪堡在柏林大学发展中提出的"学术自由""教学与研究相结合""大学自治"等办学思想对其他国家产生了广泛而深远的影响，后来直至现在已经成为现代大学制度思想的滥觞。柏林大学树立了现代大学的完美典范，人们尊称它为"现代大学之母"。"洪堡所概括的这四条经典的'大学理念'，基本上体现了世界各国对大学的理性认识、理想追求及所持的教育观念和哲学观点，其精髓仍然存在并实施于今天的大学理念之中，展现了其历久弥新的勃勃生机与活力。"③

　　洪堡大学理念对后世影响深远，但一个很有意义的现象值得关注。当时洪堡提出的"传授高深知识是大学的基础"，这里所指的"高深知识"是一种"纯科学知识"，即一种脱离社会需要、超越社会现实的理念性知识，并不是后来人们一般认为的专门化的、实用的科学知识。因此，洪堡大力强调的科学研究也不是现在理解的实用性科学研究，其目的仍然是为了个人心性的完善和思想品格的陶冶。他认为，"受到纯粹科学的教育，是教育人们去进行自动的、创造性的思想，去进行符合道德原则的行动。受过这样一种教育的人，以后在生活中也就是一个对集体最为有用而且最能做出贡献的人，因为他拥有品格"④。所以，洪堡一向是反对向学生进行实用的、有目的的职业教育。可见洪堡的教育思想仍然没有脱离人文教育的框架，但他感受到了技术革命的力量，适时

---

①　韩延明：《大学理念论纲》，人民教育出版社 2003 年版，第 108 页。

②　孔捷：《柏林大学精神与特征之探析》，《高教探索》2009 年第 2 期。

③　韩延明：《大学理念论纲》，人民教育出版社 2003 年版，第 233 页。

④　符娟明：《比较高等教育》，北京师范大学出版社 1987 年版，第 131 页。

地将快速发展起来的科学内容纳入了人文教育的范畴；同时反对科学的功利性和实用性，注重科学完善心智与品性的功能，把科学固定在一定的范围中为人文教育服务。洪堡被认为是新人文主义者，其教育思想也被认为是新人文主义教育思想。在南北战争之前的美国，"尽管许多学院也开设了诸如天文学、植物学等自然科学课程，但主干课程仍然是帮助学生领会亚里士多德等智人的思想，而非讲解实验、传授自然科学的研究方法"①。所以说，这一时期大学办学理念已经发生了不可逆转的转向，科技教育已经开始在大学占据重要地位，但传统的人文教育仍然顽强地坚守着自己的地位。

二、大学职能转变与威斯康星思想

用"历史的观点"来考察大学的发展，"19 世纪德国大学基本上是无意识地转变成为发展新知识的工具；德国大学对英、美、日的影响同样并非有意的影响"②。所以，"如果说德国的高等教育最早引进了科学教育的话，那么美国的高等教育则使科学教育占据了统治地位，并以此逐步拓展了大学的社会功能，使大学教育在为社会服务的过程中也浸透了功利和实用的特质"③。

（一）美国大学科学教育统治地位的确立及职能的转变

19 世纪直到 20 世纪二三十年代，美国对自己的高等教育总有一种自卑感，为了学习欧洲尤其是德国的高等教育，美国把最有前途的学生派往欧洲留学。受德国大学的影响，"留德归国后嘴边经常谈论'科学

---

① ［美］德雷克·博克：《回归大学之道》，侯定凯等译，华东师范大学出版社 2008 年版，第 8 页。

② ［美］伯顿·克拉克：《高等教育新论——多学科的研究》，王承绪等译，浙江教育出版社 2001 年版，第 26 页。

③ 张应强：《论科学教育与人文教育的整合》，《高等教育研究》1995 年第 3 期。

研究'的那些雄心勃勃的美国人，把这一术语与德国的理论与实践的内容凑合起来，而它在德国具有十分不同的背景。德国人的'纯学术'理想——它在很大程度上不受功利性要求的影响，对许多美国人来说变成了'纯科学'的观念，它具有这一概念在德国所常常没有的方法论含义"①。美国人认为，一所大学除非有相当一部分人力、物力专门用于研究，否则它就不可能成为一所大学。美国著名教育家弗莱克斯纳（Abraham Flexner，1866—1959）就认为，现代大学的主要职能是四件事，即保存知识和观念、阐释知识和观念、追求真理和培养学生。在这四种职能当中，弗莱克斯纳最看重科研。他说："在最适宜的环境之中，深入研究各种物理的、社会的、美学的现象，不断探索各种有关的事物，就是现代大学最重要职能。"②

　　1876 年，约翰·霍布金斯大学创办，其创始人希望抛弃原来大学的陈规旧制，打造一所专注于扩展知识、研究生教育和鼓励研究风气的新式研究型大学。其目标为：鼓励研究以及独立学者的进步，使他们可以通过自己精湛的学识推动他们所追求的科学以及所生活的社会前进。约翰·霍布金斯大学是全美第一所研究型大学，设有开拓性的研究生课程。竞争迫使哈佛大学、耶鲁大学、哥伦比亚大学和密西根、威斯康星、加利福尼亚等州立大学纷纷设立或改进它们的研究生教育，以获得完全大学的地位。"这些改革先锋推崇德国大学的模式——开展科研活动，将自然科学纳入学科体系，开设博士学位课程，这些最终让教授们拥有了'学者兼教师'的双重身份。"③ 从此之后，科学教育逐渐在大

---

① ［美］伯顿·克拉克：《高等教育新论—多学科的研究》，王承绪等译，浙江教育出版社 2001 年版，第 41—42 页。
② 王宝玺：《高等教育价值观视野下的美国大学理念》，《黑龙江高教研究》2007 年第 6 期。
③ ［美］德雷克·博克：《回归大学之道》，侯定凯等译，华东师范大学出版社 2008 年版，第 9 页。

学占据了统治地位，尽管直到现在人文教育一直在不断抗争，但其日渐式微的趋势已经不可逆转。

"'威斯康星理念'绝非是从威斯康星大学起源的，它有一个漫长的演变过程。"① 大学向有"象牙塔"之誉，或许因为早期的大学给人的印象总是超凡脱俗而充满贵族气息。西方早期的大学是教会大学，服务的对象是神秘的世界；我国古代的高等教育是官学合一，主要是服务贵族阶层。大学服务地方理念的形成最早可以追溯至工业革命。随着工业革命的发展，机器生产逐步取代手工劳动，工厂需要大批熟练工人，这为通过学校教育批量培训工人提供了可能。1823 年，乔治·伯贝克（George Birkbeck，1776—1841）创立伦敦机械学院，"其办学的目的正是适应工业革命的需要，为各种新兴行业的工人提供学习、培训的机会，让他们接受能够从事新职业的技能教育"② 。伦敦机械学院为地方发展培养急需的熟练工人，一定意义上开创了服务地方的先河。20 世纪初，伦敦机械学院发展为伯贝克学院，后来又成为伦敦大学的组成部分。

但大学有意识地在观念上和实践中真正确立服务地方的理念首先发生在美国。1862 年，美国总统林肯批准了历史上著名的《莫雷尔法案》，对美国乃至世界高等教育的发展产生了深远的影响。法案规定，国家给各州分配不同数量的国有土地，各州在 5 年内用这类土地的收入至少建立一所"讲授与农业和机械工业有关的知识"的学院，从此以后，美国很快出现了一大批服务地方的"赠地学院"。

（二）威斯康星大学与范海斯

1848 年，威斯康星州成为美国第 30 个州，创立之际就以立法的形

---

① 刘保存：《威斯康星理念与大学的社会服务职能》，《理工高教研究》2003 年第 5 期。

② 刘刚：《技术革命与现代职业教育的生荣》，《河南科技学院学报》2014 年第 8 期。

式决定在首府麦迪逊市创建威斯康星大学。起初规模较小，影响也不大。《莫雷尔法案》实施之后，州政府决定把根据法案所应该得到的收入全部分配给威斯康星大学，威斯康星大学由此进入了一个较快的发展时期。在发展过程中，威斯康星大学逐渐认识到，大学的发展必须与社会的发展紧密结合，只有在服务社会的基础上才能兴校强校。从 19 世纪 70 年代开始，威斯康星大学的几任校长都具有强烈的服务社会的思想。比如，1874—1887 年在任的第五任校长巴斯科姆（John Bascom，1827—1911）最先倡导威斯康星思想，他"强调州立大学必须加强社会的'精神进步的资源'，州立大学是道德教育的手段和工具；强调州大学要对州提供帮助，从事教育活动的教育人要成为州的服务员；主张建立以州大学为核心的公立学校教育体系"[1]。1887—1892 年在任的第六任校长钱伯林（Thomas Chrowder Chamberlin，1843—1928）是著名的地质学家，作为校长，"也是一位坚定的服务理念的倡导者，他强调教育的公共性，主张为共同体的幸福来训练个人；主张教育不能仅仅局限在学校内部，应该寻求一种超越校园范围的普遍的影响；他特别强调进行系统的科学研究，使科学研究制度化"[2]。应该说，他们与之后的范海斯等人共同发展和丰富了威斯康星思想。

范海斯是威斯康星思想的最终定型者。范海斯一生的主要活动都集中在威斯康星州，而且几乎都与威斯康星大学密切相关。1857 年，范海斯出生于威斯康星州，其童年在农场中度过。1874 年，进入威斯康星大学普通科学专业学习，后转入矿业专业读书，先后获得学士学位（1880）、硕士学位（1882）和哲学博士学位（1892），也是第一个在威

---

① 杨艳蕾：《大学服务社会——"威斯康星理念"研究》，南京师范大学 2011 年博士学位论文，第 17 页

② 杨艳蕾：《大学服务社会——"威斯康星理念"研究》，南京师范大学 2011 年博士学位论文，第 24 页

斯康星大学获得哲学博士的人。1879—1903 年任威斯康星大学冶金学和地质学教授，曾担任美国地质学会主席、全国科学学会主席。1903年之后任威斯康星大学校长长达 14 年，直至 1918 年去世，是威斯康星大学在任时间最长的校长。在任校长期间，范海斯系统、完整地表达和实践了"威斯康星思想"，"威斯康星观念在范海斯任大学校长期间，内涵得到进一步丰富并最终定型，从而对美国高等教育的发展产生了显著的影响"①。1952 年，美国总统杜鲁门评价"威斯康星思想是美国 20世纪最有创造性的思想之一"②。

威斯康星思想不仅对美国高等教育而且对整个世界高等教育都产生了巨大深远的影响，并推动整个高等教育办学理念发生了重大转向。"从理论上说，威斯康星观念的诞生使得美国承继于欧洲大陆的大学模式彻底摆脱了象牙塔的束缚，得以直面美国现实社会生活，使得服务成为继教学、科研之后高等教育所承担的第三职能。"③

（三）威斯康星思想的主要内容

威斯康星思想以范海斯的办学理念为主要内容，其核心要义毫无疑问是服务社会，并由此确立了大学的社会服务职能，所以我们主要从以下几个方面理解威斯康星思想。

第一，州大学必须服务于州。1904 年，范海斯就职校长的演说主题就是"大学为州服务"。他说："教学、科研和服务都是大学的主要职能。更为重要的是，作为一所州立大学，它必须考虑每一项社会职能的实际价值。换句话说，它的教学、科研、服务都应当考虑到州的实际

① 王保星：《美国现代高等教育制度的确立》，河北教育出版社 2005 年版，第 126 页。
② 韩延明：《大学理念论纲》，人民教育出版社 2003 年版，第 141 页。
③ 贺国庆、王保星等：《外国高等教育史》（第二版），人民教育出版社 2006 年版，第237 页。

需要。大学为社会，州立大学要为州的经济发展服务。"① 范海斯明确提出："我认为，在最广泛的意义上，我们大家都会坚持认为大学就是州的服务人员，州的公仆，而不是只属于教师员工们的财产。在威斯康星，大学已经为州服务，并且它将继续把在每一个可能的方面为州服务作为我们的目的和宗旨。对于我来说，在我们考虑这个我们如何使大学的机会、资源和服务为州内更多人所知晓这个问题上，这是一个基本的立场。"② 大学必须向全州公民及其子女提供学习语言、文学、历史、政治经济学、纯科学、农业学、工程学、建筑学、雕塑、绘画或音乐的机会。大学必须凭其在人文学科、自然学科、社会学科及实用艺术方面所推行的富有成效的教学及培训活动，把一大批具有献身精神及创业热情，且致力于社会发展与进步事业的优秀公民输送到社会中去。

第二，大学必须与州政府密切合作。范海斯主张，大学应该直接参与到州的各项事务管理中去，成为州的顾问，"我们的目的是在每一个方面都能成为州的科学顾问，从州的立法完善中大学专家提供意见，到教授们参与州内各种复杂的行政管理问题"③。大学的农业专家、科学家、经济学家、社会学家等都可以通过研究或咨询服务等，在政府部门兼任职务提供各种服务。比较典型的例子有"梅尔，经济学教授，担任了第一铁路委员会主席，为委员会服务达6年之久；亚当斯，政治经济学教授，在州政府兼任税收委员会委员；卡门斯，法律教授，与麦卡西一起参与州立法改革工作，起草了大量法律文件，并创建了公民服务

---

① 刘保存：《威斯康星理念与大学的社会服务职能》，《理工高教研究》2003年第5期。

② 杨艳蕾：《大学服务社会——"威斯康星理念"研究》，南京师范大学2011年博士学位论文，第33页。

③ 杨艳蕾：《大学服务社会——"威斯康星理念"研究》，南京师范大学2011年博士学位论文，第34页。

委员会等等"①。同时，也从社会上聘请专家来大学从事教学与科研，"州政府的一些官员和专家，如资料委员会主席麦卡西，森林专家格里弗斯都曾经在大学开办专题讲座，而且分毫不取"②。大学与政府之间的密切合作是相互的，不间断而又重视实效。范海斯本人也积极参与州政府的工作，在州政府的好几个公共委员会中担任职务，"至 1910 年，威斯康星大学有 35 位教授在政府部门任职，提供非政治性的服务（nonpolitical service）"③。范海斯时期，大学与州政府的密切合作也得益于他和州长个人亲密的私人关系，州长认为"聚合着专家和知识的大学要继续反映和领导州的进步主义思想，成为州的先进思想的引领者"④。

第三，大学必须发展、创新、传播和推广知识。大学要很好地服务于州，就必须发展、扩大和加强创造性工作，必须发展知识、创新知识、传播和推广知识，并使之能够解决经济、社会和政治领域的实际问题。大学必须持续不断地有新的知识发现、新的研究成果贡献给社会，发现、创新和传播知识也是服务，范海斯强调："教授要在校外履行重要的服务，与此同时，教授们最大的服务就是自己所从事的各种创造性工作和在实验室及研讨班上所产出的新的学术成果，进而使其在明天显现出不可估量的实用价值，这被我们州内很多不同的事例所证明。很明显，威斯康星大学每年奉献给州的新知识、新发明，与州每年投入于大

---

① 康健：《"威斯康星思想"与高等教育的社会职能》，《高等教育研究》1989 年第 1 期。

② 康健：《"威斯康星思想"与高等教育的社会职能》，《高等教育研究》1989 年第 1 期。

③ 刘保存：《威斯康星理念与大学的社会服务职能》，《理工高教研究》2003 年第 5 期。

④ 杨艳蕾：《大学服务社会——"威斯康星理念"研究》，南京师范大学 2011 年博士学位论文，第 105 页。

学的费用相比，给州带来的财富更多。"① 大学只有发现和积累更多的知识，才能保证有更多、更好、更符合生产生活实际的知识服务人民，进而以更高的水准服务于州。范海斯认为，大学里不应该存在某些科目拥有排除其他一些科目的优先权，希腊语可以在大学里被教授，农业学、昆虫学、细菌学也都一样可以在大学里被教授②。这是经济和社会发展对大学的新要求，是服务社会的需要。

第四，大学要把知识带给人民。威斯康星大学极其重视实施知识、技术的推广教育工作，强调把知识带给人民，以此作为服务社会的重要方式。范海斯提出，大学的目标就是要把知识的亮度和发展的机会带给全国各地的人民。为此，他建立了一个能够影响全州的知识推广部，并设立了函授、学术讲座、辩论与公开研讨、提供一般信息与福利等 4 个服务项目，"大学的推广部共开设和组织了几百种课程和各种各样的教育活动，包括从大学专修课程到普通教育的补习班，从理论知识研讨到职业技术培训等内容。他们为函授学生编写教科书和小册子；编辑、创作各种教育幻灯片，流动到各地放映；召开有关犯罪或其他题目的报告会；建立公共音乐机构；甚至为面包师组织专门讲座"③。几乎只要是社会需要的，就是大学应该尽力去做的。把知识传播到人民的另一个典型例子是组织流动图书馆，经常性地把最新、最好的图书或者印刷品直接送到各地社区和家庭，不仅使人民学习了解到有用的知识、技术，而且提高了人民的知识水平和文化素质，许多人民以及地区、部门由于获得了最新的先进技术而摆脱了落后面貌。

---

① 杨艳蕾：《大学服务社会——"威斯康星理念"研究》，南京师范大学 2011 年博士学位论文，第 38 页。

② 杨艳蕾：《大学服务社会——"威斯康星理念"研究》，南京师范大学 2011 年博士学位论文，第 40 页。

③ 康健：《"威斯康星思想"与高等教育的社会职能》，《高等教育研究》1989 年第 1 期。

第三节　高等职业院校办学理念的基源

在大学办学理念发生重大转向的历史时期，其实正是高等职业教育产生发展之际，如果说大学办学理念发生了转向，高等职业教育的办学理念仅仅是形成。前章已经从科技进步的视角考察了高等职业教育的发展历程，可以说高等职业教育从一开始就确立了科技教育的统治地位，并形成了以技术教育为核心的办学理念。这里再从人文教育的视角考察高等职业教育办学理念的演进和成因。

一、职业教育先天缺乏人文教育

在人类早期的原始社会，种植、捕鱼、狩猎等生产技能和集体的信仰、习俗、戒律和艺术具有同等的地位，而且是很难区分的，它们都是在生产实际中习得的。随着社会的不断发展，教育逐渐从其他生产活动中分离出来，并随着自身的发展不断分化，社会规范、宗教信仰和艺术等逐渐分别在专门的场所由专门的机构和职业者来施行，这便是人类早期的人文教育；而生产和生活技能则仍通过实际生产活动的经验而得来。因此从一开始，人文教育与职业教育就有分离的倾向。但在当时的社会经济条件下，"无论对社会还是个人，这两种教育都是必须的和同样重要的"①。历史的进一步发展是人类社会的分化，出现了统治集团、宗教集团，产生了文字，创造和积累了文化，教育也逐渐背离了过去的传统。在古代埃及和巴比伦，社会下层人民

---

① 叶赋桂、张凤莲：《人文教育：一个教育史的考察》，《清华大学教育研究》1997年第2期。

仍在劳动中向下一代传授生产技能，并产生了职业教育性质的艺徒训练；社会上层则由宫廷学校、寺庙学校等完成培养统治者的读写训练、宗教、艺术、文学和修养。

古希腊教育家亚里士多德重视理智享受，轻视职业培训，重视文雅活动，忽视实际工作，他把各门学科分为有用学科和文雅学科两类，有用的学科为实际所必须，只服务于实利，它是不高尚、不文雅的；文雅的学科则专供闲暇和享受之用，是高尚而文雅的①。可见在古代，人文教育几乎成为上层社会的专利，而职业教育是社会下层人民谋生的手段，也正是因为人类社会发展的这样一种过程，导致至今职业教育仍为许多人所歧视。古希腊著名哲学家柏拉图把当时几乎所有的学科——音乐、体育、数学、几何学、天文学和声学、辩证法等都包括在他的教育计划内，"而当柏拉图将社会分为统治者、卫国者、劳动者三个阶级并给以相应的适合其身份的教育时，实际上为近代教育的分化作了理论准备，它是人文教育和专业教育相背离的哲学和社会学渊源"②。在这种思想背景下，主要在社会下层人民之间广泛开展的学徒制职业教育几乎没有什么系统的人文教育，人们学习职业技能是谋生的需要，是生存的必须，学习目的和最初动机就是为了学习一技之长。这种学习也主要是通过师傅的言传身教，是一种通过实践对经验的传授，在早期不可能有系统的、理论性的原理的学习。限于社会经济地位和生活条件，一些所谓的文学、艺术、修养等人文教育的内容在其中只占据很少的一部分。我们可以想象得到的是，师傅在传授技艺的同时，也通过自身的人格魅力在教育学徒怎样做人、做事，哪些是应该做的、哪些是不应该做的，

---

① 王天一、夏之莲、朱美玉：《外国教育史》（上），北京师范大学出版社 1993 年版，第 57 页。
② 叶赋桂、张凤莲：《人文教育：一个教育史的考察》，《清华大学教育研究》1997 年第 2 期。

师傅的道德水准基本代表了其学徒的道德水准；在陶工、木工等一些行业的学习过程中，师傅能够教会学徒一些绘画等基本的技能，这是附着于职业技能之中的艺术教育，借此学徒能够得到一些艺术的熏陶，增加一些人文修养。

我国古代专门学校职业教育也是一样，很少有系统的人文教育。唐代太仆寺专门培养掌握医学知识技能的人才，这在当时是国家的需要。由于当时尚处于冷兵器时代，战马对军队的重要性犹如现代的飞机、轮船，没有好的战马，军队就没有战斗力，太仆寺的设立正是为了培养精通兽医的专门人才，其课程内容不可能有文学、艺术、语言等人文教育的内容。太医署、太卜署、太乐署等也是如此。东汉鸿都门学是个特殊的专门学校，它是世界上最早的文学艺术专门学院，其主要教学内容以辞赋、小说、字画等文学、艺术学科为主，从这一点来看，其学生受到了专门的人文学科的熏陶，但在当时它是不学习儒家经典的，所以其主要教学内容文学、艺术等是作为一种专门的技艺来传授的，并不是系统的人文教育。整体来看，早期萌芽时期的职业教育很少有系统的人文教育，所以我们说职业教育先天缺乏人文教育。

二、高等职业教育人文教育的缺失

第一次技术革命不仅催生了现代职业教育，而且深刻地影响了高等教育的发展。正是因为第一次技术革命，大学人文教育经历了一个由兴而衰的转折，科技教育逐渐在大学占据统治地位，而这一过程也正是高等职业教育产生发展的过程。换言之，高等职业教育产生发展的过程伴随着人文教育的缺失。第一次技术革命推动了生产革命，生产的快速发展急需一大批懂技术、会使用大机器的劳动者。满足大机器生产的这种要求，只有依靠教育来完成，这就为教育的发展提供了一种内在的社会需求环境。反映到高等教育之中，就为高等职业教育的产生与发展提供了一个必然的契机。

从法国的高等专科学校，到英国的多科技术学院、德国的专科大学、美国的社区学院和我国的高等实业学堂，虽然初期发展相对缓慢，但其发展背景都是技术不断进步的结果，高等职业教育大发展时期更是在新技术革命之后。正是因为早期高等职业学校是适应科技不断发展而产生并发展起来的，所以无论是办学目的还是课程设置都区别于传统的大学教育，强调技术教育，而削弱人文教育。可以说，高等职业教育是天然地排挤人文教育。比如，20世纪初我国的高等工业学堂分应用化学、染色、机织、建筑、窑业、机器、电器、电气化学、土木、矿业、造船、漆工、图稿绘图13科，均设普通及专门科目，普通科目为人伦道德、算学、物理、化学、一切应用化学、应用机器学、图画、机器制图、理化实验、工业法规、工业卫生、工业簿记、工业建筑、英语及体操15门；高等商业学堂本科科目有商业道德、书法、商业文、商业算学、商业历史地理、簿记、理财学、商业学、商品学、统计学、民法、商法、交涉学、外语、体操15门；高等商船学堂科目有人伦道德、中国文学、外国语（英、俄、德、法、日、朝鲜文兼习其一）、算学、物理、化学、救急医术、商船运用术、商业学、商业地理、法学通论、商法、航海术、海上气象学、水路测量术、造船学、机轮术大意、商船法规、海军法规、炮术学、兵式体操、实习等[1]。由此可见，当时在高等实业学堂的课程设置中，关于实业的专门科目或专业课在全部教学时间中所占的比重非常大，而一般的人文课程仅在不同学堂分设人伦道德、商业道德、书法、中国文学、外国语等课程，传统学校中的主要科目"读经讲经"则被删除。

从20世纪80年代到90年代，我国高等职业教育经历了一个恢复

----

[1]　吴玉琦：《中国职业教育史》，吉林教育出版社1991年版，第35—39页。

和重建的时期。这一时期正是我国改革开放的初期，当时刚刚结束了十年"文化大革命"，我国面临着严重的一线技术人员不足的问题，与社会主义现代化建设的需要形成了尖锐的矛盾，这种人才需求的矛盾一个突出的反映就是教育尤其是高等教育不能适应我国经济社会发展的需要。高等职业教育正是在这一背景下得以恢复和重建，所以其首要的任务是为了满足社会主义现代化建设对专门人才的需求，强调人才培养要充分考虑行业对生产、服务、管理第一线实用人才的需要，教学内容要是成熟的技术和管理规范，基础课要以必须和够用为度，在校期间要完成上岗的实践训练，等等。体现在课程安排上，除了必需的马列主义理论课以外，基本上都是专业课或专业基础课，人文教育课程几乎没有。比如当时的深圳职业技术学院机械 CAD/CAM 专业，在教学计划中把课程内容分成了 8 个模块，其中 7 个模块为专业课程模块，仅有 1 个模块包含有马列主义哲学、思想品德、体育教学、数学基础等内容，除此之外根本没有人文课程的安排；成都航空职业技术学院机电技术应用专业（数控工艺方向），在教学计划中规定信息工具、工程基础、专业技术和扩展能力（包括模具设计与制造、机电一体化技术等专业扩展课程）等四大知识能力板块占总学时的 87% 以上，体育、政治理论课、德育等只占约 13%，人文课程同样少之又少；连云港化工高等专科学校建筑施工与管理专业教学计划中，政治理论课和德育课占必修课总学时的 7% 左右，但除此之外没有任何人文课程，教学计划中没有列举选修课程内容，但注明"选修课要求学生在产学实习期间自学完成"。① 原洛阳大学 1985 年修订的工业与民用建筑专业教学计划中，政治课（含德育）占必修课总学时的 6% 左右，同样没有其他任何人文课程②。由此

---

① 教育部高等教育司：《高职高专教育改革与实践》，高等教育出版社 1999 年版，第 86 页。
② 陈英杰：《中国高等职业教育发展史研究》，中州古籍出版社 2007 年版，第 235 页。

可见，在当时人文教育根本没有得到应有的重视，高等职业教育在我国恢复和重建伊始，同样伴随着人文教育的缺失。

20 世纪 90 年代之后，随着文化素质教育的提出与广泛开展，高等职业院校人文教育也逐渐引起关注，一些学校进行了积极的探索和实践，试图通过人文教育与技术教育的融合来培养更加适合社会需要的、全面发展的应用技术人才。高等职业院校人文教育虽然取得了一些成绩，但总的来看还很不够，还有诸多困难和问题，无论是在认识上还是在实践中，都需要进一步研究和探索。

第四章　技术对职业教育办学理念的浸染

　　一定意义上说，职业教育是科技进步的产物，正是由于生产技术的不断进步，推动人类生产水平不断发展，才使得人类生活生产的职业不断分化。"科技进步无可置疑地导致生产过程出现变化，职业教育要发挥其功能，一定要与科技转变相配合。"① 逐渐分化出来的各种专门化的职业必须通过专门的教育来学习和训练，职业教育正是伴随着科技的发展步伐一步步迈向更高层次，在此过程中，技术也一步步浸染着职业教育。

第一节　生产技术发展与职业教育的萌芽

　　在人类早期社会，由于社会生产力发展水平十分低下，没有社会分工，也无所谓职业。随着生产技术的发展，劳动工具不断得到改进和发展，人们逐渐从石器时代过渡到金属器时代，产品有了剩余，社会有了分工，手工业生产日趋复杂，铜器和铁器的铸造，制陶、纺织、榨油、

---

① 黎万红：《科技进步与职业教育》，《教育研究》2002 年第 11 期。

酿酒等手工业越来越专门化，于是便出现了职业。"自社会生活采分工制，求工作效能的增进与工作者天性、天才的认识与浚发，进而与其工作适合，于是乎有职业教育。"① 在古代，由于科技进步和社会发展的局限，在职业选择中，绝大部分职业对技术的要求尚处在很低的水平，主要是以师徒传授的方式，而不是学校教育来承担为社会经济发展培养专门人才的任务，因此职业教育的发展尚处于萌芽和起步阶段。

一、学徒制职业教育

学徒制是职业教育的最早形态，是萌芽时期的职业教育。

在中国古代，学徒制职业教育主要是按照不同的职业需要，在师徒之间以及劳动者之间进行职业技能、生产经验的传授。春秋时期的墨子精通手工技艺，广收门徒数百人，授徒重实践、重创造，将常人称之为"役夫之道"的生产技能和知识列入教学内容，而且涉及数学、力学、光学、天文学等当时的先进科技知识。所以王恩杰甚至认为"墨子应是我国古代正式职业技术教育的典型"，"这些能工巧匠都是我国古代传授职业技术的老师"②。这种学徒制的教育方式可以说是职业教育的萌芽，但很难说是"正式职业技术教育的典型"。

由于学徒制的出现，历史上出现了许多能工巧匠，他们收徒传艺，职业固定，传承有序，许多被后世尊称为"祖师"，形成我国特有的一种各行业"祖师"现象，民间有"三百六十行，无祖不立"的说法。比如，春秋时期的鲁班在机械、土木、手工工艺等方面多有发明，据传曾制作出攻城用的"云梯"，舟战用的"勾强"，发明了锯、曲尺、墨斗、刨子、凿子等各种木作工具以及磨、碾、锁等物品，所以被后世尊

---

① 黄炎培：《黄炎培教育文选》，上海教育出版社 1985 年版，第 292 页。
② 王恩杰、王友强：《现代职业技术教育理论与实践》，山东大学出版社 2007 年版，第 34 页。

为建筑工匠的祖师。元代黄道婆教人制棉，传授和推广"捍（搅车，即轧棉机）、弹（弹棉弓）、纺（纺车）、织（织机）之具"和"错纱配色，综线挈花"等织造技术，使当时的松江地区纺织业迅速发展，并逐渐成为全国最大的棉纺织中心，黄道婆也被后世尊为纺织工匠的祖师。

在我国古代，学徒制既存在于家庭、民间，也存在于官府管理的"百工教育"。西周时期，周王室和诸侯公室都拥有各种手工业作坊，有众多的具有专门技艺的工匠，号称为"百工"。百工之间技艺的传承一般也主要是学徒制。这些作坊和工匠，都由官府管理，必须按照官府的规定和要求从事生产和贸易，就是所谓的"工商食官"制度。到了春秋战国时期，工商食官的格局逐渐打破，出现了私人手工业者，但官府仍然管理着许多作坊和工匠。西汉官府手工业作坊中的劳动者主要是奴婢和刑徒。汉末军阀混战，城市手工业被破坏，手工业者流移，劳动力缺乏。政府为了满足统治者对手工业品的需求和官府工程的完成，积极恢复官府作坊（时称作场），努力加强对工匠的控制，使之固着在原来职业上。魏晋南朝时期的官府作坊中，除继续保留部分奴婢和刑徒等劳动者外，更多的是强迫征发或俘虏来的匠户，主要从事于金、石、竹、漆、土、木和纺织等行业，他们是由政府直接控制的世袭的农奴化的手工业者。北朝时，百工以伎作户的名称继续为官府作坊所控制。其来源除部分是原百工家庭的后代外，部分是由农民中搜寻漏户充当的。一经派作伎作户后，便被强迫固着在所服役的职业上，不准转业。唐朝设"少府监"及"将作监"，掌管百工技巧和土木工匠之政，两监都有训练艺徒的职责，而且制定了不同工种的学徒年限，建立了严格的考试制度。宋朝官营作坊在艺徒训练上重视使用《法式》，它是类似工匠手册的一种教材，包括名例、制度、功限、科例、图样等部分。以后元、明、清各朝都有法式，使学徒的培训逐渐制度化、规范化。

国外职业教育的早期表现形式同样主要是学徒制。无论是古代埃及还是古巴比伦，进入阶级社会之后，手工业者、农民和奴隶永远都生活在社会的最底层，手工业者往往都有专门的职业，比如木工、陶工、金工（包括铁匠、铜匠、银匠等）、纺织工等。手工业者出于延续自己的职业手艺的目的，最先出现了父子相传的学徒制形式。后来随着生产的发展，手工业从自给自足的家庭制作走向了社会生产，父子相传的学徒制已不适应手工业发展的需要，合同式大规模的学徒制职业教育就应运而生了。在古埃及、托勒密王朝时期的学徒合同，就适用于机织、冶炼、吹笛、速记和理发等行业。在古希腊和古罗马，也有大量的合同式的学徒制职业教育存在。在新巴比伦王国时期（公元前626—538年），奴隶主甚至要求奴隶学习手艺，以求提高劳动生产率，增加剥削收入①。在公元11—12世纪，西欧手工业的生产单位是手工业作坊，作坊主（匠师、师傅）下有帮工和学徒二三人，"在作坊主和学徒之间，存在着宗法性的师徒关系"②。手工业者还组织起不同行业的"行会"，制定了严格的行规，对学徒、帮工的职业培训进行了明确规定，促进了生产技术的传承与提高，推动了手工业的发展。"行会式学徒制职业教育"在14—15世纪达到了鼎盛③。

二、专门学校职业教育

在古代，就技术的训练、发展、传承而言，按照不同的职业需要，在师徒之间以及劳动者之间进行职业技能、生产经验的学徒制传授方式无疑占据着重要地位。但与此同时，中外也都出现了专门进行职业培训的教育机构。

---

① 刘家和：《世界上古史（修订本）》，吉林文史出版社1987年版，第136页。
② 刘明翰：《世界史·中世纪史》，人民出版社1986年版，第52页。
③ 郝庭智：《职业教育学》，中国农业科技出版社1995年版，第12页。

　　我国古代的专门学校是官办的职业教育机构，始于汉代，盛于唐代。如东汉创立的鸿都门学以辞赋、小说、尺牍、字画等作为教学和研究的内容，不学习儒家经典，是一种儒学之外的专门学校，为后代专门学校的发展提供了经验。鸿都门学"是世界上最早的文学艺术专门学院"①。汉代私学数量多、规模大、覆盖范围广泛、门类比较齐全，虽然大多数以儒经为教学内容，"但传授法律、医学、文字学、天文历算、图纬以及先秦诸子学术等专门知识的私学也不少见"②。其中法律、医学、天文历算、图纬等私学属于专门的职业教育机构。在唐代学制中，中央官学设太仆寺专门学习兽医学，太常寺又设太医署专门学习医药学、太卜署专门学习卜筮学、太乐署专门学习乐舞学；地方官学中的府州学、县学等也都设有医学等。太仆寺被认为是"世界上最早的兽医学校"。唐代的专门学校一度出现了空前繁荣的局面，其中有书学——训练通晓文字并精于书法的官员；律学——培养熟识律令的官员；算学——训练天文历法、财政管理、土木工程及计算人才；工艺学——培养手工业制造人才；医学——培养掌握医学知识技能的人才；兽医学——培养具有医疗牲畜知识和技术的人才；等等。这些具有职业教育性质的机构培养了许多专门人才，对生产技术进步起过很大作用，并对世界文化做出了一定的贡献。

　　在欧洲，随着社会的进一步发展，12 世纪在文艺复兴起源地意大利出现了第一批专门学校，不久又改为大学，如意大利萨莱诺医科学校（后改为大学）、波洛尼亚法律学校（1158 年改为大学）等。14 世纪，英国建立了一些专门学院，如埃特伯雷学院（1361 年）、达勒姆学院（1380 年）等，这些专门学院主要针对修道院中的僧侣开设科技课程，

---

① 孙培青：《中国教育管理史》，人民教育出版社 1996 年版，第 72 页。
② 孙培青：《中国教育管理史》，人民教育出版社 1996 年版，第 92 页。

以让他们获得一定的技术①。这些学校具有一定的职业性和技术性，相对更接近高等职业学校的性质。

　　总的来看，由于当时生产技术发展水平有限，无论是学徒制职业教育、还是专门学校职业教育，其教育程度都还很低，尽管在当时技术含量已经可以称得上"高等"了。当时这些教育的目的也不是明确的高等职业教育，有些只是附属于其他目的而产生。所以，即便"德国早期的行会教育中有从学徒到帮工到师傅的三级教育层次，在最高级的教育层次中含有我们所说的高等职业教育的元素"②。但也不能说这一时期是高等职业教育的萌芽，只能说这一时期是职业教育的萌芽。

第二节　技术革命与现代职业教育的产生

　　"现代职业教育是在师徒传习制度基础上为适应工业大生产需要而产生的教育类型，源于较早发生工业革命的欧洲国家。"③ 现代职业教育产生的土壤是工业革命，所以以现代工业生产技术为主要教学内容是现代职业教育的显著标志。

　　18 世纪末 19 世纪初，以蒸汽机的发明及应用为标志的第一次技术革命，极大地发展了工业文明，以工业化为标志推动社会生产力取得巨大的发展和进步。技术革命直接推动了工业革命，机器制造业以及相应的冶金、铸造、铁路、航运等行业得到了前所未有的快速发展。在当时的工业生产过程中，科学技术已经成为至关重要的因素，原来仅仅依靠

---

① 姜惠：《当代国际高等职业技术教育概论》，兰州大学出版社 2002 年版，第 23 页。
② 匡瑛：《高等职业教育发展与变革之比较研究》，华东师范大学 2005 年博士学位论文，第 20 页。
③ 杨金土：《职业教育兴衰与新旧教育思想更替》，《教育发展研究》2004 年第 2 期。

熟练生产经验的传统工人，对于大机器生产几乎束手无策。同时，机器大生产使得传统的手工业如纺织业等迅速更新，并大量涌现出新的现代行业，劳动分工进一步精细化、劳动组织集中化、生产规模化，社会急需大批量的能够熟练操作现代机器的技术工人。传统的师徒相授的教育方式，一方面已经不能培养出能够熟练操作现代化机器的工人进行生产，一方面也不能够满足机器大生产对熟练工人的巨大需求。于是现代职业教育应运而生并迅速得到发展和壮大。

一、第一次技术革命催生了西方现代职业教育

第一次技术革命始于英国。17—18 世纪，以雇佣手工工人为基础、采取技术分工进行商品生产的手工工场已经在英国普遍地发展起来，手工工场技术分工非常精细，生产过程被分解为一系列的节奏化、同步化的操作动作，具体操作工具单一化，生产工序专门化。把各种专门化的工具、工序联结为机器成为可能。长期从事单一工序的工人在工作中逐渐成为具有特长的熟练工人和机械师，他们日复一日累积的生产经验和技能，具备了发明、使用机器的能力。这些都为技术革命提供了成熟的前提条件。

技术革命首先从英国的棉纺织业开始，1733 年，机械师凯伊（John Kay，1704—约 1764）发明了飞梭；1765 年，织工哈尔格里夫斯（James Hargreaves，1721—1778）发明了珍妮纺纱机；1769 年，瓦特（James Watt，1736—1819）发明了蒸汽机。蒸汽机的发明与应用解决了大机器生产中最关键的动力问题，成为第一次技术革命的主要标志。蒸汽机很快就被广泛地应用到工厂，成为几乎所有机器的动力，带动纺织、采矿、冶金、交通等行业迅猛发展，不仅创造了难以想象的技术奇迹，而且改变了人们的生产乃至生活方式。

技术革命极大地推动了工业革命，不仅是一场生产与技术的革命，

而且是一场组织与制度的变革。在这场变革中，科学技术毫无疑问具有举足轻重的地位，技术革命第一次凸显了科学技术的生产力功能。新型的机器大生产的组织方式和对大批熟练技术工人的需求，为职业培训与学校教育相结合提供了可能与机会。"做某些工作，几乎包括工业中的一切工作在内，都需要有相当的文化程度……虽然由于现代英国工业很复杂，工人需要文化方面的平均水平很难确定，而且我们已经知道不同种类的工人的平均水平也是各不相同的。但是工业中的大多数工作中都需要一定的技能和常规性，而且达到这一点就要求工人具有一定的文化水平。"①

在这一背景下，具有现代职业教育特征的新型学校应运而生。这类新型学校的最大特点是教育学生掌握某一种技术，对学生进行操作机器的培训，以适应大机器生产的需要。

英国开始对当时的文法学校进行了变革，当时的文法学校主要沿袭古典教育传统，但随着技术革命的推动，文法学校也开始力求朝着"现代化"的要求发展，逐渐削减古典科目，新增实科课程。例如，"1770 年伍得彻尔文法学校招生广告上明示，学生入学后不仅要学习拉丁语、希腊语等学科，还要学习算术、簿记、对数、几何学、测定法、量计、三角学、力学、测量学、水准测量、航海术、地理学、自然哲学、天文学以及地球仪的使用方法"②。相比传统的文法学校，这一时期设立的私立中等学校与社会发展联系得更加紧密，虽然各个学校的办学主体、规模不同，但科学技术以及工业、商业知识在课程体系中一般都占据了主要地位。例如，1740 年建立的希思豪学园，为学生从事商

---

① 马克思、恩格斯：《马克思恩格斯全集》第 2 卷，人民出版社 2002 年版，第 361、363 页。

② 高志良：《19 世纪中后期英国科技教育发展研究》，河北大学 2010 年博士学位论文，第 87 页。

业、军事领域的工作设计了专门的课程体系；在巴斯实科学校，"教学内容包括三大类：第一类阐述人与自然的关系，即数学、物理学、化学、天文学、博物学、应用科学；第二类阐述人和自己的关系，即拉丁文、法文、意大利文、文法、逻辑、修辞学、诗、绘画、音乐、体育；第三类阐述人与人之间的关系，即古代和近代史、政治学、经济学和名人传记"①。这些私立学校为当时的英国产业界培养了一大批急需的机械师、企业家、职员等。19世纪20年代，对工人的职业教育开始出现。1823年伦敦机械学院创立，主要面向各行各业的技师、工人，为他们提供学习技术的机会，让他们接受职业技术教育。伦敦机械学院很快成为英国普及技术培训教育的典范。由于工业革命快速发展的需要，这类职业技术教育学校普及的速度非常快，1826年有100所，到1840年，此类学校已超过300所②。

18世纪初，德国出现了实科中学，这是"一种既具有普通教育性质，又具有职业教育性质的新型的学校"③。1708年，席姆勒（Zemmler，1669—1740）在哈勒创办了"数学、机械学、经济学实科学校"；1747年，赫克（Hecker，1707—1790）在柏林开办了"经济学、数学实科学校"。此后，实科学校在德国各地陆续出现。实科学校的教学科目主要有数学、物理学、力学、自然、天文学、地理、法律、绘画、制图、建筑、商品制造、贸易、经济等，这些都是接近生活实际的实用知识，与当时的普通文科中学相比，实科中学以这些实用知识的科目来取代和排除传统的纯古典主义的课程内容，因此是最早的一批现

---

① 高志良：《19世纪中后期英国科技教育发展研究》，河北大学2010年博士学位论文，第91页。
② 李维：《试论英国工业革命和初等教育普及的关系》，《世界历史》1995年第1期。
③ 王天一、夏之莲、朱美玉：《外国教育史》（上），北京师范大学出版社1993年版，第189页。

代职业教育。

在法国，18 世纪以后，随着社会经济和科技的不断进步发展，一批具有职业教育特色的高等专科学校应运而生。路易十五（le Bien - Aimé 15，1710—1774）为挽救"国威"，争夺海外殖民地，培养急需军事人才，1720 年首先创办了炮兵学校，1749 年又开办了军事工程学校，1765 年开办造船学校，1773 年开办骑兵学校。伴随着工场手工业的迅速发展，尤其是采矿、冶金、纺织等工业的发展，法国又先后开办了一些规模不很大，但便于管理，能够集中传授职业技术知识的民用型专门学校，如桥梁公路学校（1747 年）、巴黎矿业学校（1783 年）等，这些学校开设有物理学、水利学、测量等课程，主要为当时的法国产业界培养各种高水平的工程技术人员。

工业革命波及美国后，为了适应工农业经济发展的需要，美国开办了各种专门的职业教育学校。1862 年，美国发布了著名的《毛雷尔法案》，这是第一部与职业教育发展有关的重要法令，不仅发展了农业、工业机械等中等教育水平的职业教育，而且把职业岗位教育与高等教育紧密结合起来。1902 年，美国创立了第一所两年制的公立初级学院——乔利埃特初级学院，不久增设了职业技术教育课程。这种学院也称州立学院（State College）、社区学院（Community College）、专业学院（Professinal College）和职业技术学院（Vocational - technical College）①，以提供高等职业技术教育为主。直至今日，这种两年制的高等职业学院不仅在美国高校体系中占据重要地位，而且极大地影响了世界很多国家高等职业教育的发展。

这一时期，西方已经逐渐发展起来一批真正意义上的现代职业教

---

① 王天一、夏之莲、朱美玉：《外国教育史》（下），北京师范大学出版社 1993 年版，第 87 页。

育，尤其法国一些高等专科学校的出现，应该被视作高等职业教育的开始。但如果把德国的实科中学等也列入"正规高职学院"似不确切，这一时期西方职业教育得到了大的发展，但层次上还是有区别的①。

二、洋务运动与我国现代职业教育发展

社会生产不断发展孕育了西方技术革命，并进而推动了产业革命，但中国现代技术的使用与推广相对则主要是社会经济政治运动推动的结果。"清末洋务运动推动了工业革命成果向中国的扩散，使中国也享受到技术革命的成果，从一定意义上讲，洋务运动是中国未能完成的技术革命。尽管如此，洋务运动仍然生衍了中国现代职业教育。"②

19 世纪中叶，欧洲工业革命已经基本完成，大量的发明创造应用到生产中去，推动西方资本主义经济迅猛发展，"英国工业革命使英国产品在世界市场上占了垄断地位，可以说英国是世界市场唯一的工业品供应者，工业革命为英国成为'世界工厂'奠定下牢固的基础"③。利用新兴技术，西方国家迅速发展"坚船利炮"，以武装侵略等形式推销产品、掠夺资源。侵略很快波及遥远的东方，从 19 世纪 40 年代到 60 年代，经过两次鸦片战争，闭关锁国的清朝不仅受尽了西方列强的欺侮，而且认识到"坚船利炮"等工业革命产物的优势。于是一些学者如魏源、冯桂芬等人和一批富有远见的当权者如曾国藩、左宗棠等人开始提倡学习西方先进技术，维护清朝统治，实现"自强""求富"之道。

他们所进行的主要是以引进西方军事装备、机器生产和科学技术为

---

① 匡瑛认为早期的学徒制职业教育已经有"高等职业教育的元素"，是高等职业教育的萌芽，产业革命带来的是"正规高职学院"。参见匡瑛：《高等职业教育发展与变革之比较研究》，华东师范大学 2005 年博士学位论文，第 21 页。
② 刘刚：《技术革命与现代职业教育的生荣》，《河南科技学院学报》2014 年第 8 期。
③ 王荣堂、姜德昌：《世界近代史》（上），吉林文史出版社 1987 年版，第 100 页。

主要内容，以维护清朝统治为主要目的的自救运动，又被称为"洋务运动"。洋务运动从19世纪60年代持续到90年代，通过官办、官督商办、官商合办等方式发展了一批新型工业，虽然没有使中国富强起来，但却引进了西方先进的科学技术，发展了中国历史上第一批近代企业。这一时期在西方正是第一次技术革命基本完成，第二次技术革命即将到来的关键时期，清朝洋务运动通过引进科学技术，发展机器大生产，客观上对我国现代工业的发展起到了奠基作用。

洋务派在创办现代工业的过程中，为了培养能够适应现代机器大生产的技术人才，先后举办了一些职业技术培训性质的"洋务学堂"。

1866年，左宗棠奏请、沈宝桢主持在福州创办"求是堂艺局"，后改为福建船政学堂，主要培养造船和驾驶人才，是我国最早的具有现代职业教育性质的学校。船政学堂的宗旨是"习学洋技"，分前学堂、后学堂两部。前学堂学法语，习造船技术；后学堂学英语，习驾驶技术，这实际上就是两个专业。船政学堂学制5年，毕业后可授予水师官职，也可出国继续深造。"福建船政学堂作为中国近代第一所高等实业学堂，相当于后来的职业技术性高等专门学校或专科学校，是一般中国高等教育史所认可的。"① 其他具有现代职业教育性质的洋务学堂还有：北京京师同文馆，主要培养翻译人才（1862）；上海江南制造局机器学堂，主要培养制造枪炮机械等方面人才（1867）；福州电气学堂，主要培养电线安装与维护等方面的人才（1876）；天津电报学堂，主要培养通讯方面的人才（1879）；湖北矿务局附设工程学堂、矿业学堂，主要培养采矿技术人才（1890）；山海关铁路学堂，主要培养铁路技术人才（1896）；等等。洋务运动时期开设的科技实业学堂、军事技术学堂、

---

① 潘懋元：《福建船政学堂的历史地位及其影响》，《教育研究》1998年第8期。

外语学堂等共计 30 余所①。这是一种完全不同于我国传统的县学、乡学、私塾、书院等形式的学校教育，其最大变化是教学内容以机器大生产下的现代工业技术为主，属于现代职业教育。福建船政学堂等早期技术学校是我国现代职业教育的开始。

洋务运动时期创办的实业学校多以军事、外语领域为主，只有少部分是实用技术教育。19 世纪末，实业学堂开始进一步向一般工农业领域扩展。1897 年，杭州知府林启创设了杭州蚕学馆，开办伊始就"广购 600 倍显微镜，酌量经费，愈多愈好，并购一切仪器，及考验各药水"，通过引进显微镜检测技术来解决蚕病问题，是对现代技术的直接应用。1898 年，张之洞在湖北设立农务学堂和工艺学堂，其中农艺学堂"初开设化学、农机、植物、土壤等课程，招生二十人，分农桑两科"②。之后，清朝政府要求各地要陆续设立农务学堂、蚕桑学堂、茶务学堂以及铁路学堂、矿务学堂等。技术教育呈现出全面开展的趋势。

1902 年，清政府颁布《钦定学堂章程》，又称"壬寅学制"，第一次确定了近代系统的学校教育制度。壬寅学制虽正式公布，但并未实行。1903 年，清政府又颁行了《奏定学堂章程》，即"癸卯学制"。癸卯学制包括各级各类学堂章程，其中《奏定高等农工商实业学堂章程》包括高等农、工、商各实业学堂立学总义、学科程度、计年入学、教员管理员、附属学堂、屋场图书器具等 12 章，共 33 节。实业学堂分为农业、工业、商业、商船四科，学制一般均为 3 年。实业学堂又分三级：初等实业学堂、中等实业学堂和高等实业学堂，分别相当于高小程度、中学程度和高等学堂程度。

其中，高等农业学堂的宗旨是"授高等农业学艺，使将来能经理

① 孙培青:《中国教育管理史》，人民教育出版社 1996 年版，第 92 页。
② 王笛:《清末民初我国农业教育的兴起和发展》，《中国农史》1987 年第 1 期。

公私农务产业，并可充各农业学堂之教员管理员"①。高等工业学堂的宗旨是"授高等工业之学理技术，使将来可经理公私工业事务，及各局厂工程师，并可充当工业学堂之管理员教员"②。高等商业学堂的宗旨是"施高等商业教育，使通知本国外国之商业、商情及关于商业之学术法律，将来可经理公私商务及会计，并可充各商业学堂之管理员教员"③。高等商船学堂的宗旨是"授高等航海机关之学术技艺，使可充高等管驾船舶之管理员教员"④。所以，无论是从教学内容来看，还是从教育层次来看，高等实业学堂都可以视为我国高等职业教育的起步阶段。

癸卯学制颁行以后，各省和商、学两部都大力提倡和发展实业教育，实业学堂很快在各地设立起来。先后建立的主要有：天津直隶高等工业学堂（1903）、北京京师高等实业学堂（1904）、江西高等农业学堂（1905），1906 年，山东、山西各省陆续开办高等农业学堂。到 1911 年，全国先后创办高等工业、农业、商业等类学堂共 17 所⑤。

1911 年，辛亥革命结束了两千多年的封建君主专制政体。1912 年，民国政府发布《专门学校令》和《公立私立专门学校规程》，《专门学校令》第一条就规定："专门学校以教授高等学术、养成专门人才为宗

---

① 璩鑫圭、唐良炎：《学制演变·中国近代教育史资料汇编》，上海教育出版社 1991 年版，第 461 页。
② 璩鑫圭、唐良炎：《学制演变·中国近代教育史资料汇编》，上海教育出版社 1991 年版，第 463 页。
③ 璩鑫圭、唐良炎：《学制演变·中国近代教育史资料汇编》，上海教育出版社 1991 年版，第 465 页。
④ 璩鑫圭、唐良炎：《学制演变·中国近代教育史资料汇编》，上海教育出版社 1991 年版，第 467 页。
⑤ 董宝良：《中国教育史纲（近代之部）》，人民教育出版社 1990 年版，第 283 页。

旨。"① 第二条规定专门学校分为法政、医学、药学、农业、工业、商业、美术、音乐、商船、外国语等种类。依据专门学校律令，原京师高等实业学堂改名为北京工业专门学校，设机械、电气机械、应用化学三科，后增设机织科。1928 年改"专门学校"为"专科学校"。1936 年专科学校为 30 所，1937 年只剩 24 所；1945 年抗日战争结束，专科学校又增至 52 所，学生数 13449 人②。高等实业学堂、专门学校、专科学校一脉相承，是我国高等职业教育的发展与延续。

第三节　第三次技术革命与高等职业教育的壮大

第一次技术革命催生了欧洲第一批现代意义上的高等职业学校。如英国的伦敦机械学院、法国的高等专科学校等，即便是在中国也出现了高等实业学堂。随着各国工业化程度的日益提高，现代技术的日新月异，各国进一步发展了培养高级技术人才的高等职业教育，如英国建立了一些多科技术学院，德国建立了一些专科大学，美国建立了一些社区学院。由于社会经济发展水平、教育制度等原因，整体来看，这一时期的高等职业教育尚处于高等教育的边缘。直到 20 世纪第三次技术革命之后，高等职业教育才真正发展壮大并在高等教育体系中占据重要地位。

一、二战后西方高等职业教育的繁荣兴盛

第三次技术革命又称新技术革命，"第三次技术革命开始于第二次

① 璩鑫圭、唐良炎：《学制演变·中国近代教育史资料汇编》，上海教育出版社 1991 年版，第 672 页。

② 顾明远、梁忠义：《世界教育大系》，吉林教育出版社 2000 年版，第 37 页。

世界大战末期，以原子能的利用、电子计算机和空间技术的发展为主要标志。这是在二战期间的军事科学尖端成果的基础上发展起来的。50年代开始了广泛的生产应用，60年代发展到高潮"①。这一时期科学技术发展的速度，远远超过了以前任何时代，也远远超过了前两次技术革命。第三次技术革命的成果一方面催生了许多新兴工业部门，一方面也改造了旧的生产部门，同时对人们的社会生活、社会结构以及政治、经济、文化等都产生了广泛而又深刻的影响。对教育的影响同样巨大而深远，尤其推动高等职业教育取得了前所未有的繁荣兴盛。

以第三次技术革命的主要标志之一——计算机技术为例。电子计算机是一种具有逻辑判断、存贮和信息处理，以及选择、记忆、反应等功能的自动机器。与以往的机器不同，它不只是人的四肢的延伸，而且是人脑的延伸，能代替人的部分脑力劳动，是人类智力解放的里程碑。如今我们生活中处处都离不开计算机的身影，社会上也因此增加了许多新的职业。根据目前我国实行的计算机技术与软件专业技术资格证书制度，与计算机技术有关的职业资格分5个类别3个层次，共有26种职业岗位：其中高级资格不分类别，包括信息系统项目管理师、系统分析师、系统架构设计师、网络规划设计师、系统规划与管理师等5个职业岗位；中级资格中，"计算机软件"类别包括软件评测师、软件设计师、软件过程能力评估师3个职业岗位，"计算机网络"类别包括网络工程师1个职业岗位，"计算机应用技术"类别包括多媒体应用设计师、嵌入式系统设计师、计算机辅助设计师、电子商务设计师等4个职业岗位，"信息系统"类别包括系统集成项目管理工程师、信息系统监理师、信息安全工程师、数据库系统工程师、信息系统管理工程师等5个职业岗位，"信息服务"类别包括计算机硬件工程师、信息技术支持

---

① 黄若迟：《论第三次技术革命的历史背景和意义》，《历史教学》1985年第9期。

工程师 2 个职业岗位；初级资格中，"计算机软件"类别包括程序员 1 个职业岗位，"计算机网络"类别包括网络管理员 1 个职业岗位，"计算机应用技术"类别包括多媒体应用制作技术员、电子商务技术员 2 个职业岗位，"信息系统"类别包括信息系统运行管理员 1 个职业岗位，"信息服务"类别包括网页制作员、信息处理技术员 2 个职业岗位①。大量新的职业种类的出现对高等职业教育的发展提出了强烈的需求。

根据"二战"后美国急需安置大量退伍军人的社会实际，也为了适应第三次技术革命带来的深刻社会变革，1944 年美国颁布了《退伍军人就业法》，为了让退伍军人能够顺利转为平民生活并安家立业，规定由政府贷款让退伍军人得到必要的职业培训。大多数退伍士兵到社区学院学习，接受职业技术教育。在这项法案实施后的 7 年间，共有 780 万退伍军人接受了各种形式的中学后职业教育即高等职业教育②。1948 年，美国又颁布了《国防教育法》，规定给各州 6 千万美元的赠款为没有上大学的青年拟定职业教育计划。《国防教育法》在职业教育方面的高额资助，促进了社区学院的发展。1963 年，美国政府颁布《职业教育法》，1968 年又通过了《职业教育法》修正案，这一法案不仅推动美国高等职业教育在数量上得到扩张，而且推动高等职业教育质量取得提高。在质量提高上的表现主要是培养目标方面不再仅仅要求学生掌握某一种技术以便从事某一具体职业，还要求学生必须掌握较深的基础知识和多方面的技能。这一时期是美国高等职业教育发展最迅速的时期，20 世纪前 20 年，美国的初级学院（即后来的社区学院）只有 200 所，

---

① "资格介绍"，中国计算机技术职业资格网，http：//www. ruankao. org. cn/jsjnew/cms/focusExam/zgjs/。
② 肖丽萍：《二战后美国教育政策的演变及启示》，《教育研究》1997 年第 11 期。

1945—1946 学年度增至 648 所，1963 年增至 701 所，1977 年增至 1944 所①。"二战"后，"这一时期的许多学生（及其父母）对如何培养就业能力更感兴趣，却不愿接受广博的通识教育。为了迎合这一需求，越来越多的高校开始开设职业课程。不久，选择职业性学科的学生数，已经超过了选择传统文理学科的学生数"②。

德国职业教育被认为是战后德国经济快速发展的推动力。1969 年，德国政府通过了《职业教育法》，对各种类型、各个级别的职业培训、职业教育制度、组织、考试等作了全面的原则性的规定，《职业教育法》是德国关于职业教育的最基本的法令。1976 年，德国政府在《高校总法》中进一步明确了高等职业学校的高等教育性质和地位。1981 年，德国政府又制定《高等职业教育促进法》。不仅德国政府，各州政府也普遍重视高等职业教育，并大都以法律的形式强制规定：18 岁以下完成普通义务教育的青年要么升入大学继续学习，要么必须接受义务职业教育。到 1998 年，德国高等专科学校发展到 152 所，占高等学校总数的 52%，在校生达 436 万人③。

明治维新后，日本经济社会制度全面西化，受技术革命的影响，到第二次世界大战之前，日本已经初步建立起以实业学校、实业补习学校和各类专门学校为主的职业教育体系，其中的专门学校在办学性质上属于高等职业教育，但数量较少。战后，在美国占领军的督导下，日本政府颁布了《教育基本法》和《学校教育法》，仿照美国社区学院的模式对一部分旧制大学进行改造，调整为短期大学，"以传授和研究高深的

---

① 肖丽萍：《二战后美国教育政策的演变及启示》，《教育研究》1997 年第 11 期；黄鸿鸿、于爱红：《美国高等职业教育的沿革与特点》，《教育评论》2003 年第 5 期。

② ［美］德雷克·博克：《回归大学之道》，侯定凯等译，华东师范大学出版社 2008 年版，第 12 页。

③ 匡瑛：《高等职业教育发展与变革之比较研究》，华东师范大学 2005 年博士学位论文，第 68 页。

专门技艺知识，培养职业或实际生活中所必要的能力为目的"①。短期大学多以私立学校为主，学制 2—3 年。1964 年，日本对《学校教育法》进行了修改，正式确认了短期大学的地位和作用，在政府的支持下，短期大学得到快速发展，学校数和在校学生数不断扩大，到 20 世纪末，"日本的短大共有 591 所，在校生 52.5 万人"②。短期大学与现在我国的职业技术学院非常接近。日本高等职业教育比较复杂，除了短期大学之外，1962 年建立的高等专门学校、1976 年建立的规模相对较小的专修学校等也都是具有高等职业教育性质的学校，这些学校为日本培养了大量急需的技术技能人才，满足了日本经济高速增长对技术人才的需求。

二、改革开放后我国高等职业教育的蓬勃方兴

历史的发展总是沿着既有规律。广泛地享受第一次技术革命的成果，中国晚了近百年，与此相一致，第三次技术革命对我国的影响同样滞后数十年。由于历史原因，1949—1979 年这 30 年间，我国基本处于封闭状态，虽然在"两弹一星"等领域取得了一批重大成果，但并未全面享有第三次技术革命带来的发展成果。

20 世纪 70 年代末，实现四个现代化是当时中国人的伟大梦想。当时，在发达国家方兴未艾的第三次技术革命正悄然向中国走来，"第一生产力"的巨大力量正在深刻地影响和改变着中国的经济社会发展。高瞻远瞩的邓小平已经敏锐地认识到科技与教育的重要，1977 年，他在一次讲话中明确提出："我们国家要赶上世界先进水平，从何着手呢？我想，要从科学和教育着手。"③ 从此，科学和教育摆在了我国发

① 吉光瑜：《战后日本的职业教育及其特点》，《日本研究》2002 年第 1 期。
② 吉光瑜：《战后日本的职业教育及其特点》，《日本研究》2002 年第 1 期。
③ 邓小平：《邓小平文选》第 2 卷，人民出版社 1994 年版，第 48 页。

展战略的首要地位，极大地推动了科教事业的发展，为以后"科教兴国"发展战略的形成奠定了坚实的理论和实践基础。1978 年，党的十一届三中全会确定了把党和国家的工作重心转移到经济建设上来和改革开放的战略决策。在当时，我们需要引进、学习、消化国外先进的产业技术，提升我国工业技术水平；需要紧跟新技术革命的步伐，研制、开发、应用、推广具有自主产权的新技术，使我们在一些领域能够走到世界的前列；需要对已有产业进行升级换代，缩小与世界先进水平的差距等等。经济发展需要科技进步的大力推动，科技进步在推动经济发展、社会进步的过程中必然导致新成果的大力涌现，社会急需大量能够掌握运用新技术的各类人才，培养各类技术人才的高等职业教育迎来了大发展的春天。

1980 年，在近代以来经济最发达、最活跃的长三角地区，首先建立了金陵职业大学，建校初衷就是"根据当地经济建设和社会发展的需要和可能，遵循党的教育方针和高等教育规律，面向地区现代化建设，面向世界，面向未来，培养德、智、体全面发展的、有社会主义觉悟的、能适应生产第一线或基层工作要求的高级技术人才、管理人才和应用人才"①。这一年，国家首批批准建立职业大学 13 所，都是为了培养地方经济建设急需的高等应用型人才，这是一种有别于过去专科学校的新型学校，实施高等职业教育，后来统一为高等职业院校。随后，这种短期职业大学稳步发展，到 1985 年，全国达到 118 所，比较多的省包括江苏省 16 所、福建省 13 所、辽宁省 11 所②。高等职业教育的发展状况与当时的经济社会发展水平基本一致。这一时期，改革开放刚刚起步，经济尚处于恢复发展阶段，各种技术应用强调学习、引进为主，因

---

① 《江苏省职业大学暂行条例（修改稿）》，见叶春生：《江苏职业大学十年》，中国矿业大学出版社 1991 年版，第 264 页。
② 陈英杰：《中国高等职业教育发展史研究》，中州古籍出版社 2007 年版，第 48 页。

此与经济社会发展、技术进步关系密切的高等职业教育也处于发展初始阶段，在高等教育体系中职业大学学校数和在校生数都比较少。

1986 年 3 月，针对日新月异的世界新技术革命的挑战，王大珩、王淦昌、杨嘉墀、陈芳允四位院士联合向中共中央提出了《关于跟踪世界战略性高科技发展的建议》，11 月中共中央、国务院批准了《高技术研究发展计划（863 计划）纲要》。"从此，'863'计划作为我国高科技的一面旗帜，使得在 20 世纪末的 15 年里，我国在生物、航天、信息等高科技领域都取得了世人瞩目的成就，由瞄准世界前沿、跟踪起步进入了一个蓬勃发展的时期。"① "863"计划是我国政府组织实施的一项国家高技术研究发展计划，可以说掀起了中国的新技术革命，不仅取得了一大批具有世界水平的高新技术成果，而且极大地带动了我国高技术产业的发展，极大地推动了传统产业的改造。新兴产业的大量出现、传统产业的改造升级对高等职业教育提出了更大的需求。

几乎与此相一致，我国高等职业教育也取得了健康快速发展。从1998 年到 2015 年，全国独立设置的高职（专科）院校数量增长了 3.1倍，达到 1341 所，占普通高等学校总数的 52.4%；全国高职（专科）在校生人数达到 849.7 万人，占本、专科在校生总数的 32.4%②。河南省 1992 年有高职（专科）院校 29 所，占普通高等学校总数的 61.7%，在校生 4.49 万人，占普通高校在校生总数的 50.18%；1998 年有高职（专科）院校 33 所，占普通高等学校总数的 64.7%，在校生 6.98 万人，占普通高校在校生总数的 47.7%；2009 年高等职业院校 56 所，占普通高等学校总数的 60.1%，在校生 75.27 万人，占普通高校在校生总数的 55%；2016 年高职高专院校 74 所，占普通高等学校总数的

---

① 郑千里、王大珩：《让"8 6 3 计划"光耀中华》，《科技日报》2001 年 2 月 16 日。
② 教育部发展规划司：《教育发展统计公报》，教育部网站，见 http://www. moe. gov. cn/s78/A03/ghs_ left/s182/moe_ 633/。

57.36%，高职高专在校生 84.05 万人，占普通高校在校生总数的
44.8%①。20 余年来，河南省高等职业院校数量不断增加，学生规模急
剧扩张，2016 年高等职业院校学生数是 1992 年的 18.7 倍。而且实际上
2000 年以前的高职（专科）院校大多数已经升格、合并，现有的学校
绝大多数都是根据社会经济发展需要、按照新的模式和标准创办的高等
职业院校，适应了产业发展对人才的要求，满足了经济社会发展的需
要，反映了科技进步、经济发展的成效。

---

① 河南省教育厅：《教育统计》，河南省教育厅网站，见 http://www. haedu. gov.
cn/jiaoyutongji/index. html。

第五章 我国高等职业院校办学理念的技术主义偏向

　　所谓理念，简单地说就是看法、思想和观念。就办学理念而言，既有一般意义上的大学理念，又有某一所大学办学者的具体思想。办学理念是思想的，是理性高度的观念；但办学理念又是具体的，体现在具体的办学实践中。办学主体不同，社会环境不同，教育价值观不同，其办学行为一定是多样的，所以大学理念不仅仅是观念的表述，更是行为的表现。我们在对高等职业院校办学理念进行调查访谈的过程中，并不仅仅限于学校自己表述的办学理念，同时我们注意收集各个学校的校训、校风、学校精神、办学指导思想甚至校徽等，这些都能够呈现出一所学校的办学理念。

　　近2年来，我们先后对河南、陕西、黑龙江、甘肃、四川等省份的62所高等职业院校的办学理念进行了收集调查和整理，收集调查方式包括问卷、实地访谈、网络信息等。对这些院校办学理念的收集整理，为我们进一步的深入研究提供了实证基础，对当前高等职业院校办学理念现状进行了全面深入的了解。通过对这些院校办学理念的分析发现，长期以来，为满足经济社会发展的需要，部分高等职业教育的培养目标和功能定位发生了一定程度的偏移，制器的需求遮蔽了育人的本源，办学理念的技术主义倾向在不少高等职业院校成为实然常态。

第一节　技术主义及其对高等教育的侵占

技术对于人类社会的重要性毋庸置疑，有史以来，人类都离不开技术，以工具形式出现的技术发明极大地促进了人类发展。及至当代，技术已经融入了社会生活的方方面面，包括吃、穿、住、行、学习、交流，乃至国家的政治、经济、文化和军事活动，无不深深地打上了技术的烙印。技术对人类社会至关重要，但极端崇尚技术的技术主义却为人类生活带来了诸多自然和社会问题，包括道德、心理、伦理、品格和价值观等。技术主义对高等学校的侵占也是显而易见，大学正在试图用技术的手段管理大学，"当前大学教育中无所不在的技术主义倾向对大学教育的伤害简直是致命的。技术主义宰制大学的结果是大学生活的毫无个性与大学创造性品格的沦丧"①。

一、技术主义的提出

本章提到的技术、技术主义以及前文中提到的科技、科技主义等，在哲学意义上一般被认为有较大的区别，但基于人们通常的习惯认识，我们在含义上没有对技术与科学、技术主义与科技主义进行严格的区分，这也不影响我们对高等职业院校办学理念的研究和理解。

这里所指的技术可以理解为一般意义上的科学技术，事实上古代的科学与技术本身就不可分，也很难准确地区分开来。在人们最初的认识里，技术本就是科学的一部分："技术作为知识是科学知识的一部分，

---

① 刘铁芳：《技术主义与当代大学的命运》，《大学教育科学》2007 年第 1 期。

作为活动是科学活动的一部分。技术史是科学史的一部分。这无论是在人们的概念使用中，还是在对其历史的考察中，都是顺理成章的。""技术哲学就是科学哲学的一个部门或视角，而不是与科学哲学平行的另类哲学研究。"①

从人的存在来审视技术的本质，首先，技术是人体器官的延伸。如前所述，技术通过延伸人体器官提高生产能力，这种对技术的认识方式实际上是把技术看作了人体器官的延伸或者投影，其逻辑基础是把握住了技术与人的内在关系。所以，从这个角度来认识技术，技术发展史与人类进化史具有高度的契合性和一致性。美国当代人类学家爱德华·霍尔（Edward Twitchell Hall Jr. 1914—2009）就指出："今天，人实际上在他过去用身体所做的一切事情中，都完成了人的延伸。武器的演进开始于牙齿和拳头，终止于原子弹……事实上，一切人工制造物都可以被视为人的延伸，都是我们曾经用身体所做的东西的延伸。或者是我们肢体的某一种专门化的延伸。"② 纵观技术发展史，技术物品都具有人造物的本质，技术的发展几乎都是按照人的生理器官的逻辑发展进化。

其次，技术是人之存世的方式。人生存在这个丰富多彩、千变万化的世界，需要生存、生活、工作、发展，但从动物的本性来看，作为动物的人几乎不具有任何可以成为这个宏大美丽而又环境恶劣的自然界主宰的有力条件。比如在自然界中，人的力量远不如牛，人的速度远不如马，御寒没有熊之毛皮，飞翔没有鸟之羽翼，搏击没有虎豹之獠牙利爪。在古希腊柏拉图的《普罗塔戈拉》一文中，讲述了一个关于人类起源的神话，说明了人与技术的关系：诸神已经产生，当他们想要把"会死的族类"引向光亮的时候，神们让普罗米修斯、厄琵米修斯兄弟

---

① 王志康：《论科学与技术的划界问题》，《自然辩证法研究》2007 年第 1 期。
② 王世进：《多维视野下技术风险的哲学探究》，复旦大学 2012 年博士学位论文，第 20 页。

为每一个"会死的族类"配备和分配相适的能力，也就是动物性。弟弟厄琵米修斯采用"均衡地分配"的原则，为每一个"会死的族类"配备各自具有保存性命的能力，给不晓得避寒的动物配上特保暖的皮毛，或者给它们有下界的巢穴；如果动物躯体太小，便让它们繁殖力旺盛，一生仔就一大堆。但全部能力已经分配完了之后发现，其他族类已全都和谐地具备了某些能力，"人却赤条条没鞋、没被褥，连武器也没有"。哥哥普罗米修斯决定从铁匠神赫斐斯托和纺织神雅典娜那里偷来"含技艺的智慧送给人"。技术成为人类不可分割的组成部分，是人之存世的方式。

如果追寻技术的源头，或许从人类走出的第一步就与技术密不可分，但如果探寻技术主义的源头，则应该从 18 世纪开始。18 世纪60 年代到 19 世纪，以蒸汽机的发明和使用为标志，第一次技术革命出现，一大批新技术被发明并应用到生产中去，如纺织机、抽水机、鼓风机、磨粉机等，推动纺织行业、采矿行业、冶金行业等取得了前所未有的迅猛发展，创造了人们以前难以想象的技术奇迹，推动社会生产力取得飞跃式的发展。19 世纪70 年代到 20 世纪初，以电能的突破、应用以及内燃机的出现为标志，第二次技术革命出现，如果说第一次技术革命是诸多能工巧匠丰富的实践经验的结晶，那么第二次技术革命则是建立在科学理论的巨大突破的基础之上，技术的发展得益于科学理论发展的推动，并推动了生产的发展。从科学到技术，再到生产，形成了依次递进推动发展的作用关系，科学与技术成果更加快速地应用到生产实践中去，推动社会经济以更加迅猛的速度扩张和发展。20 世纪 30 年代之后，以原子能技术、电子计算机技术、激光技术、空间技术、海洋技术和生物工程技术等为代表的一系列尖端技术快速兴起，已经并正在极大地改变着人类原有的生存状态，无论是政治经济领域，还是社会文化领域，乃至人的生活方式和思维方式都因为技术的渗透而发生了根本性的变化，技术不仅成为人们的依赖，甚至成为人们的偶像。及至当代社会，科学技术俨然形成了一种"霸权话语"，不仅是人自身发展乃至内心精神世界受制于技术理性，而且政治、经济、文化、思想等社会发展的各个领域都被技术渗透并予以占领，进而引起了社会发展的巨大而又深刻的变革。

在技术革命的推动下，人们从蒙昧、黑暗的中世纪进入工业时代，进而步入电气时代、信息时代。及至当代，技术取得的发展异乎寻常且难以置信，人们通过起重机增强了人的力量，通过机械臂延长了手臂，通过汽车、火车、飞机加快了脚步，通过显微镜和望远镜提高了观察微观世界和宏观宇宙的视觉能力，通过手机、雷达等提高了听觉能力……恩格斯说："劳动是从制造工具开始的。"所以人的发展从一开始就离不开技术。技术发展到今天，不仅人创造了技术，而且技术也改造甚至创造了人。

当技术成为一种新的神话，技术的巨大魔力能够为人类获取最大的经济利益，实现人类的理想与愿望，解决一切人们面临的一切问题，则"技术就取代了上帝的位置，成为统治人类灵魂的另一个至上神，它已经悄悄地攫夺了人们的个人自由和独立思考的权利"。美国著名未来学家约翰·奈斯比特（John Naisbitt，1929—）曾感慨：20世纪是我们自己的中世纪，人们迷上了科学技术，而技术却榨干了人们的灵魂。德国存在主义大师海德格尔（Martin Heidegger，1889—1976）在对技术的本质进行追问时发现，人、自然连同上帝已经被一种"展示着"的技术关系所笼罩遮蔽，是技术控制了人而不是人控制技术。"这表明人类自己被技术所击败而成为技术的附庸，把技术看成是自给自足的、自主的偶像。"①

"随着以信息论、控制论、概率论等数学分析工具同计算机技术的紧密结合，人们能够用规则系统代替经验，技术逐渐代替理性成为最高的主宰，甚至演变为一种世界观和方法论。正如赫勒所说，理性激发了一种新的信念和信仰——一种否认是实际所是的信念或信仰，一种声称完全摆脱了自身本质的信念或信仰。技术俨然成为一种新的信仰，成为人类世界的终极关怀、精神家园，吸引着无数人类炽热的追求。技术已作为辨别真伪的唯一标准被确立：凡是符合技术原理的即为真，反之则假，一种新的主义——技术主义已形成。技术主义反对并排斥一切形而上的东西，坚持技术原则和方法，依据特定的技术标准来证明命题的真伪，强调事物的可检验性、重复性和可操作性。"②

技术主义的"主要特征是夸大科学、技术和技术知识分子在社会生活中的作用，盲目崇拜技术进步的个别方面，把工程技术知识分子在管理现代生产中的作用偶像化"③。在现代社会，技术主义已经成为意识形态，技术意志已经成为一种绝对的、无条件的具有支配地位的东西，人类所处的世界无不是技术意志创造的，技术意志决定了所有事物的意义、价值，以至于人被沦落成为技术意志的仆役，失去了人之为人的独立性，其主要表现为：首先，技术意志无情地剥夺了人的主体性，把人变成了机器；其次，技术意志把人化约为实现功用和效益的手段④。

---

① 倪瑞华：《论技术主义对人类道德责任的消解》，《伦理学原理研究》2004 年第 1 期。
② 刘亚平、宋泽亮：《警惕技术主义的消解》，《传承》2015 年第 8 期。
③ 刘堃：《关于资产阶级技术主义》，《自然辩证法研究通讯》1963 年第 1 期。
④ 倪瑞华：《论技术主义对人类道德责任的消解》，《伦理学研究》2004 年第 1 期。

二、高等教育技术化

高等教育技术化是指大学正日益受到技术主义更加紧密的控制，从办学理念到办学实践，从课堂教学到科学研究，从教师行为到学生活动，从内部组织到社会服务，从各级各类课题申报到论文期刊级别认定，从职称评审到人才评价，从工资定级晋级到津贴标准核算……大学的日常运行几乎就是一项高技术发明，有条不紊，井然有序。大学人的精神与生活、工作几乎时时刻刻都处在有形无形的技术的钳制与约束之中，大学人的精神自由空间被大大的压缩和挤占。

下面完整地引用了一所高校关于毕业论文撰写规范的文件，文件对毕业论文的写作、排版、程序等进行了无所不包的技术性规定，让每一位老师都照此统一要求指导论文，让每一位毕业生都照此统一要求撰写论文，写出来的论文呈现出来的面貌整齐划一。这种几乎毫无缺陷的技术规定性培养的几乎是同一类型、统一层次、统一标准的学生，这正是高等教育技术化的最好注脚。

××学院毕业论文（设计）撰写规范

毕业论文（设计）是学生毕业前最后一个重要学习环节，是学习深化与升华的重要过程。它既是学生学习、研究与实践成果的全面总结，又是对学生素质与能力的一次全面检验，而且还是对学生的毕业资格及学位资格认证的重要依据。为了保证我校本科生毕业论文（设计）质量，特制定《××学院本科生毕业论文（设计）撰写规范》。

1. 毕业论文（设计）资料的组成、填写、打印与装订

1.1 毕业论文（设计）资料

包括学生的毕业论文（设计）、教师评语、答辩提问录、图纸、实

验报告和计算机程序等资料。毕业论文（设计）资料按要求认真填写，字迹要工整，卷面要整洁，手写一律用蓝黑墨水或黑墨水填写。任务书由指导教师填写并签字，经院长（系主任）审核签字后发给学生。

1.2 毕业论文（设计）打印

均应采用计算机排版、A4 纸双面打印，上 2.5cm，下 2.5cm，左 3.17cm，右 3.17cm，行间距为固定值 20，页码用五号宋体，奇偶页不同。

1.3 毕业论文（设计）装订

按毕业论文（设计）的组成顺序（A—J）统一装订。毕业论文（设计）的封面由学校统一印制，封面装订由教务处统一组织。A. 封面；B. 任务书；C. 开题报告；D. 中文摘要；E. 英文摘要；F. 目录；G. 正文（含绪论、主体部分、结论）；H. 参考文献；I. 附录；J. 致谢。

2. 毕业论文（设计）撰写的内容与要求

一份完整的毕业论文（设计）应包括以下几方面。

2.1 标题

标题应简短、明确、有概括性。通过标题使读者大致了解毕业论文（设计）的内容、专业的特点和科学的范畴。标题字数要适当，一般不宜超过 20 字，如果有些细节必须放进标题，为避免冗长，可以分成主标题和副标题，主标题写得简明，将细节放在副标题里。

2.2 摘要

摘要又称内容提要，它应以浓缩的形式概括研究课题的内容、方法和观点，以及取得的成果和结论，应能反映整个内容的精华。中外文摘要以 300—500 字为宜。撰写摘要时应注意以下几点：

（1）用精炼、概括的语言来表达，每项内容不宜展开论证或说明；

（2）要客观陈述，不宜加主观评价；

（3）成果和结论性字句是摘要的重点，在文字论述上要多些，以加深读者的印象；

（4）要独立成文，选词用语要避免与全文尤其是前言和结论部分雷同；

（5）既要写得简短扼要，又要生动，在词语润色、表达方法和章法结构上要尽可能写得有文采，以唤起读者对全文阅读的兴趣。

2.3 目录

目录按三级标题编写（即：1、1.1、1.1.1……），要求标题层次清晰。目录中标题应与正文中标题一致。

2.4 正文

正文是作者对研究工作的详细表述，包含绪论、主体部分、结论三部分。

绪论应说明本课题的意义、目的、研究范围及要求达到的技术参数；简述本课题应解决的主要问题。

主体部分包括：问题的提出，研究工作的基本前提、假设和条件；基本概念和理论基础；模型的建立，实验方案的拟定；基本概念和理论基础；设计计算的方法和内容；实验方法、内容及其分析；理论论证，理论在课题中的应用，课题得出的结果，以及结果的讨论等。学生要根据毕业论文（设计）课题的性质，确定主体部分包含的内容。撰写的具体要求如下。

（1）理论分析部分应写明所作的假设及其合理性，所用的分析方法、计算方法、实验方法等，哪些是他人用过的，哪些是自己改进的，哪些是自己创造的，以便指导教师审查和纠正，篇幅不宜过多，应以简练的文字概略地表达。

（2）对于用实验方法研究的课题，应具体说明实验用的装置、仪器的性能，并应对所用装置、仪器做出检验和标定。对实验的过程和操作方法，力求叙述简明扼要，对人所共知的内容或细节内容不必详述。对于经理论推导达到研究目的的课题，内容要精心组织，做到概念准确，判断推理符合客观事物的发展规律，符合人们对客观事物的认识习惯，换言之，要做到言之有序，言之有理，以论点为中心，组成完整而严谨的内容整体。

（3）结果与讨论是全文的心脏，一般要占较多篇幅，在撰写时对必要而充分的数据、现象、认识等要作为分析的依据写进去。在对结果作定性和定量分析时，应说明数据的处理方法以及误差分析，说明现象出现的条件及其可证性，交代理论推导中认识的由来和发展，以便他人以此为依据进行实验验证。对结果进行分析后得出的结论，也应说明其适用的条件与范围。此外，适当运用图、表作为结果与分析，也是科技论文通用的一种表达方式，应精心制作、整洁美观。

结论包括对整个研究工作进行归纳和综合而得出的总结，还应包括所得结果与已有结果的比较和本课题尚存在的问题，以及进一步开展研究的见解与建议。结论集中反映作者的研究成果，表达作者对所研究的课题的见解，是全文的思想精髓，是文章价值的体现，结论要写得概括、简短。撰写时应注意以下几点。

（1）结论要简洁、明确，措辞应严密，且又容易被人领会；

（2）结论应反映自己的研究工作；

（3）要实事求是地介绍自己的研究成果，切忌言过其实，在无充分把握时应留有余地，因为科学问题的探索是永无止境的。

2.5 参考文献

参考文献是毕业论文（设计）不可缺少的组成部分，它反映毕业论文（设计）的取材来源、材料的广博程度和材料的可靠程度。一份完整的参考文献也是向读者提供的一份有价值的信息资料。一般做毕业论文（设计）的参考文献不宜过多，但应列入主要的中外文献。

2.6 附录

对于一些不宜放入正文中，但作为毕业论文（设计）又不可或缺的组成部分或具有重要参考价值的内容，可编入毕业论文（设计）的附录中，例如，公式的推演、编写的算法语言程序等。如果毕业论文（设计）中引用的实例、数据资料，实验结果等符号较多时，为了节约篇幅，便于读者查阅，可以编写一个符号说明，注明符号代表的意义。附录的篇幅不宜太多，附录一般不要超过正文。

2.7 致谢

致谢应以简短的文字对课题研究与论文撰写过程中曾直接给予帮助的人员（例如指导教师、答疑教师及其他人员）表示自己的谢意，这不仅是一种礼貌，也是对他人劳动的尊重，是治学者应当遵循的学术规范。

3. 毕业论文（设计）的书写格式

3.1 毕业论文（设计）一律采用国家语言文字工作委员会正式公布的简化汉字书写，论文一律采用计算机排版、A4 纸打印。论文要求语句通顺、论述严谨、程序和实验数据完整、齐全、规范、正确。

3.2 毕业论文（设计）封面由学校统一印制，封面装订由教务处统一组织。

3.3 毕业论文（设计）内容依次为：

文内封面，包括题目（小二号华文中宋加粗居中）、学生姓名、所在院（系）、所在专业、导师姓名及完成时间等（小三号华文中宋加粗居中）。

毕业论文（设计）任务书，由指导教师填写。

毕业论文（设计）任务书开题报告，由学生认真书写，经指导教师签字后的开题报告有效。

中文摘要，论文题目为小三号华文中宋加粗居中（题目前空一行），"摘要"为小四号仿宋加粗居中，摘要内容为小四号仿宋加粗，首行缩进两个字，行距为固定值20；摘要内容后空一行顶格输入"关键词"（小四号仿宋加粗），其后为关键词（小四号仿宋加粗），各关键词之间用逗号分开，最后一个关键词后面无标点符号。

英文摘要，书写格式与中文摘要相对应，论文题目为小三号华文中宋居中加粗，一律用大写字母；摘要内容为小四号仿宋，首行缩进两个字，行距为固定值20。

目录，"目录"为小四号仿宋加粗，下空一行为章、节、小节及其开始页码，小四号仿宋。

绪论，通常为第一章，标题为小四号仿宋加粗，内容为小四号仿宋，首行缩进两个字，行距为固定值20。

主体部分，含设计分析与计算、实验及数据处理、程序等。可分为几章，每章标题为小四号仿宋加粗居中，内容为小四号仿宋，首行缩进两个字，行距为固定值20。公式应另起一行，公式序号按章节顺序编号；表格按章节顺序编号；插图按章节顺序编号，图中坐标应标注单位。

结论，通常为最后一章，标题为小四号仿宋加粗居中，内容为小四号仿宋，首行缩进两个字。

参考文献，标题为小四号仿宋加粗居中，按论文中参考文献出现的次序，用中括号的数字连续编号，依次书写作者、杂志或书名、出版时间、页次等，小四号仿宋，首行缩进两个字。

外文资料的中文译文，题目为小四号仿宋加粗居中，内容为小四号仿宋，首行缩进两个字。外文资料注意保持原文的整洁，不得有涂写。

3.4 标点符号

毕业论文（设计）中的标点符号应按新闻出版署公布的"标点符号用法"使用。

3.5 名词、名称

科学技术名词术语尽量采用全国自然科学名词审定委员会公布的规范词或国家标准、部标准中规定的名称，尚未统一规定或叫法有争议的名词术语，可采用惯用的名称。使用外文缩写代替某一名词术语时，首次出现时应在括号内注明其含义，如 OECD（Organisation for Economic Co – operation and Development）代替经济合作发展组织。外国人名一般采用英文原名，可不译成中文，英文人名按名前姓后的原则书写，如 P. Cray，不可将外国人姓名中的名部分漏写，例如不能只写 Cary，应写成 P. Cray。一般很熟知的外国人名（如牛顿、爱因斯坦、达尔文、马克思等）可按通常标准译法写译名。

3.6 量和单位

毕业论文（设计）中的量和单位必须采用中华人民共和国国家标准 GB 3100—GB 3102—93，它是以国际单位制（SI）为基础的。非物理量的单位，如公斤/台、元/公斤等，可用汉字与符号构成组合形式的单位，例如 kg/台、元/kg。

3.7 数字

毕业论文（设计）中的测量、统计数据一律用阿拉伯数字，如 5.25 kg 等。

3.8 标题层次

毕业论文（设计）的全部标题层次应有条不紊，整齐清晰，相同的层次应采用统一的表示体例，正文中各级标题下的内容应同各自的标题对应，不应有与标题无关的内容。

章节编号方法应采用分级阿拉伯数字编号方法，第一级为"1""2""3"等，第二级为"2.1""2.2""2.3"等，第三级为"2.2.1""2.2.2""2.2.3"等，但分级阿拉伯数字的编号一般不超过四级，两级之间用下角圆点隔开，除第一级外，其余各级的末尾不加标点。

各层标题均单独占行书写，第一级标题小四号仿宋加粗顶格书写，第二级标题序数顶格书写，空一格接写标题，二级标题小四号仿宋加粗书写，末尾不加标点。一级标题、二级标题与下文需空一行。第三级和第四级标题均空两格书写序数，空一格写标题，用小四号仿宋书写。第四级以下单独占行的标题序须采用 A、B、C……和 a、b、c……两层，标题均空两格书写序数，空一格写标题。正文中对总项包括的分项采用（1）（2）（3）……的序号，对分项中的小项采用①②③……的序号，数字加半括号或括号后，不再加其他标点。

3.9 注释

毕业论文（设计）中有个别名词或情况需要解释时，可加注说明，注释可用页末注（将注文放在加注页的下端）或篇末注（将全部注文集中在文章末尾），而不用行中注（夹在正文中的注）。采用页末注释时，若在同一页中有两个以上的注时，按各注出现的先后顺序编号，注释只限于写在注释符号出现的同页，不得隔页；采用篇末注释时，按各注在文章中出现的先后顺序编列注号。

3.10 公式

公式应另起一行写在稿纸中央，一行写不完的长公式，最好在等号处转行，如做不到这点，在数学符号（如"＋""－"号）处转行，数学符号应写在转行后的行首。公式的编号用圆括号括起放在公式右边行末，在公式和编号之间不加虚线，公式可按全文统一编序号，公式序号必须连续，不得重复或跳缺。重复引用的公式不得另编新序号。

公式中分数的横分线要写清楚，特别是连分数（即分子和分母也出现分数时）更要注意分线的长短，并将主要分线和等号对齐。在叙述中也可将分数的分子和分母平列在一行，用斜线分开表述。

3.11 表格

每个表格应有自己的表题和表序，表题应写在表格上方正中，表序写在表题左方不加标点，空一格接写表题，表题末尾不加标点。表题用小四号仿宋加粗居中，表格内中文用五号仿宋。

全文的表格可以统一编序，也可以逐章编序，不管采用哪种方式，表序必须连续。表格允许下页接写，接写时表题省略，表头应重复书写，并在右上方写"续表××"。此外，表格应写在离正文首次出现处的近处，不应过分超前或拖后。

3.12 图

毕业论文（设计）的插图必须精心制作，线条要匀称，图面要整洁美观，插图应与正文呼应，不得与正文脱节。每幅插图应有图序和图题（五号仿宋加粗），全文插图可以统一编序，也可以逐章单独编序，不管采用哪种方式，图序必须连续，不得重复或跳缺。由若干分图组成的插图，分图用 a、b、c……标序，分图的图名以及图中各种代号的意义，以图注形式写在图题下方，先写分图名，另起行后写代号的意义。图应在描纸或洁白纸上用墨线绘成，或用计算机绘图，电气图或机械图应符合相应的国家标准的要求。坐标图：横纵坐标必须标注量、单位，坐标名置于图的下方居中，五号仿宋加粗。

从文件中可以看出，规范要求得很细很具体，包括用什么样的墨水填写，计算机排版时的纸张、页边距、行距、字号等，各部分的长度、目录编号，都有明确的技术性要求。换位想一想，毕业生写一篇毕业论文真不容易，不要说撰写论文的困难，就是读懂这样一份详细的规范，也是一件不易的事情。虽然可以找文印中心代劳，但还是用技术的手段解决了这些技术问题，并在内心打下了技术的烙印。

其实，这种技术性要求几乎充满了大学管理和运行的各个方面，有人曾非常无奈地说："一门课程教下来，要从头到尾完成考试的各项任务，非得脱一层皮。"因为考试试卷要有三套备选，要加上标准答案、各项命题、相关表格一个也不能少。"要求命三套题且不说，关键是对命题的题数、主客观题的比例、题目的覆盖面都有明确的规定，还要填上4—5张相关表格。最麻烦的是阅卷，怎么打分，打小分，分数如何写，评卷人和复查人要签名，还要签全名。评卷完了，再算平均分、试卷难易程度，做试卷分析。然后等待上面检查，不合格再改正。一旦查出有毛病，简直就像犯了罪的人突然被警察抓住一样狼狈不堪。考试到这份上，早已不是考学生，而是考老师"①。

如此的技术性安排必然是在技术主义影响下的办学理念指导的结果。

第二节　高等职业院校办学理念技术主义的主要表象

高等教育受到技术主义的侵占是现实存在。作为以技术性为基本特征的高等职业院校，技术教育在人才培养中占据了核心地位，办学理念当然受到技术主义的影响，但这种技术主义倾向很多时候被看作一种必然，而不是一种偏向。透过技术教育，考察其中教育的本质，我们其实能够看到高等职业院校办学理念确实存在技术主义的偏向，重技术轻教育，只见工具不见人，教育本真发生了偏离。

一、重技术轻教育——培养目标存在认识偏差

现代意义上的高等职业教育产生的背景是技术革命，服务的方向是大工业生产企业，培养目标主要是适应某种职业或行业需要的、一线工作的高技术应用型人才。近年来，由于我国工业化进程的加快，社会急

---

① 刘铁芳：《技术主义与当代大学的命运》，《大学教育科学》2007年第1期。

需一大批既有较高的知识水平，又有较强的实践动手能力，且具有较高思想素养的"全面发展"的高级技术应用型人才，因此高等职业院校得到了迅速发展和壮大。

在这一发展过程中，我国对于高等职业教育的培养目标的认识也在不断变化，但由于历史和现实的多种因素，在办学实践中，一些高等职业院校及其教育者重视职业教育规律而相对忽视人才成长规律，逐渐陷入了"制器"的泥沼。比如，有人认为高职人才应具备的能力包括：一是掌握新技术、开发新设备新产品的能力，二是解决生产一线技术问题的能力，三是良好的组织水平和管理能力①。三种能力主要还是适应职业岗位的技术能力，而没有强调社会人的发展能力。还有人认为，高等职业院校学生未来的主要工作是应用成熟技术进行生产劳动，而不是研究和设计新工艺、新技术和新产品，是生产一线的技术人才和管理人员，所以要使学生具备从事社会某一类职业或岗位必需的高级职业技术能力②。基于这种强调职业和岗位技术适应性的认识，有人进一步提出，高等职业教育的培养目标是在生产、管理和服务第一线工作的实用技术人才，要求学生从学校走向工作岗位基本上就能上岗，没有明显的过渡期③。有人甚至说，高等职业教育必须瞄准职业或职业岗位的需求，不怕"专"④。这些观念把培养的重点放在了职业岗位所需的知识和技能上，在美国教育家达拉里看来，教育成了制造劳动者的一台机器，掌握生产技术成为受教育者的全部目的⑤。

即便很多院校都开始重视人文教育以"纠正"这种偏向，但高等

---

① 王明伦：《高等职业教育的地位、规格与特色》，《教育与职业》1994 年第 9 期。
② 范谦、沈中伟：《关于兴办高等职业技术教育的思考》，《职教论坛》1995 年第 5 期。
③ 王明达：《关于发展高等职业教育的几个问题》，《中国教育报》1995 年 9 月 23 日。
④ 王浒：《谈谈高等职业教育》，《中国高等教育》1995 年第 2 期。
⑤ 王坤庆：《当代西方精神教育研究述评》，《教育研究》2002 年第 9 期。

职业院校对人文教育的认识并不统一，还存在一些误区和偏差，尤其在高等职业院校领导中，这些认识误区和偏差直接导致人文教育的实践失去了针对性，没有取得应有的效果。高等职业院校对于人文教育认识的最大误区在于把人文教育与文化素质教育相混淆。比如，某高职院校领导提出，高职院校职业人文教育的基本内容包括职业价值观、职业道德、职业能力和职业生涯规划四个方面，其中职业能力主要包括专业技能、行业通用技能和核心能力[①]。有人在论述人文教育的基本内容时提出：高职院校的人文教育整体实施应从三个方面切入，其中在知识方面，除了使学生对哲学、历史、文学、艺术、体育了解之外，还要对当代科技的发展有一个基本的了解；要"引导学生培育创新精神，对所学的专业知识孜孜不倦地钻研，力求有所创新，从而推动技术进步"[②]。这里把科技教育的内容列入到人文教育之中，其实质仍然是想要言说素质教育，但没有把人文教育与科技教育、人文精神与科学精神区分开来。还有人提出："加强高职学校的人文素质教育，构建健全人格养成的课程理念，以诚信、合作、责任、敬业、创业等人文素质的养成为基础，加强现有课程的整合，并从职业价值观、职业道德、专业核心能力、创业指导等方面加强人文课程建设，注重在专业教育中渗透人文素质教育。"[③] 把专业核心能力列入人文教育的内容。湖南城建职业技术学院在进行以提高学生人文精神为核心的人文教育实践探索中，借鉴"成功素质教育"的目标模式，提出：选准一个职业岗位，学会二项基本技能（语言、计算机），掌握三种基本功夫（一笔字、一口话、一手文章），培养四种行为能力（人格自尊、行为自律、学习自主、生活自

---

① 徐公芳：《对高职院校职业人文教育的思考》，《中国高教研究》2009 年第 8 期。
② 傅龙华：《高职院校人文教育的目标定位》，《职业教育研究》2007 年第 3 期。
③ 孔凡菊：《高职院校加强人文教育的措施》，《当代教育科学》2009 年第 7 期。

理），塑造五项意志品质（自信心、责任感、竞争力、合作情、创新劲)①。把素质教育的内涵与人文教育混同在一起，虽然也能够取得一定的教育教学效果，但却缺少人文教育的针对性。

在对部分高等职业院校的调查和访谈中，可以很清晰地看出一些高等职业院校的培养目标定位极其重视技术性。比如，平顶山某职业技术学院的培养目标是"培养员工型、学习型、全面发展型高端技术技能人才"；开封某职业技术学院的人才培养理念是"技能人才的摇篮，技术服务的基地"；郑州某职业技术学院提出的是"工学结合、理实一体、技能递进"的人才培养模式；湖北襄阳某职业技术学院提出的培养目标是"以职业岗位需要为依据，培养生产、建设、管理、服务一线需要的高素质技术技能型专门人才"。由此可见，强化技术性在几乎所有的职业技术院校都是共识。郑州某职业院校的一位系主任在访谈中就说："从教育规律来看，人文教育很重要，但在实际工作中，我们却不能够过多地强调人文教育，因为当前的就业压力、市场竞争压力很大。人文教育的作用是长期的、潜移默化的，我们面临的压力却是眼前的、现实的，学生更是只能看到最近的就业前景，而这需要良好的专业技能为基础。所以，现阶段我们必须仍然坚持能力本位的思想，以培养技能为主。"

技术性是高等职业教育的核心属性，体现了人才培养的特点、规格和水平，决定了核心教学内容，突出技术性是高等职业院校培养目标的基本要求，技术教育在高等职业教育自然而然地占据主要地位。但如果仅仅突出技术性，而忽视办学育人的教育性，则偏离了教育的本源，违背了人才成长的规律，往往导致培养目标出现偏差，人才培养出现缺

① 周应德、尹华丁：《高职教育加强人文内涵建设的理论与实践》，《中国科技信息》2007 年第 6 期。

失。教育的本质是培养人的社会活动，其对象是人，教育的过程其实就是人的发展过程，人的发展一方面是人的体力、智力的发展，一方面是人的道德、情操的发展。一个个体的人，当他不具备任何职业知识和职业技能时，他只是一个可能的、潜在的劳动者，高等职业教育的任务就是把这些可能的、潜在的劳动者转化为现实的社会职业者。在这一过程中，仅仅加强技术教育能够增强人的岗位技能，但并不能实现人的全面发展。

二、只见工具不见人——办学实践存在偏离

认识上的偏执或者偏向必然导致实践中的偏离。在一些高等职业院校办学实践中，培养的人才显著地表现为职业人、工具人，我们看到的更多的是可以任意塑造的工具化的人，而不是智慧、性格、品质全面发展的人。

部分高等职业院校在办学功能上更多地取向和体现了服务职业岗位的社会功能，这是一个社会机构应有的品格；但相对较少地取向和体现个人价值和自由发展的个体功能，忽视了教育对象的全面发展。当前，不少高等职业院校确立了培养"市场急需的人才"、培养"双证书""双技能"人才、"以技能为中心""以就业为导向""订单培养"等指导思想或办学模式，这些看似极其普通的话语，其实一定程度上也是教育目标工具化的一种表现。落实到教育实践中，往往导致工具人培养偏差。在一些高等职业院校，学生被当作一种可以任意塑造的"器""物"和工具，学校是在按照职业岗位需要的人才类型模具，制定技术化、标准化的程序，批量塑造这种类型的人才。站在社会发展的高度来看，在整个社会大工业生产过程中，高等职业院校几乎成了其中的一个技术环节。

这种按照职业岗位需要和规定标准批量制造产品的模式体现在办学

实践的诸多方面：在专业设置上，"什么热门就上什么专业，什么时髦就办什么专业，什么吃香就上什么专业"①；在培养规格上，按照特定企业的用人标准量身定制，订单培养，一味强调企业的特殊需求，相对忽略了学生的个人发展需求；在课程设置上，过于强调针对特定岗位的应用技术性，却相对忽视了学生的社会性和个性，强化和训练了学生的特定职业适应能力，却相对弱化了学生融入社会、接纳社会的能力。有高等职业院校校长直接把办学实践视为企业经营，把企业管理的理念引入学校管理，认为办学是一种获取"效益"的经营活动，是在根据市场需求提供产品，这些产品包括学生和各种教育服务等②。当校长把学生视为产品的时候，培养出来的一定是工具人，只有知识和技能，缺少品格和思想，满足了特定企业的用人需要，但削弱了个人的全面发展，即个人体力、智力的发展和道德情操的发展。

"只见工具不见人"带来的危害从曾经的"富士康 N 跳事件"中可窥一斑。2010 年 5 月爆发的富士康员工 N 跳自杀事件直接给高等职业教育带来了警示。富士康跳楼事件源于"孙某勇事件"，2009 年 7 月，富士康科技集团员工孙某勇因为丢失了一台 iphone 样机遭到公司调查，不堪压力跳楼自杀，此后到 2010 年 5 月，富士康公司连续出现了 13 名员工自杀事件，一时间引起社会的广泛关注。人们在关注的同时，也对这一现象进行了深入的分析，但更多的是集中在企业管理的缺陷、政府监管的失责等方面。其实，除此之外，背后深层的原因还有技术对人的操纵和奴役。在富士康半军事化的管理体制下，员工由于在流水线上不停地繁忙，工人之间很少沟通和交流，工人只能是"机器配件似的生

---

① 刘道玉：《论"高、大、全"思维对我国高教发展的影响》，《科学文化评论》2009 年第 1 期。
② 戴裕葳：《高职院校应从管理学校向经营学校转型》，《经营与管理》2009 年第 4 期。

存"，成为流水线上一个个"智能机器人"，人的本性受到了彻底的压抑，从而失去了生活的兴趣。

　　技术至上主导下的社会发展目标强调效率、秩序与理性，甚至技术进步本身也能够带来有害的后果和灾难，如果任由技术自由自在地发展，人毫无疑问将会失去自主性、主体性、个体性与自由、平等，人与人之间的关系将失去了人的本性而逐渐物化。高等职业教育强调为生产、建设、管理、服务一线培养人才，强调培养高技术应用型人才，他们将要从事的工作毫无疑问正是富士康员工这种模式。如何克服技术的阻碍，增强人的自主性、个体性和本体性，实现一种自由全面的发展，是高等职业教育迫切需要解决的问题。在现实生活中，尽管高等职业院校已经占据高等院校的半壁江山，已经从边缘走向中心，社会却依然对之有着种种偏见和误解，尤其高等职业院校主要承担培养一线高技术应用型专门人才的任务，以技术教育为价值取向，强调专业设置与生产岗位或职业去向相对应，关注人的职业性而忽视了人的本体性，所以比其他院校更容易"忽略"人文教育。

三、长期追求与短期目标相矛盾——办学定位漂移

　　办学定位是指大学在整个高等教育发展中的位置，包括学校的总体定位，也包括学校的各个方面的定位；包括现在的定位，也包括未来的预期定位。大学办学定位是确定办学方向的前提和方向标，是保证学校科学发展的基础。"办学定位的多维性决定了其内涵的丰富性，如社会定位、面向定位、目标定位、类型定位、层次定位、人才定位、目标定位、发展定位、特色定位、规模定位等等都属于办学定位的内容。"[1]

---

[1]　刘刚、吴丹、张雪霞：《彰显与提升——大学形象战略研究》，科学出版社2015年版，第132页。

办学定位首要的是办学类型定位，所谓类型一般可以指具有共同特征的事物所形成的种类，办学类型则可以是学校类型，也可以是学科类型。从学校类型来看，分类相对比较复杂，比如众多的大学排名就对大学的类型有不同的分类，从上一轮本科教学工作水平评估指标体系来看，我国大学基本上分为四种类型：研究型大学、教学研究型大学、教学型大学，还有一类就是高等职业院校。这四种类型的高等学校基本上呈金字塔型结构，最顶尖的研究型大学很少，虽然武书连大学排名把研究型大学又分为研究 1 型和研究 2 型，但在 2018 年的排行榜中，研究 1 型大学只有 12 所。

无论是哪一种学校类型分类，高等职业院校都普遍存在办学定位漂移现象。所谓办学定位漂移是指办学定位不准确，长期追求与短期目标相矛盾。高等职业院校办学定位漂移主要表现在两个方面：一是类型定位上从高等职业教育转型为普通高等教育，二是层次定位上从专科升格为本科。

在我国，高等学校的办学层次通常从校名用字上就已经分出了"等级"："职业技术学院"是专科，居于高等学校的最"底层"；之上是"学院"，主要举办普通本科教育；最上是"大学"，一般是实力较强的综合性院校。就高等职业院校而言，其培养目标和办学实践必须突出技术性，强调技术教育。但大部分高等职业院校都不甘长期居于高等职业教育之列，就长期追求来看，几乎都有强烈的升格转型的愿望与冲动。

技术教育包含技术技能积累，技术技能积累往往需要长期的沉积与递进，办学特色的形成也需要长期的积淀。按照高等教育发展规律，这就要求高等职业院校必须安心自身定位，扎扎实实地培养好技术技能型人才，加强应用技术教育和研究，服务地方经济社会发展。但在办学实践中，很多高等学校的长期追求都是升格、转型，努力从专科升格为本科，从高等职业教育转型为普通高等教育。甚至不顾自身条件和需要，盲目攀比，好高骛远。近年来，我国提出了大力发展应用技术院校的导向，在 2014 年《国务院关于加快发展现代职业教育的决定》中提出"重点举办本科职业教育"。其中的重点是"引导一批本科高等学校向应用技术类型高等学校转型"，但同时也给一些高等职业院校升格提供了很好的"出路"，高等职业院校升格仍然是举办本科职业教育。

在办学实践中，很多高等职业院校的长期追求绝不仅仅是升格，而且还有转型，从高等职业教育转型普通高等教育。比如，山东日照某职业技术学院在制定"十三五"规划时，提出的总体规划基本定位是"专业发展对接产业，地方综合性高等院校"。"专业发展对接产业"很鲜明地表达了服务面向定位，但"地方综合性高等院校"则产生了办学类型定位的漂移，偏离了高等职业教育的发展道路。在与部分高等职业院校领导访谈中，一所郑州的民办职业技术院校领导就坦率地承认："我们现在还是专科，没办法，只能走一步算一步，先升上去再说，升只能是应用技术院校，长期看肯定不行，我们不能局限于'应用技术学校'，还得升，要办就办综合性大学，要办就办名校。"如此的目标与现有的定位肯定有矛盾，长期来看势必影响到学校定位的准确性，也必然影响学校质量的持续提升。

随着高等职业教育的发展，现在一般认为，高等职业教育发展也是分层次的，或者说职业教育也应该有高层次。"职业技术学院"一般是专科层次的职业教育，应用技术院校则是本科层次的职业教育，甚至"大学"也可以是应用技术大学。所以，从这个侧面来看，职业技术学院追求"升格"也属于一种正常的需求和趋势，其人才培养规格定位发生了变化，从专科到本科，并可以开展研究生教育，但人才类型不应该有大的变化。

办学定位漂移直接影响人才类型定位，高等职业院校应该始终培养技术技能型人才、应用技术人才，当办学定位产生了漂移，人才类型必然受到影响。根据人的知识构成和能力结构，国内基本形成了人才类型四分法：学术型人才、工程型人才、技术型人才和技能型人才。学术型人才以系统的学科理论、高深的专门知识为基础，以带有普遍性的知识创新为导向，具有复杂应用情境中从事本专业工作或研究的能力，能解决与专业有关的理论和实际问题；工程型人才具有扎实的专业知识和较强的管理能力，能够很好地运用专业知识解决生产工艺、设备制造系统等工程实际问题，并能够进行生产及运作系统的设计、改造、规划、决策以及研发创新等；随着生产的不断发展，技术型人才与技能型人才的交界区日益模糊，已经越来越不容易进行区分，一般来说，技术技能型人才掌握专业基本知识，"具有某一岗位群所需要的生产操作技术和组织能力，能够将技术意图或工程图纸转化为物质实体，并在生产现场进行技术指导或解决实际问题"①。

人才培养是高等学校的基本职能，高等职业院校"升格"不能够影响人才培养类型的变化。工程型人才、技术技能型人才都属于应用型人才，"应用型人才是将科学原理转化成工程原理进而再转化成产品的人才，主要从事与社会生产生活紧密相关且能产生经济效益的工作"②。"职业技术学院"升格为"学院"，必须坚持以培养应用技术人才为主，必须在培养计划、课程体系、教学内容、教学方法等方面进行针对性改革，培养计划强调技术应用能力和创新能力的培养，理论知识"以必需和够用为度"；课程体系和教学内容强调实践教学，强化技术技能积累；教学方法和评价强调过程考核，注重设计和动手能力。

---

① 刘刚：《部分普通本科院校向职业院校转型之思》，《高等教育研究》2015 年第 4 期。

② 刘维俭、王传金：《从人才类型的划分论应用型人才的内涵》，《常州工学院学报（社科版）》2006 年第 3 期。

第三节　高等职业院校办学理念偏向原因分析

在部分高等职业院校表现出来的重技术轻理论、只见工具不见人、长期追求与短期目标相矛盾等问题，其主要根源在于办学理念存有误区。理念偏向的原因是多方面的，既有职业教育产生于科技进步的历史原因，也有现实的政策导向、社会发展需求等客观原因；既有自身的职业性、技术性特色等原因，也有外部的功利主义思想影响等原因。

一、重规模效益轻内涵精神

在我国，高等职业院校的办学历史都比较短暂，早的一批是 20 世纪 80 年代发展起来的，而大部分则是 1999 年大扩招之后发展起来的。2015 年河南省具有招生资格的普通高等职业院校有 77 所，其中绝大多数高等职业教育办学历史不足 15 年。在如此短暂的办学历程中，很多地方性高等职业院校由于得到政策、政府、企业的大力支持，以及社会需求的推动，办学规模、办学条件等都得到迅速扩张和改善。崭新的大楼、先进的设施、整洁的校园虽然漂亮美丽，却不能够给人以文化的熏陶和感染，缺少一种文化积淀和浓厚的文化氛围。

以商丘市某所职业技术学院为例，2001 年升格为高等职业院校，到 2007 年仅仅 6 年就被评为"国家示范性高等职业院校"。到 2015 年，全日制在校生已发展到 18000 余人，开设有 61 个专业或专业方向，建成了 6 个国家级重点专业、3 门国家级精品课程。短短数年间在办学规模、办学质量等方面取得如此成绩实属不易，由此可见，地方政府、学校领导高度重视并投入了很大的财力、物力、人力。但深入学校走访之后，我们也能够很自然地感受到学校文化积淀不深、文化氛围不浓。进一步与师生进行访谈，多位师生都认为学校非常重视专业教学，在课程、专业建设方面取得了比较突出的成绩，但人文教育薄弱，与传统大学相比，缺少文化内涵，"办学特点鲜明，文化积淀薄弱"。

这是部分高等职业院校普遍存在的问题，在办学理念上有急功近利的思想，为了立竿见影，重视硬件设施建设，注重扩大规模、提高效益，但却有意无意忽视了校园精神与文化的构建。高等学校本身就是文化的产物，学校文化的构建一般都需要有一个过程，经过历史的积淀、选择、凝聚、发展才能够形成。学校文化一旦形成，就会成为一种巨大的精神力量，无时无刻不在影响着广大师生的价值取向、精神取向和行为取向，更深层次的便是培养广大师生的人文精神。但在市场经济大潮下，高等职业院校更注重用市场化、商业化、功利化的手段来构建学校文化。自从学生踏入学校的第一天开始，就知道在这样的学校里经过几载的学习，一定能够学有一技之长，这样才能干一番事业，才能在社会上有所发展。这种价值取向导致了办学理念的偏向，进而导致人文教育的失位，让学生失去正确的人文导向、理想的人格目标或典范。

二、产业化趋势消减了人文旨趣

20 世纪 90 年代以来，教育产业化的观点一直为很多人所赞成。教育学界、经济学界等各类专家学者从教育的本质、教育的规律、教育的功能、教育与经济的关系等各个方面，比较深入地探讨了教育是否是一项产业、能否产业化、怎样产业化等基本问题。当然关于"教育产业化"的问题没有统一思想，但也引起了教育学界的思想波动，一度引起了教育管理部门的高度重视。2004 年初，时任教育部长在国务院新闻办召开的中国教育改革与发展新闻发布会上明确表态："中国政府从来没有提出教育要产业化。""各级政府制定教育和经济政策应避免用教育产业化的概念，不能以教育产业化的思想来指导教育发展，更不能作为政府创收、摆脱财政困难的手段。"①

　　虽然如此，由于职业教育的特殊性，职业教育产业化被很多人认可，并在办学实践中予以推动，近年来职业教育产业化趋势甚至有加速的趋势。以职业教育集团这种产业化形式，部分高等职业院校、中等职业学校事实上已经进入了市场。有学者在研究中曾明确提出，"高等职业教育是与社会经济发展联系最为紧密的教育形式。随着市场经济体制的建立和完善，市场机制在我国经济和社会生活中发挥着越来越重要的作用。高等职业教育在发展过程中积极引入市场机制，树立正确的产业化发展观，是实现可持续发展和激发价值活力的客观需要。……运用产业化机制发展高等职业教育符合我国的国情，产业化的运行机制是实现高等职业教育跨越式发展的前提和保证"②。

　　职业教育集团是河南省高等职业教育产业化的主要形式，其基本的组织形式是：以某一所或几所高等职业院校为主体，联合地方、企业、科研院所等共同组建产、学、研联合体。"高等职业教育集团化运作旨在依托行业、联合企业，加强学校与学校、学校与企业、学校与中介之间的联系，整合教育资源，实现资源共享，推进高等职业教育做大、做强、做优。"③ 在全国，河南省、广东省、浙江省、江苏省、湖南省等职业教育集团发展居全国前列。以政府推动为主，河南省借鉴现代企业发展理念，按照"市场运作、龙头带动、城乡联姻、校企结合"的原则，先后组建17个高等职业院校牵头的职业教育集团。这些职业教育集团引入市场机制，以产业的方式组建和运作，力图实现校企资源共享、互补互惠互利，达到企业岗位与人才培养无缝对接，取得职业教育

①　何勇海：《教育产业化的气泡是这样吹大的》，《新西部》，2004 年第 2 期。
②　易元祥：《中国高等职业教育的发展研究》，华中科技大学 2004 年博士学位论文，第 145 页。
③　尚慧文：《高职教育集团化运作的理性思考》，《教育与职业》2007 年第 6 期。

效益最优化的目的。组建职业教育集团被认为是"河南实现职业教育跨越式发展的金钥匙，是一种成功的办学模式"①。

但必须认识到，职业教育集团实际上是把市场机制移植到教育中来，有可能导致四个后果："一是引起教育机会的不公平；二是可能导致入学率的降低；三是导致教育异化；四是政府对教育的投入将减少。"② 高等职业院校往往是职业教育集团的牵头单位，这实际上是教育产业化、市场化的一种形式，职业教育集团几乎成为以利润最大化为目标的营利性组织。"职教集团化带来丰厚效益"③ 不值得称道和骄傲，因为在这种产业化思想指导下，人们接受教育的目的是能够在市场上成功地推销自己，人失去了自主性和独立性而成为科技和商品的奴隶。教育的本源是育人，如果育人成为手段，利润成为目标，则学校也将和企业一样，成为追求利润最大化的营利组织，这消减了教育的育人功能，与人文旨趣相背离。

三、唯技术主义思想对高等职业院校办学理念的影响

近代以来，对技术的崇尚无疑影响了以培养高技术人才为己任的高等职业院校的办学理念和培养目标。

在人类发展史上，技术始终是改变人类生活方式的主要力量，尤其第一次技术革命以来，技术进步带来的生活方式的巨大变革，更是让人们切身体会到技术的好处，人们很愿意去体验和享受技术带来的生活舒适和工作便利。从石器、青铜器到铁器，从畜力、机械力到电力，从电

---

① 刘琴、陈强、张玉文：《职教"航母"的聚变效应——河南探索职业教育集团化发展之路》，《中国教育报》2007 年 8 月 6 日。
② 王善迈：《关于教育产业化的讨论》，《北京师范大学学报（人文社会科学版）》2000 年第 1 期。
③ 赵秀红：《看河南职业教育发展新亮点》，《中国教育报》2005 年 10 月 30 日。

子技术到信息技术，人类几乎是在沿着技术进步的阶梯一步步走上更高层次、更加丰富的生活。当技术的力量已经深入人心，技术带来的生活改变被大众乐享其成，则技术就已经实现了对大众思想、心理和感情的影响与控制。在当代社会，人们相信技术几乎可以解决人类出现的所有问题，或者说所有问题都有一个普遍的规律和答案，都可以简化为一定的可操作、可控制的技术化的手段。技术甚至被认为是"一种带有必然性特征的超人力量"①。

19 世纪以来，科技进步极大地影响了高等教育的发展，并促使高等院校的社会功能不断扩展，科学研究成为高等学校的第二职能。在这一过程中，科学技术教育逐渐占据了主导地位，而相对应的人文教育则日渐式微。毫无疑问，科学技术是人类文明的标志，并被认为是"第一生产力"，其最大的优势就在于具有巨大的物质力量，可以直接转化为物质生产力，推动经济社会的发展。相对于人文文化，科学与技术文化是一种显性文化，是关于物的文化，具有直观具体、丰富活力、效果显著快速等特点。第一次技术革命催生了欧洲第一批现代意义上的高等职业学校，第三次技术革命之后，高等职业教育发展壮大并在高等教育体系中占据重要地位，一定意义上可以说高等职业教育是科技进步的产物，因此唯技术主义在高等职业教育产生发展过程中属于主流性、主导性思想。我国高等职业院校的培养目标是高技术应用型人才，唯技术主义思想同样影响了高等职业院校的办学理念、指导思想。

人类发展历程以及当代社会出现的各种问题已经一再证明，科技不是万能的，人类社会的发展进步绝不仅仅是科技的发展进步，或者把社会的发展、人的发展都归结为科技的发展与推动。人是一种特殊的生命

---

① ［荷］E. 舒尔曼：《科技时代与人类未来》，李小兵等译，东方出版社 1995 年版，第 75 页。

体，有着其他生命体不具备的精神生活和精神存在，富足优越的物质生活并不是人的生活的全部，人的精神生活甚至是温饱之后的更高层次的需求，而且富足的生活也不可能自然地带来人的精神世界的满足和充实。赫伯特·马尔库塞（Herbert Marcuse，1898—1979）就认为，由于科学技术的不断进步，当代工业社会一方面是"一个富裕社会"，同时又是"一个病态社会"，在"病态社会"中的人变成了"单向度的人"，即只是屈从于现存社会制度的单向度的人，而失去了对现存社会否定和批判原则的第二向度。单向度的人丧失了合理地批判现实社会的能力，丧失了理性、自由、欢乐的习惯。人变成单向度的人是对人的本性的摧残①。18 世纪以来，技术主义思想导致了人们信仰缺少、精神空虚，传统文化断层，自然环境危机以及黄、毒、赌等诸多社会问题。在技术的强大的物质力量主导下，人逐渐成为技术的奴隶，机器的附庸，生产线上的一个环节。

对技术的崇拜导致了唯技术主义思想，这种思想融入教育理念中去，便形成以培养"各类专门人才"为使命的高等学校培养目标。尤其在部分高等职业院校，更是强调培养具有一定理论水平和动手操作能力的高级技术人才，整体来看几乎是在用技术的方法培养技术人才，不同类型、不同特点、富有个性的人被视为同一种类型的器物，按照一样的培养目标，制定一样的培养方案，进行一样的"加工制作"。即便如此，"在现代社会生活中，我们习以为常的是，几乎所有的学生家长都无意中把自己的孩子视为一种工具、一种机器，自觉自愿地让人去加工、塑造和利用"②。这种对技术的盲目崇拜几乎存在于各类学校。

唯技术主义思想指导下的高等职业院校，往往表现出重功利，轻修

---

① ［美］马尔库塞：《单向度的人——发达工业社会意识形态研究》，刘继译，上海译文出版社 1989 年版，第 115 页。
② 张汝伦：《思考与批判》，上海三联书店 1999 年版，第 104 页。

养，重技术，轻教育的特征。在专业设置上，高等职业院校往往强调就业岗位针对性和适应性；在课程体系和教学内容上，强调以职业岗位技能的操作性和专项性为核心；在人才规格上，强调培养"专门人才"，突出岗位技术、职业技能的培养。其实，在当今时代，"专门人才的内涵已经不再仅仅体现在'专'上，而是更体现在'人'上，技术的不断进步，同时对人的素质和文明程度提出了更高的要求，人们不仅要有高科技，更要有高情感，这样才能适应现代社会发展的需要"①。尤其在科技日益发达、AI 技术广泛应用的今天，人的精神追求显得更为重要和迫切。作为相对需要加强技术教育的高等职业院校，必须有意识地消减唯技术主义的不良影响，强调学生人格的完善，注重学生综合职业能力的培养，促进学生的全面发展。

四、功利主义思想对高等职业院校办学理念的影响

功利主义作为一种系统的哲学思想，在 18 世纪末到 19 世纪初几乎与技术革命同一时期提出，初期代表人物是英国哲学家兼经济学家杰里米·边沁（Jeremy Bentham，1748—1832）。功利主义的基本原则是：一种行为如果有助于增进幸福，就是正确的；若导致产生和幸福相反的东西，则为错误的。功利主义认为个人利益是唯一的现实利益，社会利益不过是个人利益的综合。功利主义提出之后很快便得到了广泛的认可，尤其在经济学、政治学、法律等方面产生了较大的影响，随后又渗透到社会生活和个人生活的方方面面，教育同样受到了功利主义的深刻影响。在市场经济社会，一般认为人们所追求的个人利益是唯一的现实利益，因此功利主义思想几乎是社会的主导价值取向之一。

高等教育接受功利主义思想始于美国。从 1862 年的莫雷尔法案到

---

① 袁振国：《当代教育学》，教育科学出版社 2004 年版，第 376 页。

20 世纪初的威斯康星思想是功利主义在美国大学得到重视的开始，之后美国州立大学和社区学院的选修制度开始以功利主义为重要思想基础，应用学科受到极大重视并迅速发展。高等职业教育也在这一时期不断壮大，这种新型的教育类型为满足社会发展的需求，大力开办市场急需专业，办学模式更加开放，课程设置注重实用知识。一直发展到今天，高等教育发展中的市场化、国际化、大众化趋势无一不是功利主义思想影响的具体体现。一定程度上，功利主义几乎主导了 20 世纪初以来的高等教育的发展。功利主义思想在教育上主张，教育活动只是个人被动应付环境的活动，衡量教育的标准是实现价值和创造价值；教育是为职业做准备；社会的需要就是教育的需要，也就是人的需要，所以，教育的发展要以社会发展作为最高目标①。

功利主义的这些主张与高等职业教育的办学目标有很大的一致性，所以功利主义思想在高等职业教育的办学实践中有着很深的思想基础，产生了比较大的影响。长期以来，高等职业教育关注更多的是人的生存、发展所必需的技术、技能，但却有意无意忽略了人的内在精神、个性自由的培养，忽略了对人的社会性的理解和重视，以至于今天的人们普遍地把接受高等职业教育视为生存、谋职的手段。

在教育实践中，政府、社会、个人几乎都已经习惯于用功利主义思想去诠释、引导高等职业教育的目的和功能，不经意之间忽略了教育育人的本源，把有用适用置于促进人的全面发展之上。即便在一些学术性研究中，也多有强调高等职业教育与普通高等教育的差异性、特殊性，强调高等职业院校要突出技术性、实用性，而不要追求普通高等教育的学术性，认为高等职业教育培养的是应用型技术技能人才，一般适用于

---

① 柯佑祥：《理性主义、功利主义对现代高等教育发展的影响》，《高等教育研究》2008 年第 3 期。

生产和服务第一线，因此必须首先满足市场的需要，学校、专业成为品牌、形象，学生成为一种"产品"，学校为满足市场而生产"学生产品"。有高等职业院校校长甚至明确提出："高职教育的产品包括学生、各种形式的教育服务及由此派生的学校品牌等，产品经营就是高等职业院校要根据教育市场的需求，通过提供产品的数量和质量来获取效益的经营活动。"① 在学校日常管理实践中，学校的一些工作可以去经营，但一旦成为一所学校的办学理念，强调"高职院校应从管理学校向经营学校转型"，就必然导致办学理念的偏向。

在功利主义思想办学理念的指导下，高等职业教育追求的教育目标非"育人"而是"制器"。查阅一些高等职业院校的教学计划可以看出，很多学校高度重视专业教学，尤其强调实践教学，明确要求实习实训的教学学时必须达到40%甚至一半以上，而且不能够有丝毫松动。这种规定本身也无可厚非，但对培养人之为人的人文教育课程则要求甚少，而且可有可无。这实际上是强调了"授业"，而忽略或削弱了"传道"。在这样的背景下，培养的只能是"工具人"，而非社会人，不是全面发展的人。在专业设置上，往往"坚持以服务发展为宗旨，以促进就业为导向"，不断地根据市场需求调整专业，以企业用人规格、岗位和行业标准来确定和调整专业标准，到一些高等职业院校实际走访可以看到，一些学校过于强调市场和社会适应性，而比较少地考虑自身的条件，始终在围绕市场转，围绕企业转，大干快上，急功近利。结果是热门专业校校有，市场需要的专业反而就业难。一是因为这种不顾自身基础创造条件硬上的专业由于师资、设施等不具备举办专业条件，导致培养的人才标准不高，质量低下，不能适应企业行业需求，得不到市场

---

① 戴裕葳：《高职院校应从管理学校向经营学校转型》，《经营与管理》2009年第4期。

的认可；二是大家都围绕热门上专业，导致一定时间内或者区域内专业人才过剩，部分学生就业困难。实际上，即便学校确实具备开办某新专业的条件，但"热门""适合市场""技能强"等专业标签也在思想上引导、强化了学生的务实和功利主义思想。许多学生把精力和热情都用于技能的学习，而忽视了人文知识的学习，仅仅以获取技能知识和学历文凭为目的。

人文精神是对自身价值、社会典范、自然和谐等的认识，人文精神的培养不可能一蹴而就。精神和价值的追求无法自然外化为人的行为，教育的过程就是一种长期的教化和滋养，通过教育能够使一个自然人成为社会的人，这种社会的人是高尚的人、全面发展的人，这个过程是一个人的精神、心路不断完善发展的历程，需要一定的时间。通过人文教育培养人文精神不仅仅是学校教育的任务，而是一个人的终身教育过程，个体的内心体验将持续伴随人的一生，而且几乎是见不到任何的利益和功用。而高等职业教育关注的是在短时间内尽可能提高劳动者适应社会发展与技术革新的能力，满足预定岗位对就业者的知识和技术要求，这是一个从无到有、从少到多的积累和熟练的过程，这些能够在较短的时间内解决一些实际的问题，创造直接的经济价值。从功利主义的角度来看，人文教育与专业教育、技术教育相比当然是无利可图。

高等职业教育发展的最高目标是满足社会发展，同时也要满足人的个体的发展，不能把个人的需要淹没于特定岗位需要之中。当一所学校只一味强调生产技术、技能的培养，强调市场需求导向，按照企业管理的模式经营学校，则学生只能是学校生产的一种适应特定岗位需要的产品，这种学生无疑就是一个工具人。

五、政府的"理性"设计

高等学校的培养目标首先是社会发展和教育实践的产物，但同时也受到一个时期教育政策的影响。部分高等职业院校办学目标偏向与某一时期教育政策的导向密切相关。

中华人民共和国成立初期，我国几乎是照搬了苏联的高等教育模式，其最大的特点就是学校绝大多数都被建成为单科性院校，专业划分特别细，实用性很强，尤其强调技术人才的培养。苏联科学院院长李森科的思想集中反映了苏联高等教育模式的特点，他认为"在苏维埃制度下，人只是一种蛋白质合成体，根据社会主义事业需要，可以任意把他们培养成工程师、农艺师、教师、医生等"①。这是一种绝对实用主义的教育思想。这种以实用技术教育为主的教育思想对我国高等教育的影响长期而又深远。

改革开放初期，我国经济社会发展需要大量能够掌握运用新技术的各类专门人才，于是政府开始大力发展高等职业教育。江苏省于1980年建立了金陵职业大学，其任务被定位为培养能适应生产第一线或基层工作要求的"高级技术人才、管理人才和应用人才"②。1985年，中共中央《关于教育体制改革的决定》提出要"大力发展职业技术教育"，培养"一支劳动技术大军"。1995年，国家教委《关于推动职业大学改革与建设的几点意见》指出，职业大学"担负着为地方经济建设和社会发展培养高级（部分中级）实用技术、管理人才的任务"。这些文件都在强调培养"技术人才"。2000年，教育部《关于加强高职高专教育人才培养工作的意见》提出，高等职业教育的培养目标是"高等技术应用型专门人才"。教育部《2003—2007年教育振兴行动计划》要求"大力发展职业教育，大量培养高素质的技能型人才特别是高技能人才"。2006年，教育部《关于全面提高高等职业教育教学质量的若干意

①　张鸣：《学界的技术主义的泥潭》，《文史博览（理论）》2011年第4期。
②　叶春生：《江苏职业大学十年》，中国矿业大学出版社1991年版，第264页。

见》重申高等职业教育要培养"高技能人才"。在这些政府文件中，无论是"技术人才""专门人才"还是"高技能人才"，都强调了高等职业教育培养目标的特殊性，相对而言，没有提及或很少提及高等职业教育与其他教育类型的共性和普遍性。

2014 年 5 月，国务院在《关于加快发展现代职业教育的决定》中明确提出，要"以立德树人为根本，以服务发展为宗旨，以促进就业为导向"，要"遵循人才成长规律和职业教育规律"，加快发展现代职业教育，这为高等职业院校确立先进科学的办学理念提供了正确导向。

第六章　人文主义回归对高等职业院校办学理念的矫正

技术主义的崛起伴随着人文主义的衰微，在这一过程中，尽管不断有人文主义者进行着不懈的抗争，但直至 20 世纪末，人文主义的呐喊始终没有唤起教育本质的转向。但随着对自然、环境和人类生存的不断思考，国外人文主义思想重新引起了人们的重视和关注。20 世纪 80 年代之后，高等学校关于"职业人""工具人"培养的思考，实际上是在呼唤人文主义的回归。我国高等学校人文主义的回归实际上经历了一个迂回的过程，大致沿着"素质教育——文化素质教育——人文教育"的路线实现了人文主义的重振，科技与人文开始向平衡的方向迈进。尤其在高等职业院校，人文主义的回归是对技术主义理念的矫正。

第一节　素质教育的提出

素质教育的提出有一定的国际背景。20 世纪 80 年代，美国、德国、法国、英国等发达国家强调"人的教育""博雅教育"等概念，这实际上是国外人文主义的回归，其针对的主要就是教育中科技与人文的失衡，力图通过加强人文学科的教育调试科技与人文的平衡。在我国，首先在基础教育中产生了较大的影响。结合当时应试教育的实际，我国提出了素质教育的概念。

一、素质教育在基础教育领域的发端

在教育理论界和教育工作者深入讨论的基础上，1985 年，中共中央印发了《关于教育体制改革的决定》，其中提出："现在，我们完全有必要也有可能把实行九年制义务教育当作关系民族素质提高和国家兴旺发达的一件大事，突出地提出来，动员全党、全社会和全国各族人民，用最大的努力，积极地、有步骤地予以实施。"在 1986 年 4 月六届全国人大四次会议通过的《中华人民共和国义务教育法》第三条明确提出："义务教育必须贯彻国家的教育方针，努力提高教育质量，使儿童、少年在品德、智力、体质等方面全面发展，为提高全民族的素质，培养有理想、有道德、有文化、有纪律的社会主义建设人才奠定基础。"这从政策上为基础教育确立了加强素质教育的方向。

在公开的学术研究中，我们在中国知网所能查到的最早的关于基础教育"素质教育"概念的提出是原国家教委主任柳斌，他在 1987 年中国教育学会第三次全国代表大会上的讲话中提出："基础教育不能办成单纯的升学教育。义务教育是适龄儿童必须接受的，国家、社会、学校、家庭必须予以保证的国民教育。尽管基础教育比九年制义务教育的外延要广，它包括了高中教育，但就其性质而言，还是国民教育，也可以说是社会主义公民的素质教育。"① 1988 年 3 月，柳斌在《提高劳动者的素质是基础教育的根本任务》一文中比较全面地论述了素质教育的基本内容。在具体论述了社会主义初级阶段劳动者应具备的六个方面

---

① 柳斌：《努力提高基础教育的质量》，《课程·教材·教法》1987 年第 10 期。

的基本素质之后，明确指出："这样的要求，是现代社会对劳动者的思想素质、科学文化素质、劳动技术素质和身体素质等方面最基本的要求。"① 1993 年，中共中央、国务院印发《中国教育改革和发展纲要》，提出："中小学要由'应试教育'转向全面提高国民素质的轨道，面向全体学生，全面提高学生的思想道德、文化科学、劳动技能和身体心理素质，促进学生生动活泼地发展。"在这一重要文件中，有 20 处提到"素质"一词，其中关于提高学生素质的四个方面的要求，与柳斌的提法基本一致。

　　这一时期，一些专家学者和教育工作者对素质教育进行了最早的探讨。1988 年，肖垠结合中外中学教育特点，提出："普通中学教育，既不是升学教育，也不是劳动就业教育，而是国民素质教育，这是中学阶段基础教育的又一管理特点。"② 滕建针对片面追求升学率的倾向，进行了深刻的反思，提出："所谓'素质教育'，是指以提高新生一代德、智、体、美、劳全面素质为办学目标。全面贯彻教育方针按照教育规律育人。……所谓'素质教育'是指提高整个中华民族素质，多出人才，出好人才。"③ 安庆市原教委主任刘日亮结合工作实践提出："'全面发展'是素质的集中反映与具体体现，是素质教育的出发点与最后归宿。'全部入学'是素质教育的基本前提，'面向全体'是素质教育的一个保证，而'全程负责'则是素质教育的关键。但这'三全'都必须要以'全面发展'为主轴，舍此，面向全体就失去了方向，全程负责就会因失去灵魂而成躯壳。"④ 这一时期的研究主要是针对"应试教育"的弊端，对应性地提出了"素质教育"的对策。其理论依据主要是马

---

① 柳斌：《提高劳动者的素质是基础教育的根本任务》，《人民教育》1988 年第 2 期。
② 肖垠：《国内外中学管理特点的比较探讨》，《江西教育科研》1988 年第 2 期。
③ 滕建：《片面追求升学率倾向再探》，《教育探索》1988 年第 3 期。
④ 刘日亮：《坚持"四全"变升学教育为素质教育》，《安徽教育》1988 年第 Z1 期。

克思主义关于人的全面发展的理论和当前我国经济社会发展对人才的需求，研究为以后素质教育的决策提供了理论基础和思想基础。

1994 年 6 月，中共中央、国务院召开了改革开放以来的第二次全国教育工作会议，时任中共中央总书记江泽民、总理李鹏分别做重要讲话，原副总理李岚清在总结讲话中提出："基础教育必须从'应试教育'转到素质教育的轨道上来，全面贯彻教育方针，全面提高教育质量。"[①] 这是在国家政府层面第一次公开使用"素质教育"的概念。同年 8 月，中共中央发布《关于进一步加强和改进学校德育工作的若干意见》，提出："增强适应时代发展、社会进步，以及建立社会主义市场经济体制的新要求和迫切需要的素质教育。"这是在中共中央正式文件中第一次公开使用"素质教育"的概念。

1999 年，中共中央国务院发布《关于深化教育改革全面推进素质教育的决定》，把素质教育提升到党和国家战略的高度，极大地推动了素质教育的理论研究和实践创新。此后，在政府的大力提倡和推动下，素质教育的思想在全国中小学中得以贯彻，素质教育的理论研究不断深入，素质教育的实践也不断创新，涌现出很多富有成效的教育改革实验模式。基础教育素质教育的理论与实践也很快影响到高等教育改革。

二、素质教育的内涵

关于素质教育的内涵研究颇多。著名教育学家顾明远的课题组对素质教育的内涵、工作目标、主要任务进行了比较全面深入的总结性研究。提出素质教育的内涵是"全面贯彻党的教育方针，以提高国民素质为根本宗旨，以培养学生的社会责任感、创新精神和实践能力为重

---

① 李岚清：《在全国教育工作会议上的总结讲话（摘要）》，《人民教育》1994 年第 Z1 期。

点，造就具有国际视野，德智体美全面发展的社会主义合格公民"。2010 年到 2020 年这一阶段的素质教育的工作目标是："德育的针对性和实效性进一步增强，新的人才培养模式和考试评价制度基本形成，学校教育更加富有生机活力和鲜明特色，社会文化环境、用人制度和教育体系结构更加有利于学生成长，形成在各级党委、政府领导下社会、学校、家庭以及各行各业共同推进素质教育的良好局面，使青少年学生的思想道德水平进一步提高，体质与健康状况明显改善，学生学习、做事、合作、生存、创新的能力极大提升，以适应我国全面建设小康社会、基本实现现代化和参与国际竞争与合作对人才的需求，适应人的全面发展的需要。"当前推进实施素质教育的主要任务是："把立德树人作为教育的根本任务，促进学生德智体美全面发展；把改革人才培养模式作为重点，大力培养学生的社会责任感、创新精神和实践能力；把深化招生考试制度和社会用人制度改革作为关键，扭转片面追求升学率的局面；把提高课堂教学有效性与减轻中小学生课业负担作为突破口，让学生生动活泼主动地发展；把系统推进、形成合力作为策略和保障，将素质教育贯穿于各级各类教育，贯穿于学校教育、家庭教育和社会教育等各个方面。"[1]

中央教育科学研究所朱小蔓、高宝立等著名学者组成的课题组，在"素质教育的理论、政策研究"中主要从教育学基本理论的角度对素质教育进行了深入研究，提出："在教育学意义上，对于素质教育的概念可以做如下概括：素质教育就是培育、提高全体受教育者综合素质的教育。它以促进人、社会、自然的和谐发展为价值取向，以德智体美劳全面发展的合格公民为培养目标，以全面贯彻党和国家的教育方针为根本途径，以教育质量的全面提升为显著特征。"强调素质教育的目标和核

---

[1] 第二战略专题调研组：《推进素质教育》，《教育研究》2010 年第 7 期。

心是关注人的发展，在教育过程中把人的全面发展放在中心地位，强调素质教育要"四个统一"，即"个性化与社会化的统一、个体本位与社会本位的统一、人文教育与科学教育的统一。"根据通常的素质的分类构成，提出素质教育就是要"注重培育和提高学生的身体素质、心理素质、社会文化素质"。从多个角度对素质教育的内涵进行了描述性定义：从教育目标的角度看，"素质教育以全面培育和提高受教育者综合素质为目的，以培养学生的创新精神和实践能力为重点，造就德智体美劳全面发展的合格公民"；从教育的功能看，"素质教育是依据人的发展和社会发展的需要，以全面提高全体学生的基本素质为根本目的，以尊重学生的主体地位和主动精神、注重形成人的健全个性为根本特征的教育"。课题组还提炼总结了素质教育的四个时代特征：第一个特征是主体性："素质教育充分弘扬人的主体性，关注个性发展。"第二个特征是全体性："素质教育是面向全体的教育。"第三个特征是全面性："素质教育要求全面发展学生的生理素质、心理素质、文化素质。"第四个特征是长效性："素质教育强调培养学生的基本素质和终身学习能力，促进学生可持续地自主发展。"①

通过中国知网检测，我们发现，原国家教委副主任柳斌不仅第一个在文章中提出"素质教育"的概念，而且之后又连续发表数十篇文章和公开讲话，全面深入地论述了素质教育，这些文章或许是对"素质教育"用力最深的研究。柳斌曾经在《人民教育》连续发表5篇文章专门谈素质教育，柳斌曾经在一次讲话中谈到素质教育的三个要义：第一个要义是"面向全体学生"。根据义务教育的目标，每一个适龄儿童都应该接受义务教育，素质教育就是要淡化选拔意识，强化普及意识，

---

① "素质教育的概念、内涵及相关理论"课题组：《素质教育的概念、内涵及相关理论》，《教育研究》2006 年第 2 期。

要创造一种适合儿童的教育，而不是挑选适合教育的儿童。第二个要义是"德、智、体、美全面发展"。当前的教育是普遍重视智，智育被强化了，而德育、体育、美育以及劳动教育相对处于薄弱地位，这种相对薄弱的地位得不到改变，"那就不能认为是实施了完整的素质教育"。第三个要义是"让学生主动发展"。如果学生都是机械被动地发展，那就是一个模子培养人才，"只有让学生主动发展，人才规格才会有多样性"。"只有主动发展，才能培养孩子的创造性。只有孩子有创造性，培养的人才多样化，将来的人才结构才能够形成一个生动活泼的局面。"① 柳斌指出，"实施素质教育的前提是教育思想要有一个大转变"，实施素质教育，转变教育思想，要"以提高全体国民的素质为目标，以促进全面发展为宗旨，以育人为根本"②。针对素质教育的实施，柳斌提出：第一，转变观念是前提，"实施素质教育是一场从教育思想到教育内容到教学方法的深刻的变革"。第二，建立新的评价制度是关键。要改变单纯的分数评价办法，"素质不是考出来的，素质的提高是靠用科学的教育思想、方法去培养、去熏陶、去诱导、去推动学生主动发展的结果"。第三，建设高素质的教师队伍是根本。"在建设高素质的教师队伍方面，素质要高，待遇要相应提高，还要强调有高度的奉献精神。"第四，优化教育教学过程是核心。"实施素质教育从根本意义上来讲，是要优化教育教学过程，而且要把优化教育教学过程作为实施素质教育的一个核心。"③

1999 年 6 月，中共中央、国务院发布《关于深化教育改革全面推进素质教育的决定》，对素质教育的诸多理论和实践问题进行了政策性规范，把实施素质教育上升到党和国家战略的层面，强调指出："实施

---

① 柳斌：《关于素质教育的再思考》，《人民教育》1996 年第 6 期。
② 柳斌：《三谈关于素质教育的思考》，《人民教育》1996 年第 9 期。
③ 柳斌：《五谈关于素质教育的思考》，《人民教育》1997 年第 12 期。

素质教育，就是全面贯彻党的教育方针，以提高国民素质为根本宗旨，以培养学生的创新精神和实践能力为重点，造就'有理想、有道德、有文化、有纪律'的、德智体美等全面发展的社会主义事业建设者和接班人。"文件中把实施素质教育延伸到各级各类学校："实施素质教育应当贯穿于幼儿教育、中小学教育、职业教育、成人教育、高等教育等各级各类教育，应当贯穿于学校教育、家庭教育和社会教育等各个方面。"

实际上，作为一种新的教育思想，关于素质教育内涵的研究还有很多，也很难说一时的研究就能够准确地概括素质教育。在当下，主要的是要把素质教育确立为基础教育的改革方向，纠正过去应试教育的弊端。"概念定义怎么下，内涵怎么界定，运行机制怎么建立，需要广大教育工作者在教育改革的实践当中去解决。不是把几个人关在房子里设计好一套素质教育模式，然后叫大家贯彻执行……素质教育需要全体教育工作者几年、十几年乃至几十年的努力才能够形成一种完备的体系。"①

第二节　大学文化素质教育的兴起

大学文化素质教育既与基础教育素质教育思想的提出有联系，也与20世纪80年代出现的文化反思有关联；既是20世纪八九十年代不断深化高等教育改革的产物和重要内容，也是传统文化的重识与重构，文化视野的开放与拓展。在此背景下，高等学校兴起了文化素质教育、人文教育的探索与实践，作为高等教育新出现的一种教育改革思想，经历

---

① 柳斌：《关于素质教育的再思考》，《人民教育》1996 年第 6 期。

了一个讨论、探索、总结、推广的过程，也是一个充满批评、质疑、反对和支持、理解、倡导的过程。

一、大学文化素质教育思想的酝酿与提出

从 20 世纪 80 年代起，由于思想解放、政策开放等时代变革的奔腾不息，推动思想界、文化界对当代中国历史与文化，乃至中华文明史进行深刻持久的反思与研讨，对未来现代化进程充满激情与期待。尤其随着市场经济的逐步确立，中国人在领受现代化带来的历史性进步的同时，也开始面对其引发的弊端，遂有呼唤人文关怀的努力，以救治因狭隘的功利实用主义导致的文化失范。从那时起，素质教育、文化素质教育、人文教育不仅只是教育界，而且是思想界乃至文艺界、哲学界的一个常见话题，历经 40 年不衰。无论是著名专家学者，还是教育教学一线的广大教师，大家都乐此不疲地对此进行了大量的研究。

20 世纪 80 年代初，改革开放伊始，教育思想和办学理念的变革也开始酝酿起步。比如，武汉大学在第一课堂之余倡导第二课堂，所谓第一课堂是指教学计划规定的学习内容，第二课堂则是课堂教学之外的各类学术、社团活动。武汉大学要求每一名学生都至少要参加一个自己的社团，当时，全校有各类学生社团达到 400 多个，如"珞珈山""这一代""浪淘石""管理者""樱花诗社""思想家""信息社""读书俱乐部"，等等①。类似的这种改革在其他一些大学也开始探索和实践，这种探索实践表明我国高等学校在办学理念上开始了新的理论探索和尝试，是社会需要在教育实践中的反映。

1986 年 5 月，原华中理工大学（后更名为华中科技大学）受原国

---

① 马国川、刘道玉：《中国需要一场真正的教育体制变革》，《经济观察报》2008 年 2 月 2 日。

家教委委托，对工科（工程技术类）本科生基本规格进行研究和规范，研究的初衷是结合当时我国社会主义快速发展的新情况、新特点、新形势，研究提出在这个时期的高等工科教育的培养规格、培养目标和基本要求。经过对相关高等学校、用人单位的广泛征求意见，深入的调查研究，华中理工大学起草了《工科本科生基本规格（建议稿）》，提出"工科本科毕业生必须获得工程师的基本训练，具有工程师的基础素质，包括基本政治素质、基本专业素质、基本身体素质和基本文化素养"①。并分别就基本政治素质、基本专业素质、基本身体素质和基本文化素养进行了严谨的阐述。后来，华中理工大学又把"基本文化素养"确定为"基本文化素质"。这里提出的四个素质实际上为以后的"文化素质教育"的理论与实践奠定了基础。这次工科本科生基本规格的制定不仅是高等学校人才培养改革问题，其中提出的文化素质教育的思想更是直接触及了高等学校的办学理念问题。

1987 年，原南京工学院（后更名为东南大学）副院长王荣年发表了《论本科教育是高校的根本任务》一文，第一次提出了大学素质教育的问题。王荣年认为："高等专门人才的'素质教育'，已是科技、经济以及社会发展的重要因素，而本科教育正是逐步培养人才素质的关键阶段，它又是进一步培养研究生素质的基础。"② 从大学职能入手，提出素质教育的思想，强调高等学校的根本任务是本科教育，这在当时很有思想高度和前瞻性。在中国知网中能够检索的公开文献中，高等教育素质教育的提出与基础教育素质教育的提出几乎同时出现。1989 年，曾景春发表了《人文教育与理工科人才的文化素质》一文，提出："应把人文学科的教育纳入理工科教育计划之中，安排人文学科的必修课。

---

① 华中理工大学工科本科生基本规格问题调研组：《关于工科本科生基本规格的调查与建议》，《高等工程教育研究》1987 年第 1 期。

② 王荣年：《论本科教育是高校的根本任务》，《江苏高教》1987 年第 5 期。

课程内容以介绍基本概念和基础知识为主，力求做到历史、人物传记、思想观点几方面交融并重，熔哲理、知识、情趣于一炉。课程也不必急于定型，可因校而异。为配合这方面的教育，应支持和指导学生开展第二课堂活动。如开设一些艺术、文学、宗教、伦理、历史的讲座，组织艺术创作与欣赏；组织旅游等等。"① 这是较早明确提出"人文教育"概念的文章。

1994 年，华中理工大学专门设立了关于大学生文化素质教育的校级教学改革课题，在全校范围内进行理论研究和推广实验，逐步建立了一套有效的教育模式，取得了较好的教育效果。课题组先后对一些基础问题开展了深入研究，比如：关于大学生文化素质教育的目的、意义，认为"要确立人文社会科学在工科教育体系中的基础性地位"；关于理工科大学生文化素质现状，先后对 5000 名大学生进行了调查分析，为文化素质教育的实施提供了客观依据；关于文化素质教育和大学德育的关系，提出"人文教育拓宽了德育的内涵、视野，既是德育工作的题中应有之义，又为加强和改进德育工作开拓了新的领域；文化素质教育同'两课'教育都是为了提高学生的综合素质，它们既不能截然分开，也不能互相代替"；关于工科教育中人文社会科学教育基本规格问题，提出"对理工科大学生从五个方面进行人文教育：以弘扬爱国主义精神为主要目的的我国历史与民族文化的教育；以集体主义为核心的价值观与道德观教育；以社会主义为核心的公民教育；以马克思主义哲学为主要内容的世界观与方法论教育；以陶冶高尚情操为宗旨的文学、艺术教育"②。这些研究成果形成了文化素质教育的理论基础，为以后的文

---

① 曾景春：《人文教育与理工科人才的文化素质》，《高等工程教育研究》1989 年第 4 期。

② 杨叔子、刘献君等：《在理工大学中加强文化素质教育的研究与实践》，《高等工程教育研究》1998 年第 1 期。

化素质教育实践提供了方向、指导和遵循。

在 20 世纪末到 21 世纪初，关于大学文化素质教育的研究逐渐成为一个时期的热点，华中科技大学也成为关于大学文化素质教育的一个研究中心。华中理工大学的文化素质教育理论和实践具有开先河之作用，无论是对管理者、教育者和受教育者都具有重要启示，对高等学校办学理念的转变具有引导作用，其关于大学文化素质教育的研究成果获得1997 年度国家级教学成果一等奖。

文化素质教育是 20 世纪末我国高等教育理念的一次重要创新，是高等教育改革的一项重大举措。华中科技大学原校长杨叔子认为："文化素质教育是具有我国特色的素质教育的有机组成部分，是我国高等学校素质教育的基础，它植根于我国优秀的教育传统，是中国高等教育的本土化自主创新，是我国高等教育逻辑发展的必然产物，因而弥足珍贵。"①

二、大学文化素质教育的实践与推广

关于大学文化素质教育的研究与实践是我国高等教育改革的一个重要组成部分，不仅取得了一批有影响的研究成果，形成了具有创新意义的办学理念，而且在高等学校办学实践中推动了人才培养模式的改革，提高了高等教育质量。

几乎在华中理工大学开展大学文化素质教育研究与实践的同时，全国很多高校也都结合自身实际自觉地进行了文化素质教育的实践探索，进而引起了国家教育行政决策部门的关注和重视。1995 年 7 月，原国家教委发布《关于开展大学生文化素质教育试点工作的通知》，以此为

---

① 杨叔子、余东升：《文化素质教育与通识教育之比较》，《高等教育研究》2007 年第6 期。

标志，大学生文化素质教育开始了全国范围的推广实践试点工作。9月，原国家教委在武汉华中理工大学召开了"加强高等学校文化素质教育试点工作研讨会"，原国家教委副主任周远清明确指出："抓这项工作不仅仅是为了提高学生的文化素质，而是希望通过这项工作探索一下我们的人才培养模式、教育观念和教育思想的改革。"① 显然，文化素质教育不仅是实践问题，也是思想理念问题，直接涉及高等学校的办学理念。在这次研讨会上，按照自愿申请、专家评审等程序，原国家教委确定了华中理工大学、清华大学、北京大学等 49 所大学为首批试点院校（后又增加 3 所），会议还成立了由 49 所高等学校组成的"高等学校文化素质教育协作组"，一致推举中国科学院院士、时任华中理工大学校长杨叔子为协作组组长。"高等学校文化素质教育协作组"的任务是："在国家教委的领导下，组织协调各校开展文化素质教育的理论与实践研究，探索我国高等学校如何提高大学生的文化素质，如何改革人才培养模式，如何提高人才质量，进一步促进教育思想的改革，为文化素质教育在全国高等学校的实施做奠基工作。"② 这次会议同时确定各个试点院校的任务包括：按照各个学校的实际情况，制定各个学校具体的文化素质教育实施方案；制定一份在本校学生中试用，其他学校参考选用的应知、应读、应看的名著、名曲、名剧、名画的目录；组织编写一批有分量的辅助性教材或者参考资料；加强文化素质教育的师资建设等。

　　这次会议之后，52 所试点院校开展了大学生文化素质教育的探索与推广工作。各个学校逐步探索出了一系列富有特色、结合实际、行之

---

① 国家教委高等教育司编：《文化素质教育与人才成长》，高等教育出版社 1996 年版，第 5 页。
② 国家教委高等教育司编：《文化素质教育与人才成长》，高等教育出版社 1996 年版，第 183 页。

有效地加强大学生文化素质教育的途径和方法，主要有：开设面向全体学生的文化素质教育系列公选课，甚至开设人文社会类的辅修专业、双学位等；举办各类人文素质教育讲座，开展各类人文社团、专业社团等校园文化活动；制定大学生应知、应读、应看的书籍、电影目录等。

1996 年 11 月，"第二次全国高校加强大学生文化素质教育试点院校工作会议"在长沙湖南大学召开，52 所文化素质教育试点院校的领导、专家 140 余人参加，原国家教委副主任周远清出席会议。会议指出：各试点院校开展了多种形式的文化素质教育活动，进行了广泛深入的研究和探索，取得了初步的成果，会议总结交流了近一年来各个试点学校的工作经验，结合试点实践工作经验，进一步深入探讨、梳理、统一了关于加强文化素质教育的基础性理论问题，同时对当前开展大学文化素质教育的问题、难点和形势进行了深入分析，对今后一个时期大学文化素质教育试点工作进行了安排部署，强调要进一步开展理论研究，探索新的教育形式，要抓成果抓建设抓协作①。

1998 年 5 月，"第三次全国高校加强大学生文化素质教育试点院校工作会议"在成都原四川联合大学（后更名为四川大学）召开。教育部原副部长周远清出席会议。会议全面总结了 1995 年以来各个试点院校开展文化素质教育的主要做法和工作经验，主要包括：以转变教育思想为先导，开展了转变教育思想和教育观念大讨论；开展了课程体系和教学内容改革，把文化素质教育的内容写入教学计划之中；强调文化素质教育与专业教育相结合，把文化素质教育内容渗透到专业课程中去；各个学校结合自身特点，开展了形式多样、各具特色的文化素质教育活动；强调提高教师队伍的文化素质教育，注意调动教师开展文化素质教

---

① 湖南大学编：《文化素质教育理论与实践——第二次全国大学生文化素质教育试点院校工作会议文集》，湖南大学出版社 1997 年版，第 54 页。

育的积极性；组织人员编写、出版了一批文化素质教育学习资料和教材；各个学校领导高度重视，在具体推广应用、组织落实方面取得了很多相对科学、规范、成熟的经验和做法。教育部领导和各个学校与会代表都对近三年的文化素质教育试点工作给予了充分的肯定。结合教育部发布的《关于加强大学生文化素质教育的若干意见》，会议决定，文化素质教育试点工作顺利完成，决定成立高等学校文化素质教育指导委员会，在全国高校大力推动深入开展大学文化素质教育工作，并评选建立一批加强大学生文化素质教育工作的国家级基地。随即在 1999 年 1 月，经教育部批准，在 53 所高校建设了 32 个"国家大学生文化素质教育基地"。此后又批准第二批 104 所高校建设了 61 个基地。

这三次全国高校加强大学生文化素质教育试点工作会议对大学文化素质教育具有重要的探索和指导意义。1995 年第一次武汉会议是对我国高校大学文化素质教育的启动、试点和动员，1996 年第二次长沙会议是阶段性总结、深入推动和梳理部署，1998 年第三次成都会议是对试点工作的全面总结，对以后全国高等学校全面开展文化素质教育工作的安排部署，是对《教育部关于加强大学生文化素质教育的若干意见》的落实。文化素质教育的全面推广当然也影响到高等职业院校文化素质教育工作的实践与探索。

文化素质教育从讨论到实施是经过了充分的试点，然后才全面推广的。在全国推广的时候，基本在思想上取得了统一，大家对文化素质教育的方向基本达成了一致意见，在具体措施上已经有了试点经验，可以为其他院校提供借鉴，使文化素质教育的实施有了相对统一的规范和遵循。从 1998 年《教育部关于加强大学生文化素质教育的若干意见》下发，以及第一届高等学校文化素质教育指导委员会的成立开始，到先后两批 136 所高校建设了 93 个"国家大学生文化素质教育基地"，标志着文化素质教育在全国高等学校全面实施和推广。1999 年 6 月，改革开放以来第三次全国教育工作会议在北京召开，这是一次最高规格的会议，也是一次以素质教育为主题的会议。时任最高领导人出席会议并讲话。中共中央、国务院印发了《关于深化教育改革全面推进素质教育的决定》，文化素质教育上升到国家战略层面。从此，素质教育、文化素质教育作为一种新的教育理念为教育界乃至全社会所普遍接受。

第三节　高等职业院校人文教育的实施

"人文教育"是一个新词汇，但"人文"与"教育"则是古老的词汇，并赋予了"人文教育"丰富的内涵。几乎在素质教育、文化素质教育思想出现的同时，人们也提出了人文教育的思想。用最简单的表述，人文教育是与科技教育相对应，文化素质教育包括人文教育和科技教育，只是由于过去过于强调科技教育，所以现在人们才努力以人文教育矫正科技教育。尤其在高等职业院校，人文教育方兴未艾、任重道远。

一、高等职业院校人文教育的提出

作为曾经的边缘院校，高等职业院校人文教育的提出稍滞后于大学人文教育，其研究也相对薄弱，与高等职业教育规模日益壮大、地位愈加重要不相称。最早研究高等职业院校人文教育的文章有 1997 年的《人文教育在高等职业教育中的地位和作用》[①]、1998 年的《高等职业

---

① 刘刚：《人文教育在高等职业教育中的地位和作用》，《河南职技师院学报》1997 年第 Z 期。

教育与素质教育》① 和《高等职业教育需要转变哪些思想和观念》② 等
文章。早期关于高等职业院校人文教育的研究，其主要内容集中在以下
几个方面。

一是对高等职业院校人文教育重要性和必要性的研究。人文教育之
所以能够得到广泛的关注，根本原因就在于其在育人中的重要作用。关
于高等职业院校人文教育重要性的研究是结合高等职业教育特点的一个
最好契合点，所以诸多论者都对此进行了自己的论述。如李莉在论及人
文教育在高职生成长发展中的价值时指出，人文教育有助于高职生开阔
视野、启迪智慧、培养创新思维，有助于高职生塑造健康心理、完整人
格、丰富个性，有助于培养高职生综合能力、提高竞争力，有助于高职
生"精神成人"，有助于高职生全面成长、可持续发展③。刘刚也曾对
高等职业院校人文教育的意义进行过思考，提出高职院校加强人文教育
是科技发展的必然要求、是诸多社会道德问题日益严重的强烈要求、是
应对西方文化渗透的现实要求、是弥补先天人文精神缺失的历史要求、
是职业性办学特色的特殊要求、是解决高等职业院校学生独特心理的迫
切要求，高职院校加强人文教育能够升华学生的爱国主义意识、陶冶学
生高尚的情操、提高学生的审美情趣、有益于训练学生的思维、强化学
生的职业道德④。高宝立则从另一个视角论述了"职业人文教育"的目
的和意义，提出职业人文教育的目的是培养全面发展的"职业人"，职
业人文教育在促进学生身心和谐发展中具有导向作用，职业人文教育为
潜在劳动者的职业能力发展提供动力，对学生劳动技能的实现具有根本

---

① 及秀琴：《高等职业教育与素质教育》，《连云港职业大学学报》1998 年第 4 期。
② 李孝华：《高等职业教育需要转变哪些思想和观念》，《荆门职业技术学院学报（社
会科学版）》1998 年第 3 期。
③ 李莉：《试论高职院校人文教育》，山东师范大学 2007 年硕士学位论文，第 18 页。
④ 刘刚：《论高职人文教育的必要性与重要性》，《教育与职业》2004 年第 3 期。

性作用①。何锐连在研究高等职业院校人文教育的必要性时指出，加强人文教育是高职教育自身发展的自觉追求，是高职院校贯彻"以人为本"的科学发展观的内在要求，是国际职业教育的发展趋势，是社会对人才需求变化的必然选择②。宋建军认为，高职院校加强人文教育是由高职教育的特殊性即职业性、技术性和应用性所决定的，高职院校在人文教育中，关键要处理好专业知识、实践教学和人文教育的关系，专业教师在专业教学中要有现代的教育理念，克服知识、技术至上的观点，提倡技术中的人文精神③。傅龙华则提出加强高等职业院校人文教育是全面提高国民素质的需要，是避免"工具人"倾向、促进人的全面发展的需要，是提高学生综合能力、发展创新思维的需要，加强人文教育可以帮助学生形成正确的世界观、人生观和价值观，锻造良好的道德品质和顽强的意志④。

二是对高等职业院校人文教育现状的关注与研究。在已有的研究中，研究者几乎都对高等职业学院人文教育现状给予了高度关注。大家认为，当前的高等职业院校人文教育在理念上已经得到各方面的认同，在实施过程中也取得了一些成效，"在教育理念的形成、人文课程的设置、师资队伍的建设、教学手段和方法的改进等方面都取得了一定的成绩"⑤。但同时也普遍认为，当前高等职业院校人文教育虽然已经进行了一定的努力和探索，并取得了初步的效果，但离人文教育应有的地位

① 高宝立：《高等职业院校人文教育问题研究》，厦门大学 2007 年博士学位论文，第47 页。
② 何锐连：《加强人文教育促进高职院校发展》，《教育研究》2006 年第 5 期。
③ 宋建军：《对高职院校人文素质教育现实意义的思考》，《黑龙江高教研究》2007 年第 1 期。
④ 傅龙华：《走向完整的人——高职院校人文教育的目标与策略研究》，湖南师范大学2006 年硕士学位论文，第 12 页。
⑤ 尹国华：《高职院校人文教育的现状分析及对策研究》，西南师范大学 2004 年硕士学位论文，第 20 页。

和作用还有相当的差距，无论是理论上还是实践中都还存在诸多问题，在办学理念上存在偏差，无完整的教学计划，人文课程科目、课时偏少并且很不稳定，缺乏一支稳定的具有较高人文素质的教师队伍，高等职业院校学生普遍缺乏人文知识，人文素质相对较低，非专业知识粗浅，这种"工具人"培养倾向必然会影响学生人格的健全发展，最终导致学生片面发展；"在就业压力愈来愈重的情况下，高职院校有意无意地忽视了人文教育，很多高职院校的专业设置、课程教学等都是围绕市场转动，这就在一定程度上忽视了学生人文素质的提高"①；等等。在对高等职业院校人文教育现状的众多研究中，高宝立在其博士学位论文《高等职业院校人文教育问题研究》中，运用定性与定量相结合的方法，通过大范围的调查、访谈以及个案分析等实证研究，对我国高等职业院校人文教育现状、问题进行了描述和分析，认为当前"全国高等职业院校开展人文教育，不仅发展不平衡，地区、学校之间以及地区之间的差异较大；而且存在着学校领导不重视、教育理念落后、无完整教学计划、课程内容陈旧、方式不适合、针对性不强、教师素质差、教学效果不明显等诸多问题，亟须研究解决"②。这种全国范围的随机抽样调查以及对调查结果的比较科学的处理，保证了其研究结果的有效性与可信度，为其他学者的进一步研究提供了范例。

对于高等职业院校人文教育存在诸多问题的原因，大家也都进行了深入论述。高宝立指出，由于大部分高等职业院校办学时间短，学术底蕴不足，一些高职院校更多地关注学校发展的规模和速度，而对学生的素质培养缺乏深入思考和系统规划，尤其是在办学理念的确立、培养目

①　胡旭晖：《高职院校人文教育的现状及对策》，《中国高教研究》2005年第3期。
②　高宝立：《高等职业院校人文教育问题研究》，厦门大学2007年博士学位论文，第17页。其所作的问卷调查涉及全国15个城市中的27所高职学校，987名教师，4035名学生。

标的定位、价值取向的明确等方面出现了偏差，因而对学生的人文知识教育、人文精神的培养没有给予应有的重视。功利主义的价值取向影响了学生人文素质的提高，办学定位不准导致人文教育的针对性不强①。黄晶等人则主要从外部环境进行了研究，认为高职院校学生人文素质缺乏的原因主要有社会环境的影响和制约、高职院校现有条件及制度的欠缺、领导者的忽视等②。丁丽燕、沈潜把高等职业院校人文教育缺失的原因主要归结为四点：一是由于高职是我国高等教育的新类型，发展初期在不断强化其办学理念和定位，所以很容易理解过偏；二是由于发展迅速，大部分高等职业院校在建校初期都忙于扩大规模、追求效益，而相对忽略了内涵发展；三是因为人文教育的作用是潜移默化的，不可能迅速转化为技能，也难以用标准化、技能化的方式来检查和观测，所以在专业和教学评估中，人文教育成为可有可无的选择；四是现代社会通常倾向于把专业教育与人文教育分解、对立起来③。赵冬、宋彩萍指出，有一种约定俗成的观点，似乎论及科技教育的重要性，一定要将人文教育置于次要的地位，或者相反。这种观念在特定的文化语境下，曾取得过合法性支持。④ 我国高等职业教育正是在这一背景下迅速发展起来的，从长远看，这种倾向危及我国未来职业人才培养的总体目标。

三是对高等职业院校人文教育实施方法途径的研究。人文教育是一种教育实践活动，研究高等职业院校人文教育必然要落脚到人文教育的实施上来。一些研究从总体上对高等职业院校人文教育实施进行了研究，何锐连在研究加强高职院校人文教育的途径和措施时提出："加强

---

① 高宝立：《高等职业院校的人文教育：理想与现实》，《教育研究》2007 年第 11 期。

② 黄晶、刘金凤、陈秀香：《高职院校学生人文素质现状调查》，《职业时空》2007 年第 10 期。

③ 丁丽燕、沈潜：《高职人文教育研究评述》，《学术界》2007 年第 1 期。

④ 赵冬、宋彩萍：《人文教育的历史与历史中的人文教育》，《齐鲁学刊》2005 年第 5 期。

人文教育的关键在领导，提高教师人文素养是前提，构建人文教育与专业教育相互渗透的课程体系是核心，营造浓厚的校园人文氛围是重点。"① 高宝立则强调要根据高职人文教育的特点，注重专业渗透和实践体验，提出在专业教学中渗透人文教育，建构体现职业人文特色的校园文化，提高教师的职业人文教育能力②。聂凌燕从课堂内外两个方面对人文教育实施进行了论述，在课堂外要创设良好的环境，包括转变观念解决认识问题、科学设置课程完善教学方法、全面提高教师的人文素养、从制度上加以保障、加强隐性课程建设、实行人性化的管理、完善评价体系、构建人文素质评估标准等方面；在课堂上，教师要利用教学具体实施人文素质教育，包括转变教师角色和教学观念、营造民主平等和谐的教学氛围、尊重个性化的学生、在专业教学中渗透人文教育、充分利用教师的人格魅力等方面③。

更多的论者则是对实施过程中的一个问题或论点进行了研究。比如在专业课中渗透人文教育问题，姚和芳、熊芊提出，"行之有效的方法应当是在高职专业课程教学中渗透人文教育的隐性内蕴，实现高职科技教育与人文教育的动态平衡"④。周位彬指出，"提高高职生德育素质，必须重视挖掘学科教学中的人文教育资源。学科教师要遵循教育教学规律，充分挖掘并升华教材中的人文因素，启迪学生人生，塑造学生健康人格"⑤。何亚非则结合教学实践，提出"要在专业技术课程中积极开

---

① 何锐连：《加强人文教育促进高职院校发展》，《教育研究》2006 年第 5 期。
② 高宝立：《职业人文教育论—高等职业院校人文教育的特殊性分析》，《高等教育研究》2007 年第 5 期。
③ 聂凌燕：《高职院校人文素质教育探析》，山东师范大学 2008 年硕士学位论文，第 27 页。
④ 姚和芳、熊芊：《试论高职专业课程编制中人文教育的渗透》，《中国职业技术教育》2005 年第 34 期。
⑤ 周位彬：《高职德育要重视挖掘学科教学中的人文因素》，《教育与职业》2005 年第 15 期。

展科学史的渗透教育，努力提高学生的人文素质；在传授具体的专业技术时，要适时地开展科学理念的渗透教育，努力提高学生的职业素质；在讲授产品技术和市场营销课程时，要适时地开展民族精神和历史责任感的渗透教育；在讲授企业管理和企业营销时，要适时地开展企业文化的渗透教育；等等"①。李霞提出，要结合学校历史传统和办学特色，培育良好的校风、学风和教风；要鼓励和组织学生积极参加各类实践活动，促进人文精神的形成；加强校园环境建设和校园文化阵地建设②。

此外，关于高等职业院校人文教育，一些论者还分别从其他一些角度进行了研究。比如，郭红对高职院校人文教育队伍建设进行了研究，从校园文化建设队伍、教师队伍、思想政治教育工作队伍、后勤服务队伍、学生自治组织队伍等五个方面分析了高职院校人文教育队伍的组成和作用发挥③。王友建、刘建树提出，"'区域办学联合体'这种资源共享的高等教育组织方式的出现成为高职院校人文教育合适的'他者'，成为人文教育新的平台"④。这为高等职业院校人文教育的实施提供了"借鉴"的思路。

二、高等职业院校人文教育的成效

近20年来，虽然高等职业院校人文教育相对滞后于普通高等学校，但一些高等职业院校也进行了一些积极而又有效的探索和实践，无论是管理者还是广大师生，对人文教育的认识也经历了一个渐变的过程，并

---

① 何亚非：《专业技术教学应渗透人文社会科学知识教育》，《教育与职业》2007年第21期。
② 李霞：《浅析高职院校在和谐校园建设中大力加强人文教育的途径》，《教育理论与实践》2007年第6期。
③ 郭红：《简论高职院校人文教育队伍的构建》，《中国成人教育》2006年第4期。
④ 王友建、刘建树：《区域办学联合体——实现人文教育资源优化组合和充分利用的组织形式》，《中国职业技术教育》2006年第35期。

逐渐由分歧、疑惑而走向一致。尽管高等职业院校人文教育实践还很不充分，还存在诸多困难和问题，但也取得了一些可喜的成绩。

首先就是在办学理念上突出人文教育思想。转变教育思想、教育理念是任何教育改革的先导，高等职业院校人文教育的推行也同样经历了一个探索、讨论到取得共识的过程。我国的高等职业教育虽然已经有百年历史，但真正得到高度重视并发展还是近30年来的事。高等职业教育是科技进步推动社会产业发展到一定阶段的产物，与普通高等教育相比较，其办学历史不长、文化积淀薄弱。我国高等职业教育建立的初衷就是培养一线应用技术人才，最初的认识主要就是大力倡导技术教育，所以20世纪90年代以前，人们通常认为"高等职业教育的主要内涵是高等技术教育"①。随着大学文化素质教育、人文教育的兴起，在整个高等教育反思人文精神的大背景下，高等职业教育工作者也开始结合自身实际对教育思想和教育理念进行深入理性的思考，也逐渐意识到仅有技术教育的不足，并开始在办学实践中引入人文教育的思想，进而开展了一系列高等职业教育人文教育的研究与实践。这是我国高等职业教育几经兴衰，尤其是1999年大发展之后对办学理念的理性思考。

一些高等职业院校先后提出了包含人文教育思想的办学理念和办学思想。比如深圳职业技术学院1999年就提出要"把握时代精神，把培养具有创新精神和实践能力的人才作为高职教育人才培养的核心理念"，"从狭窄的职业技能教育转向综合素质教育，追求科学与人文相统一，以人为本的教育理念"，除了要突出高等职业教育的应用性、职业性特点外，还要强调人文、社会科学教育与现代自然科学技术教育的

---

① 杨金土、孟广平、严雪怡等：《高等职业教育的标准、特点和发展途径》，《职教论坛》1995年第7期。

结合。① 在 1999 年南昌水利水电高等专科学校水电站动力设备专业教学计划中，已经明确提出："在进行专业教育的同时，构建素质教育养成体系，在改进思想政治教育方式，提高教育效果的同时适当增设人文社会科学和经济管理等选修课程。"毕业生应具备的基本知识的第一条就是"具有一定的人文社会科学和经济管理知识"，在其设置的课程模块中，人文学科课程既有必修的哲学、中国特色社会主义理论等课程，也有文学欣赏、中国传统文化、应用文写作、心理学等选修课程，人文学科课程已经占有较大比重。②

这些人文教育的积极探索和尝试，尽管还不尽深入和全面，但已经是一个良好的开始，对今后的发展具有引领和借鉴作用。虽然在高等职业院校中加强人文教育的理念还不够深入和全面，但人文教育思想的确立必将极大地推动人文教育的开展。

其次是在教学实践中人文课程建设取得初步成效。课堂教学始终是高等职业教育实施人文教育的主要途径。在教学中，课程内容就是学生要学习的知识，人文教育的重要载体就是人文课程。在人文教育的实践中，人文课程建设逐渐取得了一些成效。在大力倡导人文教育之前，高等职业院校人文教育的内容基本就是马克思主义理论课和思想品德课"两课"教学。不仅高等职业院校，几乎所有高等学校开设的"两课"课程主要有《毛泽东思想和中国特色社会主义体系概论》《思想品德修养与法律基础》《形势与政策》等，由于有政策要求和保证，这些课程一般都统一教材、统一教学计划、统一课程考核、统一教学管理，保证了教学效果和课程质量。在人文教育缺失的时期，"两课"作为人文教

---

① 教育部高等教育司：《高职高专教育改革与实践》，高等教育出版社 1999 年版，第 216 页。

② 教育部高等教育司：《高职高专教育改革与实践》，高等教育出版社 1999 年版，第 283—284 页。

育的绝对主体，在引导和帮助学生正确认识人生的价值和意义，树立科学的世界观、人生观、价值观等方面，发挥了极其重要的引领作用，教学效果是明显的。

但仅仅依靠"两课"教学对加强人文教育显然是不够的，20 世纪 90 年代之后，高等职业院校在人文教育课程建设方面进行了一系列有益的探索和实践，通过主修、辅修、选修等形式，开设了《诗词欣赏》《音乐鉴赏》《美术欣赏》《中国简史》《演讲学》等一系列人文课程，得到学生的积极参与和广泛好评。这些课程对培养学生的形象思维、逻辑思维能力和扩大学生的知识面发挥了很好的作用。

近年来，一些高等职业院校的人文学科课程还被评为省级精品课程，表明人文课程建设已经逐步上层次、有特色。比如，在河南省开展省级精品课程评选的最初几年中，分别有 2006 年中州大学的《创意设计与设计思维》、信阳职业技术学院的《综合英语》，2007 年中州大学的《传统艺术与设计》、河南经贸职业学院的《实用英语》、河南工业职业技术学院的《建筑装饰设计》，2008 年开封大学的《旅游礼仪》、河南职业技术学院的《世界音乐史》、周口职业技术学院的《大学生心理健康指导》，2009 年济源职业技术学院的《现代企业文化与职业道德》，2010 年河南经贸职业学院的《思想道德修养与法律基础》等人文课程被评为河南省高等学校精品课程。现在已经有越来越多的高等职业院校人文教育课程被评选为精品资源共享课程和双语教学示范课程。

在教学手段上，人文教育广泛运用现代教育技术。现代教育技术在教学中的广泛应用还是近几年来的事，从这一点讲，高等职业院校大力推进人文教育赶上了一个好的机遇，即在人们开始重新重视人文教育的时候，人文教育与其他教学内容一样，在同一起跑线上得到现代教育技术的帮助。这也再次体现了技术的力量，人文教育不是取代技术教育，而是融合技术教育。

由于人文教育内容的特殊性，传统的以黑板、粉笔、教科书为手段的教学形式显得过于单一，不能很好地向学生完整、全面地表述课程内容，难以激发学生的学习热情，同时在有限的时间内，也很难向学生传输大量的人文知识信息。而随着电子、通信和信息技术的发展，现代教育技术得到广泛应用，电化教学、多媒体教学甚至网上教育（E－learning）、移动教育（M－learning）等都在教学实践中得到推广应用。在高等职业院校，很多人文讲座、人文选修课都充分利用了现代教育技术。这些现代化的教学手段生动直观、信息量大，受到了学生的广泛欢迎，取得了很好的教学效果。现代教育技术在教学中的推广和运用，为高等职业院校人文教育提供了新的尝试。实际上，前面提到的省级精品课程都建立了独立的课程网站，网站提供有该课程的教学大纲、授课教案、多媒体课件、习题、实验指导、参考文献目录等材料以及至少三位主讲教师每人不少于45分钟的现场教学录像。不仅本校学生，其他学校学生同样可以通过网络学习这些课程，保证了优质教学资源的共享。

现代教育技术是科学技术进步的产物，是科技带给我们的便利。现代教育技术在人文教育中的应用，其实也是人文教育与科技教育结合的一个很好的例证。人文教育和科技教育互为兼容，互为促进。

三、高等职业院校人文教育的主要问题

当前高等职业院校人文教育取得了很大的成绩，但也存在不少的问题。整体来看，高等职业院校人文教育既有发展不平衡，地区之间、学校之间差异比较大的问题，也有学校领导不够重视、认识存在误区、缺少特色、内容陈旧、方式单一、针对性不强、教师素质差等诸多问题，其中比较突出的问题表现在以下几个方面。

（一）学校管理者对人文教育办学理念的认识模糊

当前，学校管理者对高等职业院校办学理念的认识并不统一，尤其对人文教育理念的认识存在模糊思想，甚至有一些误区和偏差，其中最大的误区就是没有厘清文化素质教育和人文教育的关系，把二者混为一谈。

比如，在对河南省部分高等职业院校领导的访谈中，关于人文教育与素质教育的认识误区存在于多位领导中，这种误区呈现出两个特点：一是在理论上大多数的领导都基本知道人文教育和素质教育的区别，二是在实践中几乎都自觉不自觉地把二者相混同。在对郑州某职业技术学院学生处长和系主任的访谈中，二者对本校的人文教育提出了不同的认识，反映了当前人文教育的一种真实状态。学生处长认为："我们学校的人文教育开展的深入、全面，效果明显，学校有几十个学生社团，比如艺术团、摄影协会、书法协会、演讲协会等，而且各系也都组织节日晚会、诗歌大赛等活动，丰富多彩的活动培养了学生的人文素质。"而系主任则认为："当前的人文教育我认为不理想，一方面是学校、学生面临的竞争，以及市场不允许过多地深入开展人文教育，一方面对人文教育的理解有失准确，除了一些校园文化活动外，人文课程少，从专业教育中开展人文教育更是因为老师水平不一，几乎没有什么效果。"从这里可以看出，当前的高等职业院校人文教育过多地局限于第二课堂，而第一课堂主渠道却没有发挥应有的作用。第二课堂人文教育的"丰富多彩"一方面反映了人文的力量和魅力，一方面也营造出了人文教育的兴盛；但其背后却是相对于第一课堂，第二课堂缺少具有人文知识的专业老师的具体细致的指导，没有进行比较系统的人文知识学习，所以人文教育的深刻性和广泛性自然难以保证。

（二）高等职业院校人文教育实践与普通高等院校趋同

与普通高等教育相比，高等职业教育具有明显的职业性、技术性和实践性特征，所以其人文教育也应该有自身的特色。在办学实践中，普通高等学校人文教育已有的经验和做法对高等职业院校具有很强的参考和借鉴意义，但绝不能够照搬照抄。通过调查发现，当前高等职业院校的人文教育普遍缺少特色，尤其在校园文化活动、学生社团活动等方面大都与普通高等学校趋同。部分高等职业院校在开展人文教育时有刻意而又盲目模仿普通本科院校的倾向，其结果一方面导致专业教育与人文教育在教学时间方面存在着一定程度的冲突和矛盾，一方面其人文教育的内容又高出了学生的知识起点和接受能力，最终导致学生不喜欢、不认可，人文教育几乎成了鸡肋，没有取得应有的效果。有调查显示："在学生社团活动方面，高职院校与普通高校有很强的趋同性。关于'业余时间您经常喜欢阅读的书籍'问题的调查结果从另一个侧面反映了高职院校人文教育缺少特色。"[1] 从这一调查结果可以得出结论，高等职业院校人文教育必须突出办学特征，这样才能够针对学生的需要，开展学生满意、喜欢和认可的人文教育。

（三）高等职业院校学生人文素质"先天"不高

必须承认，高等职业院校学生与普通高等学校学生相比，在文化素质方面整体水平偏低，造成这种差距的原因几乎是"先天"不足。主要体现在以下两个方面。

一是高等职业院校学生综合知识基础偏弱。我们国家的招生制度是分批次招生，除了个别专业提前录取外，招生顺序是：第一批录取"一本"（重点大学），第二批录取"二本"（普通本科院校），

---

① 刘刚：《河南高职院校人文教育主要问题调查与分析》，《黄河水利职业技术学院学报》2011 年第 3 期。

第三批录取"三本"（独立学院），第四批录取才是高职高专。在前几年，河南省在高职高专招生层次中又进一步细分为"一专""二专"两个批次。2015 年，普通高校招生录取控制分数线本科一批文、理科分数线分别为 513、529 分，本科二批文、理科分数线分别为 455 分、458 分，本科三批文、理科分数线分别为 397 分、383 分，而高职高专文、理科分数线则分别仅为 180 分、180 分①。由此可见，经过连续四层的选拔筛选之后，高等职业院校录取新生的成绩远低于前面各个批次，以理科学生为例，与一本学生最低分数的落差高达 349 分，与二本学生的差距达到 278 分，与三本学生的差距也达到 203 分。招生录取分数的巨大差距从根本上决定了高等职业院校学生的综合知识基础必然相对薄弱。所以，整体来看，高职高专学生综合知识基础薄弱导致了其人文知识基础薄弱，进而成为其人文素质偏低的主要原因。

　　二是高等职业院校学生心理素质相对薄弱。高等职业院校学生不仅是知识结构具有自身特点，在思想和心理素质方面同样独具特点。这些特点恰恰要求高等职业院校更要提高人文教育的针对性、时效性和迫切性。高等职业院校学生心理素质特点主要呈现为两个方面："首先是高等职业院校学生有着沉重的失落感。通过高考进入大学深造，是每一个高中生的愿望和理想，但现实的残酷性在于，能够进入重点大学乃至普通本科院校学习的学生依然是少数，对于高考成绩偏低的考生来说，愿意进入高等职业院校学习实在是一种无奈的选择，加上社会上依然存在的对职业教育的偏见和歧视，使得相当部分高等职业院校学生都有沉重

---

　　① 《2015 年河南省普通高校招生录取控制分数线》，河南招生考试信息网，ht-tp：//www. heao. com. cn/main/Html/UpLoadFiles/2015 年普通高校招生录取控制分数线 20150624. mht。

的失落感。其次，高等职业院校学生有着深深的自卑感。与普通院校学生相比，高等职业院校学生似乎都是高考的'失败者'，他们只能面对自己是专科层次的现实，低人一等是相当一部分高职学生的心态。同时社会上日益激烈的就业竞争更是给高职学生带来巨大的压力，现实生活中相当一部分用人单位只要本科以上层次人才，不要专科以下人才，高职学生恰恰是在最接近分水岭的下面。这些都给高职学生带来了深深的自卑感。"① 一些学生由此怨天尤人，自暴自弃，情绪消极，行动散漫，对学习、生活和未来都抱着无所谓的态度，得过且过，漠然处之；或是在巨大的压力面前，产生了心理恐惧和焦虑，对社会和身边的各种事物和人员抱有不满、成见和抵触情绪。有调查表明，在高等职业院校"存在不同程度心理问题的学生一般占到总人数的 30%—40%"②。所以必须对高等职业院校学生的心理问题予以高度重视，虽然不一定能够从根本上解决全部学生的问题，但人文教育将有助于整体性地消减或化解问题。

（四）高等职业院校师资队伍整体人文素养有待提高

各个学校在办学实践中，往往强调人才培养方面的职业性、技术性特征，因此强调师资队伍的技术、技能培养，即建设既有教师技能、又有工程师或技师等技能的"双师型"教师队伍。人文学科教师相对渐渐处于教学的边缘地位，其主要表现为：一是相对专业教师地位不高，很少有人文学科教师获得各种高层次的评优、评先、评奖；二是人文学科教师教学科研条件相对不高，人文学科的特殊性决定了其教学科研条

---

① 刘刚：《河南高职院校人文教育主要问题调查与分析》，《黄河水利职业技术学院学报》2011 年第 3 期。

② 刘刚：《河南高职院校人文教育主要问题调查与分析》，《黄河水利职业技术学院学报》2011 年第 3 期。

件要求并不高，但越是如此，越受到忽视，一些学校能够花费巨资建设高水平专业实验室，但却不愿花钱为人文学科购买《中国知识资源总库》中的人文学科相关的数据库，让人文学科教师很是无奈。[①] 各种客观的、主观的原因导致人文学科教师往往对自己要求不高，工作马马虎虎，学习可有可无，甚至在各种利益和思潮的影响下，有意或无意之间忽视了自身人文素质的提高。在物质利益的引诱下，以人文精神为立身之本的部分人文学科教师心理产生不满，行为出现偏移，甚至在人生的道路上迷失了方向。有的教师为了追求经济利益，转而从事热门学科的教学和研究，甚至为了多获取科研奖励，而不惜冒险抄袭、作假，走上学术腐败的道路。

而对于专业课教师，人文素质更有待提高。教师本身义务就是"传道、授业、解惑"，给予学生人文精神的熏陶是教育的题中应有之意。专业课教师不仅担负着向学生传授知识和技术的重任，其对学生的人文熏陶同样不可忽视。但在现实中，专业课教师的人文素质却不容乐观。一些专业课教师几乎把全部精力都放在了专业教学和研究上，很少学习人文学科知识，缺少必要的人文修养。这一现象对于"双师型"教师更有普遍性。一部分"双师型"教师从原本人文教育相对比较薄弱的理工科大学毕业后，还要加强实践技能训练，提高实践动手能力，所以他们很容易忽视人文学科的学习，使原本就不尽合理的知识结构得不到改善；一部分"双师型"教师则是从企业单位的专业技术岗位聘任而来的，他们成为教师之后，大多把主要精力用在提高教师技能方面，同时出于教学需要，一些动手能力强而理论知识偏弱的教师则更注重加强专业理论的学习和研究，这一方面确实是他们自身提高的需要，

---

① 刘刚：《问题与路径——高等职业院校人文教育策略研究》，人民出版社 2012 年版，第 126 页。

但另一方面也使他们在思想意识中，忽视了自身人文素质的提高。一部分教师"虽然认识到了人文教育的重要意义但自身人文知识欠缺而力不从心，即使有'觉醒者'也因'职业性任务'的重压而被迫放弃对学生的人文素质培养"①。

---

① 尹国华：《高职院校人文教育的现状分析及对策研究》，西南师范大学 2004 年硕士学位论文，第 26 页。

第七章　高等职业院校办学理念的归向

就高等学校而言，经典大学理念是永恒的，但不是仅有的，高等学校需要适应社会发展创新办学理念。我国高等教育学的奠基人潘懋元指出："经济的发展、社会的进步以及大学职能的扩展，尤其是大学从远离社会的'象牙塔'走向社会的中心，高等教育日益受到外部关系规律的制约，社会也日益要求大学为经济、政治、文化、科学的发展提供有效的服务。根据19世纪以前高等教育发展历程所总结的经典的大学理念，已不能全面反映社会与高等教育关系的新进展，也不能满足人们对高等教育改革与发展的新追求。因此，20世纪以来，尤其是世纪之交，人们不断地提出许多新兴的大学理念。"[1] 这些所谓的新兴的大学理念更多的是办学层次上的理念，大学办学理念无论是一种理性认识，还是一种制度体现，都具有强烈的时代特征和体制特征，都必须随着所处历史时代的变化、经济社会的发展、文化背景的差异、学校类别的不同等不断变化和创新。这种变化和创新不是另起炉灶，而是对经典大学理念的诠释和发展，"只有'经典'大学理念和'新兴'大学理念的互

---

[1] 潘懋元主编：《多学科观点的高等教育研究》，上海教育出版社2001年版，第11页。

补、互动、相辅相成与相得益彰，才能真正构成完整的、内外协调的'大学理念'"①。大学理念的创新同时也要因校而异，不同类别、不同层次大学的理念创新有着巨大的差别，在大学中居于龙头的是一流大学，居于主体的是高等职业院校，深受技术主义关照的高等职业院校更应该、也必须创新办学理念。

以技术人文的视角研究高等职业院校办学理念的演变与归向，其中的主线当然是人文与科技的交织与兴衰，但绝不能局限于人文与科技的非此即彼的关系论证。基本思路是通过考察高等职业教育办学理念的发展历程，结合高等职业院校办学特征的考察和辨析，探索提出高等职业教育办学理念的创新发展。因为高等职业教育是技术进步的产物，所以长期以来的高等职业教育的办学理念主要体现的是技术的影响、技术的特征。但当今社会对人的发展的要求越来越全面，高等职业教育办学理念需要人文的关照与参与。同时，高等职业教育与普通高等教育相比较，具有明显的职业性、技术性和实践性，所以其办学理念的转向必须是在突出自身特色基础上的创新，保有自身特色基础上的转向。我们认为，高等职业院校"新兴的办学理念"主要有技术人文理念、职业人文理念、实践人文理念、服务地方理念、开放办学理念，其中技术人文理念是核心和基础，规定并统领着其他理念。这或许就是对早期高等教育中人文教育的一种"归向"——既是回归，又是趋势，不是简单的回归，而是创新的回归。高等职业教育办学实践必须顺应这一趋势，才能实现新的更大的发展。

---

① 韩延明：《大学理念论纲》，人民教育出版社 2003 年版，第 356—357 页。

第一节　技术人文理念

　　创新高等职业院校办学理念首要的就是技术人文理念。在教育发展的基本走向上，以科学精神为基础、以人文精神为价值方向的科技人文主义教育理念代表了世界教育发展的方向和潮流①。高等职业院校要克服片面的职业人和工具人倾向，就必须充分认识人文教育的重要性，加强技术与人文的融合，确立技术人文理念，以培养具有职业技术、能力和职业道德、精神的全面发展的高技术应用型专门人才。

一、技术的人文性

　　技术具有二重性：自然属性和社会属性。技术自然属性可以从两个方面理解：①任何技术的产生、发明都离不开自然物的客观实在性，技术一定是在客观物质条件基础上的创造发明，自然规律决定了技术水平。②技术活动是自然过程的强化，如"可燃冰"能够燃烧产生热能，虽然有人的参与，但也是自然的过程，具有自然的必然性。

　　但同时，技术负载有价值，技术的社会属性让其具有特殊的人文意蕴。毫无疑问，技术是人的创造物，本质上呈现出的是人的力量，反映了人的因素，即便是战胜了人类智慧的阿尔法狗（AlphaGo）② 也是人的创造。技术的社会属性也可以从两个方面理解：①人在创造技术的过

---

① 扈中平：《现代教育思想的两个基本要点》，《华南师范大学学报（社会科学版）》1998 年第 5 期。

② 阿尔法狗（AlphaGo）是第一个击败人类职业围棋选手、第一个战胜围棋世界冠军的人工智能程序，由谷歌（Google）旗下 DeepMind 公司开发。其主要工作原理是"深度学习"。

程中，必定赋予技术人的主观性。从最初构思、到设计、到制造、到改进，技术发生的各个环节都渗透了人的思想、意志，渗透着人的价值观，技术的发明就是人的一种社会活动。在技术创造过程中，人的目的性能够为自然过程创设有利条件，使潜在的可能性变为现实性。②任何技术的产生、发明和发展都与当时社会的认知水平、价值观等社会因素密切相关。一方面，政治、经济、道德等因素能够限制或发展哪些技术及技术方向，比如克隆技术；另一方面，技术发明者不可能预知技术的全部后果，许多技术可能产生的技术后果，或者对社会产生的重大影响是发明人甚至整个社会最初所不能预知甚至难以想象的，比如拉链的发明。

技术的二重性是技术本身所固有的、不可分割的两种属性。曾经的技术中性论看不到技术二重性之间的内在联系，简单地认为技术是中性的，就是一种工具体系或者手段，是人类生存发展、达到目的的工具。但在一些当代技术哲学家，以及一些人文主义和后现代主义学者看来，技术也负荷了特定社会中的人的价值。如，德国当代技术哲学家弗里德里希·拉普（Friedrich Rapp, 1932—）认为："技术是复杂的现象，它既是自然力的利用，同时又是一种社会文化过程。"① 所以，技术具有人文性，负载有价值，体现了人的社会意图性，也即人的目的性、意图性，任何一项技术的创造都是人的一种有意识的行为结果。

作为人的一种有意识的创造，技术为人的生活带来了巨大而又深远的影响，造成了很多难以预计的后果，主要表现为四个方面。

第一，技术发展改变了人类赖以生存的自然环境。技术作为一种人类活动，其本身就体现了人对自然的干预和影响。为了生存与发展，人

---

① ［德］拉普：《技术哲学导论》，刘武等译，辽宁科学技术出版社 1986 年版，第 57 页。

类必然要依靠技术去改造和征服自然，因而不可避免地要影响甚至改变自然界的自然历史过程。现代技术的整体无序发展已经造成了一些资源的极度浪费与枯竭，改变了人类生活的自然环境。比如，伐木机器的发明与改进，使得砍伐森林更容易，更多的森林资源受到滥砍滥伐，导致了大量的水土流失、气候异常；工程技术的发明发展，使得建造大型水电站变得相对容易，一系列水电站的建立改变了水的流向，干扰了水生物的生活环境，也影响了人的生活环境。

第二，技术发展改变了人类的生存状况。考察一下技术史可以看出，技术已经并还要继续给人类带来诸多的利益。比如，提供了更高的生活标准，通过生产率的提高为人类提供了更多闲暇时间，增加了个体的选择自由，扩大了人与人之间的交往与联系，等等。然而，人类创造了技术，同时也为技术所创造。技术发展也使人付出了沉重的代价。技术发展不仅严重破坏了生态环境，而且也阻碍了人的全面发展。技术社会的目标是效率、秩序与理性，在技术社会这种科层制结构之中，人失去了个体性、自主性和自由，甚至人与人的关系也物化和客观化了。

第三，技术发展造成了传统文化与价值的断裂与崩溃。现代技术的产生与发展是以理性化为基础的，理性的经验知识和技术不断地冲减宗教、巫术等传统文化与价值观在这个世界上的作用，使世界呈现为一个因果机制，并逐步确立起技术与科学的世俗化权威。人生活的世界不再是一个神意的安排，是一个有伦理取向、有价值意义的宇宙，而是一个科技主导下的、具有因果机制的理性世界。在这种背景下，生命的价值失去了终极的依据，生命的意义失去了存在的基础。

第四，技术发展造成了知识与"生活世界"的分裂。表现在两个方面：一是技术的发展使人的潜意识、本能与意志遭到了可怕的破坏。二是科学技术把人的不能量化的世界，如善的世界、美的世界和信仰的世界遗忘了，科学技术指导下的数量化的、精密化的世界成为唯一的真实世界，这种数量化的、精密化的世界与人的直觉的生活世界出现了两元分裂，并在现代社会有愈演愈烈之势。

二、技术人文的含义

"技术人文"不是技术与人文两个并行概念的简单叠加，而是技术与人文的深度融合。从根本上来说，技术人文仍然属于人文，其基础是人文，但核心是技术。技术人文理念的理论渊源可以追溯至科技人文主义思想。

（一）科技人文主义的提出

技术具有人文性，是一种有意识的创造，负载有价值。尽管有种种缺陷，但技术仍然是人类的福祉，也是人类建立真正自由、平等社会的凭借，它的正面价值是不容否认的。技术造成的很多问题并不是放弃技术就能够解决的，仍然需要依赖于科学与技术的发展来解决。如果一味地排斥技术，只能是因噎废食，造成更大的灾难。

所以，近代一些人文主义者提出了科技人文主义的思想。20 世纪二三十年代，比利时科学史家乔治·萨顿（George Sarton，1884—1956）提出："使科学人文主义化，最好是说明科学与人类其他活动的多种多样关系——科学与我们人类本性的关系。"[①] 萨顿把科学史置于文明史的基础性地位，认为人类文明史主要集中于科学史。但同时强调，如果仅仅从技术和功利主义的角度来看待科学技术，则科学技术在文化上没有任何价值，科学技术应该成为人类文化的必不可少的重要组成部分，应该让有理智的人控制科学与技术，让科技成为服务人类的工具和手段。20 世纪五六十年代，英国教育学家埃里克·阿什比（Eric Ashby，1904—1992）提出，技术人文主义是解除技术与人文分裂和隔

---

① ［美］乔治·萨顿：《科学的生命》，刘珺珺译，商务印书馆 1987 年版，第 51 页。

阁的最后方法，"技术是与人文主义不能分开的"①。

科技人文主义、新人文主义都强调技术与人文的融合。这种思想也正在成为一种被广泛认可的教育思想，联合国教科文组织在《学会生存——教育世界的今天和明天》中指出："科学人道主义所指的人是指一个具体的人，一个在历史背景中的人，一个生活在一定时代的人。"教育的目的是"培养完人"，"把一个人在体力、智力、情绪、伦理各方面的因素综合起来，使他成为一个完善的人"。

（二）技术人文理念的主要内容

现代技术是人类社会发展到一定阶段的产物，技术不仅极大地改变了人类生活的自然环境等周围世界，而且也渗透到人类生活的各个层面，对人类自身的生存与发展产生了巨大的影响。技术对人类的巨大意义和正面价值是毋庸置疑的。但我们也要清楚地看到，技术在取得巨大成功的同时，并不能掩盖其具有的诸多缺陷。随着人类对自身价值的不断反思，我们不能仅仅局限于对技术的褒奖或批判，应该提出一种能够指导人类驾驭技术理性的价值理性。

确立技术人文理念，以此研究和探讨技术，澄清人与技术的关系，进而以人文指导和提升技术，才能使技术得到有序、妥善的发展与运用，为人类创造更加幸福光明的前途。技术人文理念可以理解为正确认识技术的人文意蕴，厘清技术与人的关系，把技术作为人类文明的重要组成部分，以人文作为发明、使用、操作技术的基点和导向。技术人文理念包括以下四个方面的内容。

1. 树立和谐技术观

"技术观是人们在技术实践以及对技术进行研究的过程中所形成的

---

① 张金福：《大学人文教育与科学教育结合研究》，浙江大学出版社 2006 年版，第173 页。

基本共识，反映了特定历史时期人们对技术实践活动的认识和反思。"①技术决定论、技术工具论、技术中性论、技术实体论等都是一种特定的技术观。

技术活动从人类诞生伊始就已经出现，所以技术观是一个历史性的概念。古希腊曾经形成了朴素的技术工具论，比如亚里士多德就认为技术本身不是目的，仅仅只是一种手段。18 世纪工业革命之后，技术工具论逐渐成为社会的一种主流技术观，一直影响到当代。技术工具论有其"历史合理性"，但在认识论上割裂了技术与人类文明、社会、文化、政治、经济的关系，在本质上呈现出静态的认知观。在对技术不断反思的过程中，必须明确技术不是静止的、孤立的，技术不仅具有"目的"意义、"手段"意义，而且有多重意义，技术负载有价值、文化、权力、利益，技术是人类文化的一个不可分割的组成部分。

在当代社会，确立技术人文理念就要树立和谐技术观，这种和谐技术观强调技术反映社会的主导价值，反映技术与人、与自然、与社会之间的和谐均衡，强调技术目的理性化，目标是将技术置于人的控制之中，实现自然维度与社会维度的有机结合，实现人的全面发展，自然、社会的和谐发展。

2. 学习技术发展史

如前文所示，我们对科学与技术并没有进行严格意义上的概念的辨析，这里的技术发展史其实也就是科技发展史，诚如萨顿所说："科学史与技术史经常交织在一起，把它们彼此分开是不可能的。"②

技术发展史和技术哲学一样，都是技术与人文的桥梁。萨顿甚至极端地认为只有这一座桥梁，认为"在旧人文主义者同科学家之间只有

---

① 张成岗：《西方技术观的历史嬗变与当代启示》，《南京大学学报》（哲学·人文科学·社会科学版）2013 年第 4 期。

② ［美］乔治·萨顿：《科学的生命》，刘珺珺译，商务印书馆 1987 年版，第 32 页。

一座桥梁，那就是科学史，建造这座桥梁是我们这个时代的主要文化需要"①。

在科学技术发展历程中，科学技术的每一项发明创造，都是对前人工作的思想超越。学习技术发展史，一方面能够帮助我们把握和了解技术的孕育、产生及其发展规律，加深对科学技术基础原理的认识；另一方面能够帮助我们系统掌握科学思维与方法，启迪人们对于技术发明与应用的理论思考，对技术创造的反思与借鉴。所以萨顿提出："向人文科学工作者说明科学发现的内在意义（不仅是它们的外在的用途），向科学家们说明人文科学的深刻人性，从而使科学家和人文科学工作者紧密团结起来。"②

技术发明本身就是人的有意识的创造活动，在技术发展史中，很多技术创造都包含着科学家的活动、意志与智慧。就科技史与科学家们奋斗史的关系而言，科技史有其必然性，而科学家的奋斗史则具有偶然性。科学家的科学思想、研究方法、治学态度以及科学活动，都能够给其个人乃至整个的科学发展带来主观性的影响，给科学发现和技术创造涂上鲜明多彩的个人烙印。树立技术人文理念也要学习了解发明创造技术的人，了解他们的生平、科学创造过程、治学方法态度等，从而学习到其中的科学精神和人文精神。

3. 培养技术责任意识

技术是有价值的，是人的有意识的创造活动，尽管人可能对技术发明的后果无法预计，但在发明和使用过程中，人仍然是具有决定作用的。如果考察技术责任，不仅包括技术的发明者，也包括技术的使用者。从技术伦理来看，技术责任主体比较复杂，既可以是个人，也可以

---

① ［美］乔治·萨顿：《科学史和新人文主义》，陈恒六等译，华夏出版社 1989 年版，第 51 页。

② ［美］乔治·萨顿：《科学的生命》，刘珺珺译，商务印书馆 1987 年版，第 151 页。

是群体或者部门。王健教授把现代技术主体分为三个层次：第一层次包括"技术专家、企业家、政治家，他们对技术发展具有决策权，承担决策责任、管理责任，但由于技术家、企业家和政治家的职业分工不同，承担的决策责任也不同"。第二层次包括"一般技术工作者、企业管理者和政府管理者，他们是技术系统中技术行为的具体执行者，在技术过程中承担着执行责任"。第三层次包括"一般公众，作为技术成果的消费者，他们有责任通过对现有技术进行有意识的消费和更为明智的应用，以减弱技术的负面影响"①。技术发明和使用的过程一方面渗透并表现着技术个体的伦理价值，一方面也渗透并表现着社会伦理价值。所以，在当代社会，几乎每一个人都是技术责任的主体之一，树立技术人文理念必须培养技术责任意识。

技术责任是复杂多样的，一方面因为技术主体的复杂性，一方面因为责任本身既是法律范畴又是伦理学范畴。在西方传统哲学中，责任是一个法律范畴，德国著名哲学家康德（Immanuel Kant，1724—1804）将其引入到伦理学，责任又成为一个伦理学范畴。从不同的视角可以对技术责任进行不同的划分：从技术责任的性质划分，包括法律意义上的技术责任、伦理意义上的技术责任；从技术的主体划分，包括机构集体的技术责任、技术个人的技术责任；从技术的存在形式划分，包括潜在的技术责任、显性的技术责任；从技术承载方式划分，包括间接的技术责任、直接的技术责任；从影响范围划分，包括区域性的技术责任、全球性技术责任等。

责任是对人的一种质的规定性，在人类社会发展进程中，责任就是个人对于社会的一种使命、一种义务。在当代，包括学生在内，几乎所有人都是技术的主体，尤其对于技术的使用，无论个人或集体是否可以

---

① 王健：《现代技术伦理规约的特性》，《自然辩证法研究》2006 年第 11 期。

预知技术使用的后果，个人或集体都应该承担一定的技术责任，这种责任包括对不可预知的技术后果负责、对可以预知后果的技术通告与预防。

4. 感知技术之美

美是人们对客观事物的一种主观感受，是客观事物引起人们美感的本质属性。技术美与人创造工具同时伴生，"人类的第一件工具是以后所有创造物的起点和最初形态。劳动在创造人类的同时，也创造了主体的认识能力和与之相伴生的审美能力。……人类制造最初的工具的功利目的与审美需要是合二而一的，功利和审美在早期人类经验中就是一回事情"①。无论是人类早期工具，还是近代工业机器，其中蕴含的技术美都体现为功能和形式的统一，这是技术美最为本质的特性。人类创造技术，其首要目的就是功能的满足，没有功能的技术创造，也就失去了技术美的存在意义。近代以来，技术创造呈现为喷涌之势，工业技术产品呈现出新的特点，相比较传统的手工技艺的产品，更强调快捷、简便、舒适、安全等，这些也成为当代鉴赏、衡量技术美的一个重要标准。

技术美是一种社会美，有别于自然美。自然美自古以来是人们的至爱，人的生存、生活离不开自然，乐山乐水是所有人的天性，也是一种永恒。但人们对技术美的鉴赏却存在普遍的变异性，这种变异性最显著的表现就是喜新厌旧，欣赏、发现技术美就要善于和接受技术产品的喜新厌旧。因为技术的产生、发展过程总是一个由初级到高级的过程，随着人类技术水平的不断提高，技术产品的功能、特性也在不断地提高，这样才能够满足人们日益增长的功能需求，相应地其中负载的技术美也在不断地喜新厌旧，否则就不可能为新的时代所接受。

---

① 於贤德：《论技术美的本质》，《浙江大学学报》1991 年第 2 期。

而且对于技术美来说，随着时代的发展，科学技术发展越来越迅速，技术产品的更新换代也越来越快，技术美的变异同样越来越快。这在当代手机的更新速度与对手机的审美上极为明显，大的手机品牌几乎每年都要更新换代，不仅功能不断升级，其中负载的技术美也越来越多样，否则就将为人们所抛弃。一定程度上也可以说，人们对技术美的审美趣味与技术的发展同步，成为推动技术进步的一种不断向上、向前发展的勃勃动力。

三、技术人文是高等职业院校的核心理念

从高等职业教育培养目标看，高等职业教育的技术性是指其培养的人才类型是高等技术应用型专门人才，具有基础理论适度、技术应用能力强等特点。高等职业教育的培养目标是面向生产、建设、管理和服务第一线的高级技术应用型人才，它不同于中等职业教育培养的单纯技能型人才，也有别于普通高等教育培养的学科型和理论型人才。"技术性是高等职业教育区别于普通高等教育的基本特征，体现了高等职业教育培养的人才的特点，决定了技术教育在高等职业教育中的核心地位。"① 高等职业教育具有技术性、职业性和实践性特征，技术性居于核心地位，"高等职业教育是通过实践性，提高技术性，完成职业性，在实践中锻炼技术，有了技术才能够适应职业"②。技术人文理念主要是引导和修正技术性特征，所以，技术人文理念是高等职业院校的核心办学理念。

---

① 刘刚：《部分普通本科院校向职业院校转型之思》，《高等教育研究》2015 年第4 期。
② 刘刚：《问题与路径——高等职业院校人文教育策略研究》，人民出版社 2012 年版，第 66 页。

（一）技术人文理念基于高等职业教育的技术性特征

高等职业院校技术性特征的理论基础是"工具人"理论。管理学中的"工具人"假设盛行于资本主义社会初期，资本家把生产活动中的工人当作与机器一样的工具，要求工人像机器一样机械地做一些技术动作，工人就是会说话的工具。在生产力还不很发达的资本主义早期，这种基于"工具人"假设的管理模式增强了工人劳动负荷，提高了生产效率，一定程度上推动了社会的发展。但在这一管理模式下，管理者居于支配地位，能够决定、支配被管理者的命运，被管理者作为人的本性被忽视，在管理者眼里，人与机器的唯一区别仅仅是会说话，是有生命的、能够听懂管理者指令的机器和工具。这一阶段在管理上的特点是完全依赖外在的强制和监督。管理者甚至可以无视被管理者包括生理需求在内的任何需求，可以对被管理者随意处置，最大限度地延长劳动时间，增加劳动强度，克扣工资，雇佣童工和女工，对稍有懈怠的工人施以严厉的惩罚。

以此为依据，18 世纪英国经济学家亚当·斯密（Adam Smith，1723—1790）提出了劳动分工理论和"经济人"观点，对后来西方管理理论和经济学说都产生了深远影响。19 世纪英国的查尔斯·巴贝奇（Charles Babbage，1792—1871）进一步发展了亚当·斯密关于劳动分工的思想，提出了一种固定工资加利润分享的分配制度，为现代劳动工资制度的发展做出了重要贡献。这一时期的管理思想强调管理者的作用，否定被管理者的作用，不管是从组织的实际需要，还是政治、经济环境来看，管理者为了实现管理目标，可以完全不顾被管理者的要求，而仅仅视其为达到目标的工具。

进入现代社会，虽然"工具人"假设已经被否定和批评，但在技术主义影响下，"工具人"被赋予了新的含义。按照传统的技术中性论的观点，技术仅仅是一种工具或手段，以此改造与控制自然，达到生存和发展的目的。这些观点同样对教育产生了深远的影响，在高等教育，尤其高等职业教育中，技术教育已经占据绝对的主体地位，高等职业教育在办学思想上自觉或不自觉地把受教育的学生当作了实现培养目标的工具，培养的技术型人才逐渐有"工具人"特征，办学理念逐渐有技术主义倾向，技术性特征也逐渐成为高等职业院校的本质性特征。

在高等职业学校办学实践中，这种"工具人"培养的表现随处可见。比如，几乎所有高等职业院校都强调要"以就业为导向"，"培养市场急需的人才"，其中蕴含的就是办学思想的工具化倾向，因为这是按照社会的标准和需求定制人才，其前提就是认为学生都是可以任意塑造的器物或者工具。置于整个社会大系统中看，教育仅仅是其中的一个技术环节，在按照社会标准不断地生产出合格的工具性技术人才。高等职业教育很好地完成了服务社会的社会性功能，而相对忽视了实现人的自由发展的价值功能。

高等职业教育工具化倾向的技术性特征，有多重深刻的社会原因。比如，当前高等职业院校的培养目标主要是政府的理性设计，首先体现国家、政府和社会的取向，而不是人的发展的需要，设计先于教育实践；重视人的外在的技术技能的培养，相对忽视精神的满足和人性的完善，高等职业教育培养的人才首先表现为听话的工具人，而不是具有独立自主意识的公民个体。如前分析，从更深层次来看，这种人才培养的工具化倾向其实源于近代以来技术主义影响的日益扩大。几次技术革命的发生，一方面极大地改变了我们的工作环境和生活方式，带来了日新月异、目不暇接的深刻变化，一方面也不断加深人们对技术的崇尚甚至迷信，越来越多的人确信技术的不断发展能够解决我们人类面临的几乎任何问题。以至于面对今天的教育，"人们似乎心甘情愿地让人把自己孩子作为东西，作为工具，作为机器去塑造、去加工、去利用"①。进而培养出懂技术的、满足社会某一部分需要的工具人。

高等职业院校的技术性特征实际强化了人才培养的工具化倾向。在办学实践中，单纯地强调了技术教育，强调了技术对于改造客观世界的巨大力量，忽视了技术的人文性，忽视技术对于人、对于社会、对于人与自然的关系都有巨大的影响。技术人文理念旨在修正过去对于技术性特征理解的片面性，通过树立技术人文理念，引导高等职业院校在办学实践中准确理解技术、人文以及二者的相互关系。

（二）技术人文理念的基点是人文

与技术相比，人文更加深刻、复杂。对人文最基本的理解可以是人对自然、社会、自身的认识，是一种价值观和规范。教育意义下的人文就是培养学生知道如何人之为人，或者说培养学生实现全面自由发展。教育是培养人的社会活动，其对象是人。捷克教育家夸美纽斯（Comenius, Johann Amos, 1592—1670）认为："只有受过一种合适的教育之后，人才能成为一个人。"② 著名教育家王汉澜认为："教育就是把人类积累的生产斗争经验和社会生活经验转化为受教育者的智慧、才能与品德，使他们的身心得到发展，成为社会所要求的人。"③ 瑞士著名教育理论家裴斯塔洛齐（Johann Heinrich Pesstalozzi, 1746—1827）认为："为人在世，可贵者在于发展，在于发展各人天赋的内在力量，使其能尽其才，能在社会上达到他应有的地位。这就是教育的最终目的。"④教育本身就是一种"人文"，教育过程的本身就包含有"人文教育"意

---

① 张汝伦：《思考与批判》，上海三联书店 1999 年版，第 105 页。
② 王天一、夏之莲、朱美玉：《外国教育史》（上），北京师范大学出版社 1993 年版，第 124 页。
③ 王道俊、王汉澜：《教育学》，人民教育出版社 1989 年版，第 27 页。
④ 王天一、夏之莲、朱美玉：《外国教育史》（上），北京师范大学出版社 1993 年版，第 303 页。

义。"毫无疑问，教育学是人文学科，或者说教育学的根本特质是人文性的。"① 教育本身的人文性决定了技术人文理念的基点是人文。

强调技术人文理念以人文为基点，符合人的全面发展理论。教育的过程其实就是人的发展的过程，教育也是实现人的全面自由发展的重要条件。马克思认为，人的现实需要决定人的发展内容，人具有需要才进行有意义的活动，也才可能追求自身的发展，所以需要是人发展的动力。"人们首先必须吃、喝、住、穿，然后才能从事政治、科学、艺术、宗教等等。"② 人性具有复杂性，人的需要也具有复杂性和多面性，由此决定了人的发展必然具有多方面的内容，也决定了人的发展是逐步向上的，逐步走向自由的、全面的、永恒的追求过程。马克思对于人的全面发展的要求，包含着要求人的全面特征的发展，即人的体力和智力的充分、自由、和谐的发展，同时也包括人的才能、志趣和道德品质的多方面发展。人的全面发展并不排斥人的个性发展，全面发展与个性发展是相容的。全面发展的人应是个人的一切天赋得到充分发展的人，人的天赋是人的发展的必备条件。"即使在一定的社会关系里每一个人都能成为出色的画家，但是这绝不排斥每一个人也成为独创的画家的可能性。"③ 基于马克思的人的全面发展理论，"在现代意义上所理解的人的全面发展，大致可以包括三个方面：一是人的能力和素质的发展。二是人的社会关系的发展。三是人的个性的发展"④。作为一种重要的教育形式，高等职业教育应该是融合人文精神、理论知识和职业技能于一体的教育形式。

---

① 王啸：《试析教育学的决定论立场》，《华中师范大学学报（人文社会科学版）》2005 年第 3 期。
② 马克思、恩格斯：《马克思恩格斯全集》第 19 卷，人民出版社 1963 年版，第 374 页。
③ 马克思、恩格斯：《马克思恩格斯全集》第 3 卷，人民出版社 1960 年版，第 460 页。
④ 杨柳：《人的全面发展视域下的职业文化建设》，《高等教育研究》2013 年第 7 期。

技术人文理念强调以人文为基点，体现和符合了高等职业教育的本质属性。高等职业教育作为一种教育形式，当然地具有教育的根本属性，其培养目标也应该趋向于教育的终极目的——"培养真善美统一的完满人格。"[1] 1999 年 4 月，联合国教科文组织在韩国首尔召开了第二届世界技术与职业教育大会，大会明确提出："职业技术教育不应该仅仅由'需求'驱动，也应该由'发展需要'驱动，应该是人的整体教育的一个组成部分，应该为全民提供终生学习的机会。"[2] 高等职业教育不能仅仅是技术教育、职业教育、技能教育，必须符合教育的根本属性，培养把人与国家、社会、自然、自身合一作为出发点的全面教育。

技术人文理念强调以人文为基点，因为人文具有导向和引领功能，必须以此确立人文的导向和引领作用。技术与人文本来是两个并列的概念，人类和个人都需要技术，也需要人文。就教育而言，技术教育和人文教育都是构成完整教育不可或缺的部分，但它们又分别仅仅是教育的一部分。技术与人文互有短长，互为补充，过于强调或贬抑任何一部分，都会造成教育的失衡，以至造成人与社会发展上的失衡。英国哲学家怀特海（Alfred North Whitehead，1861—1947）认为："没有纯粹的技术教育，也没有纯粹的人文教育，二者缺一不可。"[3] 技术人文理念强调技术与人文的融合，以人文的视角认识技术，辨识和处理技术与人的关系，以人文指导、修正、约束技术的创造、使用和提升，以人文引导技术为人类、为人服务，消除技术的弊端。"人文对技术的引领方法

---

[1]　庞学光：《教育的终极目的论纲》，《教育研究》2001 年第 5 期。

[2]　王英杰：《试谈世界职业技术教育发展趋势及我国职业技术教育的困境与出路》，《比较教育研究》2001 年第 3 期。

[3]　国家教委教育发展与政策研究中心：《发达国家教育改革的动向和趋势》第 3 集，人民教育出版社 1990 年版，第 205 页。

主要是通过人来认识技术、使用技术、迁移技术和创造技术。"① 高等职业院校树立技术人文理念，就要以此为指导，在教育教学各个环节加强技术与人文的融合，要加强校园人文环境熏陶，构建课堂人文课程体系，培养全面发展的高技术人才。

（三）技术人文理念的核心是技术

强调人文的导向和引领作用，并不否定技术是实现人的全面发展的基础。技术人文理念在强调以人文为基点的同时，也强调以技术为核心。技术从人类有史以来就始终显示出巨大的力量，技术为人类社会发展带来一定的负面影响，但其正面价值更为显著，对整个人类发展的巨大意义毋庸置疑。一定意义上可以说，对技术的无知就是对社会的无知，对技术的否定就是对人类自身的否定。人的发展从一开始就依赖于技术，恩格斯指出"劳动是从制造工具开始的"，技术在人类进化过程中具有决定性意义，创造和使用工具是猿进化为人的最关键的一步。所以完全可以说，一方面人创造了技术，一方面技术也创造了人。在人类漫长的进化和发展进程中，依赖于技术的力量，人的器官得以几乎无限制的"生长"。最初，人发明斧头延长了手臂，发明马车延长了腿脚，后来通过发明起重机、机械臂、飞机、高铁，不断地延长着自己的手臂和腿脚。再如，人类发明显微镜和望远镜，大大提高了人的视觉能力，既能够洞察微观世界，也能够探索宇宙空间。因为有了这些技术创造，人不需要改变肉体组织和结构，但却能够实现肢体、器官功能质的"进化"。高等职业教育的办学性质决定了技术教育是基本的教育内容，技术的训练、提高是育人的基础，但不能够是目的，技术教育的目的是实现人的全面发展，学会技术只是发展的一部分，而不是全部。

---

① 刘刚：《部分普通本科院校向职业院校转型之思》，《高等教育研究》2015 年第 4 期。

技术人文理念强调以技术为核心，在高等职业院校办学实践中就要突出技术教育。突出技术教育不是仅仅开展技术教育，是在人文引领下开展技术教育，在技术教育中融入人文教育，在专业教育中融入人文教育。要在加强技术教育的过程中，教育学生正确认识和处理技术与个人发展、技术与社会发展、技术与国家发展的关系，坚持以人文为引领，以技术为核心，教育培养学生正确合理恰当地创造、使用技术。美国哲学家安德鲁·芬伯格（Andrew Feenberg, 1943—）提出了很好的思路："我们可以把技术和使用者的生活、学习整合起来；把技术和伦理、美学整合起来；把技术和自然整合起来；把技术和使用的社会组织整合起来。"① 英国哲学家怀特海则提出了具体的课程设置建议："学校教育应包括三大类课程，即人文课程、科学课程与技术课程。……各门课程虽都有其侧重，但绝不是说某一门课程只给学生普通陶冶，而另一门课程只给学生专门知识，实际上它们都是密切关联的。"② 这些闪光的思想都是技术人文理念。

第二节　职业人文理念

职业性特征是高等职业教育的重要特征之一。职业性特征强调人才培养的规格和去向，在教育实践中往往导致过于突出人才的职业针对性，却忽略了人才的全面发展，强化了"职业人"的社会属性，削弱了其自然属性。教育的本源是实现人的全面发展，所以高等职业院校必须树立职业人文理念，培养全面发展的"职业人"，这种"职业人"不

---

① 安维复：《走向社会建构主义：海德格尔、哈贝马斯和芬伯格的技术理念》，《科学技术与辩证法》2002 年第 6 期。

② 刁培萼：《教育文化学》，江苏教育出版社 2000 年版，第 84 页。

仅应具备职业岗位所要求的技术、知识和能力，而且还必须具有职业的思想、方法、态度和情感。

一、职业、职业人和高等职业院校职业性特征

职业是指从业人员为获取主要生活来源，同时实现社会联系和自我实现而进行的持续的活动方式。在《现代汉语词典》中，"职业"有两种含义：一是个人在社会中所从事的作为主要生活来源的工作；二是专业的，非业余的。我国的《职业分类大典》总结了各种关于职业的研究成果，在此基础上提出："职业是指从业人员为获取主要生活来源所从事的社会工作类别。"姜大源在研究德国职业教育模式时，提出职业具有三个维度，即职业资格、职业功能和职业形态，也就是个体从事职业活动所必备的职业资格，该职业在劳动分工中的地位所体现的个体功能，以及个体通过该职业实现自我融入社会价值体系所具有的社会形态①。在从事职业活动时，人可以获得一定的经济报酬，并能与其他社会成员之间产生关联、彼此服务，担任着一定的社会角色，也能使个人的才能得以发挥。所以，职业是对人们的经济状况、生活方式、行为模式、文化水平、思想情操的综合性反映，也是一个人权利、义务和职责的体现，进而成为一个人社会地位的一般性特征。站在社会的角度来看，职业是人进入社会的一个极为重要的桥梁和角色特征，职业的存在及运动本身构成人类社会存在和社会运动的丰富内容之一，职业是现代人在现代社会里所具备的最重要的社会保障因素之一。

人是职业的载体，没有人当然也无所谓职业。"职业人"一般指有职业的人，或从事职业活动的人，或职业活动领域中的人，职业人是作

---

① 姜大源：《论德国职业教育专业的职业性模式（上）》，《职教论坛》2003 年第 10 期。

为职业的主体和基础要素而存在的人。职业和职业人是相互依存的关系，人与职业的关系其实也是人与社会关系的折射。一方面，职业人以职业的形式存在，以职业为依托发展，在适合自己的职业岗位上从事职业活动，靠职业获取利益而生活；另一方面，职业靠职业人的劳动、运营而发展。职业人是由一般人或非职业人转变来的，一般要经过职业教育才能进入职业领域实现就业，具有特定的规定性。在我们现实生活中随处可见到职业人，比如农民、牧人、渔民、裁缝、车工、钳工、会计、商人、司机、教师、医生、律师、演员、警察等，"三百六十行"是对职业的通俗描述。

在现代社会，一个自然人要想成为一名职业人，必须经过较长时间的专门的知识学习和技术培训，才能具备职业岗位需要的特殊的知识和技能。职业活动具有知识性和技术性。就绝大多数人而言，这种从事职业活动需要的特殊的知识和技术，不一定都是通过职业教育才获得，一切职业活动都具有一定的知识性和技术性，但有一些职业活动所需要的知识和技术比较容易掌握，而有一些职业活动需要的知识和技术则不易掌握；有的职业活动需要的知识和技术必须在特定的学校、培训机构里获得，有的却可以在家庭、在就业实践中获得。比如，一名掌握熟练技术的车工就必须通过高等职业教育来培养。

高等职业教育是培养各类专门技术人才的教育，是专门培养学生具有职业知识和技能的教育机构，高等职业教育的职业性特征必然导致职业人的培养。一定意义上说，职业教育就是人和职业的中介或桥梁，是培养适应社会需要的合格的职业人的基本途径，职业教育的起点是"人"，是接受职业教育的社会人，终点也是"人"，是从事职业活动的"职业人"。一名学生从进入高等职业学校开始，就已经在一步步走上职业人的培养道路，选择的专业基本明确了未来的职业去向，学习的专门技术直接为从事未来职业所需，毕业就业即成为一名具有专门技术的职业人。

一名全面发展的职业人，不仅要具备从事职业活动的知识和技术，而且要具备一定的职业人特有的素质和能力，包括以下几点：第一，崇高的职业理想，这是职业人价值观最根本的表现。职业理想以职业人职业的社会价值和个人价值取向相统一为基础，主要体现在责任感、事业心、创新精神和进取意识等方面，其中重要的是职业人表现出来的责任意识。第二，良好的职业道德，这是职业人在职业活动中应当遵循的道德，是一定社会或阶级对从事一定职业的人的一种道德要求。职业道德是一般社会道德在职业活动中的体现，在职业生活中形成和发展，调节职业活动中的特殊道德关系和利益矛盾。第三，完善的职业美学修养。现代职业人的美学修养是一个由职业所要求的，经过职业人不断自我培养、锻炼和陶冶的，内在素质和外在风格完美结合的审美意识和审美活动。职业人的最高境界就是能够自觉地按照美的规律从事职业活动，精神上获得情感的愉悦和超越。

在高等职业教育办学实践中，职业性特征当然地强化了职业活动所需的知识和技术的培养，但同时也要加强人文的教育和熏陶，强化职业理想、职业道德等职业人特有的人文素质的培养。要在传授学生职业知识和技能的同时，给予学生职业生活的体验，引导学生树立正确的职业态度，进而增进对职业意义和个人价值的理解。因此，树立职业人文理念是培养合格职业人的现实需要。

二、职业人文的含义

一个职业人从事某一种职业活动不应该只是为了获得个人的利益，更多的是应该为社会做出贡献；不只是为了物质的享受，更多的是为了精神的愉悦；不仅仅是获得兴趣的满足，更多的是个人理想的实现。每个职业人的职业虽然有所不同，但"职业只有分工不同，没有高低贵贱之分"。职业人在不同的职业领域，充当的社会角色不同，但他们作为有理性的生命个体，其精神和价值尊严是同等的。

作为一种教育类型，高等职业教育的目的不是培养仅仅具有职业知识和技术的职业人，而是培养具有职业素质、职业精神的全面发展的职业人。这种全面发展的职业人，一方面要具备普通公民的人文素质，另一方面要具备与其职业相适应的职业素质和能力，要具有职业精神、职业思想以及职业情感等。高等职业教育培养这种全面发展的职业人，必须树立职业人文理念。

职业人文理念是指在高等职业教育实践中，结合职业性特征，培养学生具有职业素质、职业能力、职业精神和职业情感。职业人文理念指导下的教育实践有别于普通高等教育中的人文素质教育和一般意义上的人文教育，是一种职业性特征决定的特殊形态的人文教育。高等职业院校的教育目的是培养全面发展的职业人，而不是只懂得职业知识和技术的片面发展的职业人。现代职业人应该在具备普通公民的人文素质基础上，同时具备与其职业活动相适应的各种职业精神和素质。这种职业人不仅具备其职业活动所要求的技术、知识与能力，而且还必须具备与其职业活动相适应的职业思想和方法以及职业的态度和精神。高等职业院校职业人文教育正是以培养职业思想、职业技术为目的，促进学生的全面发展。

在联合国教科文组织编著的《学会做事——在全球化中共同学习与工作的价值观》一书中，提出了一种新的着眼于人的可持续发展的职业教育模式，这一模式针对职业教育的实际，强调了人的价值观教育的重要性，提出了在职业教育中进行以人的尊严、劳动的尊严为中心的价值观教育的方法、途径，并提出了可操作性的教学模块①。这实际上正是职业人文理念的体现，只有在高等职业院校确立职业人文理念，才能从培养狭隘的仅仅面向职业岗位的职业人，拓展到培养既具有职业知识和技术，又具有职业适应能力、职业道德、职业情感以及从事某种职业所必需的健康心理和体质的全面发展的职业人。

三、职业人文的主要内容

职业人文理念要求高等职业院校必须结合职业性特征设计合适的教育内容，与人才培养的职业去向密切相关。职业人文理念的基点同样是人文，人文指导下的职业教育能够培养学生正确认识自身从事职业的生命意义、职业的价值和追求、职业活动中人与人的关系、人与自然的关系以及职业活动中人与社会的关系，等等。职业人文理念能够使受教育者具有职业人文精神，成为身心全面和谐发展、适应社会进步的职业人。因此，职业人文理念的内容可以概括为以下几个方面。

（一）职业价值观

价值观是人们对客观事物的一种看法，职业价值观则是价值观在职业选择和职业态度上的一种具体表现，即一个人对职业的认识和态度以及他对职业目标的追求和向往。人们常说的"人各有志"，就是不同人具有不同职业价值观的一种表现，职业价值观是一种具有明确的目的性、自觉性和坚定性的职业选择的态度和行为，包括职业理想、职业信念等，对一个人职业目标和择业动机起着决定性的作用。职业价值观反映了人们对职业的基本的价值取向，是高等职业院校学生价值观的重要组成部分。

---

① 联合国教科文组织：《学会做事——在全球化中共同学习与工作的价值观》，人民教育出版社 2006 年版。

对学生进行职业价值观教育，一方面能够促进学生在身心、智力、情感、审美、责任感等方面全面发展，成为一名合格的公民；一方面能够促进学生正确认识本职业的社会价值，尊重职业、精通职业，在岗位上有所作为、有所创造，成为一名合格的职业人。职业价值观教育的最终目的在于实现个人与职业的统一与和谐。职业理想是职业价值观最根本的表现。职业理想是职业人对自己所从事的对象性活动的展望，以职业人职业的社会价值和个人价值取向相统一为基础，主要体现在责任感、事业心、进取意识与创新精神三个方面，其中最为核心的是责任感。职业理想教育能够培养富有责任感的职业人，这样的职业人知道自己肩负的责任是什么、知道如何履行自己的责任，同时又经常反省自己是否已经履行了责任。

（二）职业道德

职业道德是人们在履行本职工作中所遵循的行为准则和规范的总和。职业道德在职业生活中形成和发展，鲜明地表达了职业义务、职业责任以及职业行为上的道德准则，它不是社会道德和阶级道德的一般反映，而是职业利益要求在道德方面的特殊反映。与一般社会道德不同的是，职业道德不是在通常意义上的社会实践基础上形成的，而是在特定的职业实践的基础上形成的，是一般社会道德在职业活动中的体现，表现为某一职业特有的道德传统和道德习惯，以及从事某一职业的人们所特有的道德心理和道德品质。

职业道德既有普遍性，也有特殊性。各个行业存在着共同的、基本的职业道德规范，包括敬业精神、奉献精神、诚实信用、职业态度、职业纪律、职业规范等。一般认为，职业态度是职业道德中最重要的内容。职业态度指一个人对某一职业所持有的评价和心理倾向，是从业者对职业和社会履行职业义务的基础。由于不同职业活动的内容与要求不同，职业道德的具体内容往往有一定差别，带有不同职业或行业的特点。比如，2008 年教育部重新修订的《中小学教师职业道德规范》规定中小学教师的道德规范是爱国守法、爱岗敬业、关爱学生、教书育人、为人师表、终身学习。

职业道德是一种"灵魂立法""思想立法"，具有自觉的性质，是法律规范和具体的业务规定所不能替代的。从职业道德的内容来看，职业道德是人们在长期的职业生活中，自然而然形成的。职业道德能够对岗位职责的完成起着道义上的保证作用，从思想上很好地调整职业内部和外部的关系。高等职业院校必须加强学生的职业道德教育，一名专业思想稳定、具有敬业奉献精神、遵守职业纪律规范、对未来职业态度积极的学生，在未来职业活动中一定会投入更多的精力去工作。

（三）职业美学修养

职业美学修养是职业活动中美的发现、美的欣赏、美的创造，它强调专业知识、专业技能与审美教育的结合，体现出鲜明的专业特色和职业特色。现代职业人的美学修养是由职业所要求的，经过职业人不断自我培养、锻炼和陶冶的审美意识和审美活动。职业美学修养包括三个方面：一是要具备一定的美学知识、经验和审美情趣；二是要按照美的规律进行自我塑造，使自身具有良好的职业表现力；三是要自觉遵循美的规律从事职业活动，要在职业活动中善于发现美、创造美，遵循美的规律，美化自身职业活动。职业人的最高境界就是能够自觉地按照美的规律从事职业活动，精神上获得情感的愉悦和超越。

高等职业院校学生必须加强职业美学修养，除了提高普通的、基本的审美素质，还要结合专业知识、专业技能进行审美学习和修养，把普通的审美教育目标与专业教育目标结合起来，才能不断提高职业美学修养。加强职业美学的学习与修养能够使学生认识到职业美不仅是外在的、愉快的感觉，而且在将来的职业生涯中，职业美能使人真正体会到从事职业活动的价值和自己存在的价值，感受到自我创造性的潜力和创造性劳动的喜悦。

加强职业美学修养一个很重要的作用在于能够克服职业审美疲劳。一个人在职业发展过程中，不管取得什么样的成就，都会或多或少地对工作本身产生厌倦感，甚至使自己无法对自身的工作成果产生主观上的满意。只有不断提升职业人的职业审美能力，才能克服职业审美疲劳。一个现代职业人不光要求具有高度的敬业精神、娴熟的操作技能，还应具有高度的职业美学素质。只有具备一定的职业审美能力和创造能力，才能更好地根据职业及岗位需要来塑造自我、调整自我、创新自我，才能更好地在职业活动中自觉而熟练地运用美的规律去布置和美化工作情境，才能更好地开拓创新，从容应对工作压力与挑战。

（四）职业生涯规划

职业生涯规划是指个人发展与组织发展相结合，在对一个人职业生涯的主客观条件进行分析、测定、总结研究的基础上，结合自己的爱好、兴趣、特长、能力、经历以及不足，确定其最佳的职业奋斗目标，并为实现这一职业目标而做出的相应的工作、教育和培训的行动计划。简言之，就是指个人或组织对一个人的中长期的职业发展过程所做的整体计划和安排。"职业生涯"与"职业"相比较，职业是静态的，职业生涯则是动态的，职业是个人扮演的一系列工作角色，职业生涯则更能体现个人的主体地位。所以，职业生涯规划是高等职业院校职业人文教育的一项重要内容。

合理的职业生涯选择是个人特点与社会经济环境相互适应的具体体现，正确的职业选择同时也是一个人能否获得美满生活的重要因素。因此，制定职业生涯规划体系既是高等职业院校对学生培养的起点，也是终点，体现了学校及社会对学生的人文关怀，是营造人文环境的重要方面。职业生涯规划的目的绝不仅仅只是达到和实现个人的某一目标，更重要的是帮助个人真正认识和了解自己，在满意、和谐的职业生涯过程中，实现个人的最大价值。

高等职业院校要加强对学生职业生涯规划的指导，要重视从学生自我认识、专业推荐、专业选择、职业准备到求职就业的各个环节。从学生入学伊始，就把职业教育和指导作为选修课，帮助大学生树立职业意识，认知职业的方法与途径，了解职业对任职人员的素质和能力要求，了解职业声望评价方法和职业功能教育，建立职业理想，制定职业规划，选学专业和选修课程。在高年级要以就业信息筛选、就业心理咨询、心理素质训练、职业能力倾向测试、就业技巧训练为主要内容，进行职业分类、职业性质咨询教育，为就业做好准备。

第三节　实践人文理念

实践性是高等职业教育区别于普通高等教育的一个显著特点，实践是高等职业教育实现综合职业能力培养的重要环节，也是高等职业教育培养应用型技术人才的客观要求。实践具有人文价值，培养具备职业岗位要求的技术、知识、能力、思想、态度、情感的全面发展的高技术应用型人才，高等职业院校必须树立实践人文理念。

一、实践人文的含义

在马克思主义哲学中，实践是指人类能动地改造物质世界的对象性活动。毛泽东在《实践论》中指出："马克思主义者认为人类的生产活动是最基本的实践活动，是决定其他一切活动的东西。"[①] 实践人文的含义可以从两个方面来理解。

---

① 毛泽东：《毛泽东选集》第 1 卷，人民出版社 1991 年版，第 282 页。

　　第一个方面是指实践的主体是人。实践是人的主观的、感性的活动，是主观见之于客观的能动的活动，是人的社会的、历史的、有目的、有意识的物质感性活动，是客观过程的高级形式，是人类社会发展的普遍基础和动力。实践的基本主体是人，实践的基本矛盾就是人的基本矛盾，其规律就是人的运动规律。实践只有在自觉的意识下才是人性的、人格的。自觉是人类自我解放的一般规律，是自我意识的必然。自发是无意识的自然活动，是人基于自然进化的基础所具有的属性。实践的本质包含两层含义：第一层含义，实践是指人所特有的对象性活动。实践活动是以人为主体，以客观事物为对象的现实活动；实践把人的目的、理想、知识、能力等本质力量对象化为客观实在，创造出一个属于人的对象世界。第二层含义，指实践具有物质的、客观的、感性的性质和形式。实践是人类生存和发展的根本和唯一方式，人类在实践中生存和发展。人类的发展就是实践的发展，人类的发展过程就是实践的发展过程；反之，实践的发展就是人类的发展。

　　第二个方面是指实践决定着其主体人的认识。辩证唯物主义认为，认识是客观世界及其规律在人们头脑中的反映。人们的认识是在实践活动中与外界事物相互作用的过程中产生并发展的。认识是否正确地反映了客观事物，要受实践的检验。认识的根本任务是使感性认识上升到理性认识，透过现象抓住事物的本质。任何一个具体的认识只是对整个世界一个层次的认识、一个方面的认识、一个发展阶段的认识。因此，人们应当在实践的基础上不断深化认识、扩展认识、把认识向前推移。知识是认识的结果，是认识对象或客体的属性、规定、关系、特征、要求、能力在主体意识中的表现形式。知识是主体创造的具有客观实在性和自身特点的具体事物。概念是知识的基本单位和表现形式，是关于认识对象和客体的属性、规定、能力、特征的概括和总结。知识同任何事物一样具有多种属性和规定，知识是质量、价值、意识、运动、时空和数量组成的统一体，知识作为客体是认识的对象和新知识的来源。

实践和认识是对立统一的。列宁指出："实践高于（理论的）认识，因为它不但有普遍性的品格，而且还有直接现实性的品格。"① 实践是认识的基础，没有实践就不会有认识，不理解实践也不能正确理解认识。认识产生于实践的需要，人们为了更有效地进行实践活动，就必须加深对事物的认识。实践及其发展的需要是认识、知识产生的根源和发展的动力。在现代，实践的发展促使科技发展不断进步，以至促成新技术、新发明层出不穷。实践是认识的目的，认识必须满足实践的需要，为实践服务。实践提供了认识的途径，认识的任务在于透过事物的现象把握事物的本质，人们只有通过实践这个途径，实际地观察和变革事物，才能感知其现象，把握其本质。对自然界和科学研究里的事物，我们可以通过观察、调查和实验活动来认识它。实践是认识的标准和认识的目的。在实践中产生的认识还必须回到实践中去接受检验，才能证实它是否正确。离开了实践，认识是否正确就无法得到证明。

认识产生于实践的需要，还必须回到实践中满足其需要，实践是认识的最终目的。如果有了真切的认识、理论，只是把它空谈一阵，并不实行，那是毫无意义的。认识从起点到终点，每一点都离不开实践，理论要由实践赋予活力，离开人的实践，再正确的理论也没有意义。与此相一致，实践从开始到最后，其进行的每一个环节、每一个步骤都离不开认识和理论，都要依靠认识、理论来指导，认识是实践活动中内在的、必需的环节，是实践过程的一个结构性要素，认识参与和伴随于实践过程始终，没有认识、理论指导的实践是盲目的实践。

高等职业院校教学内容的科学理论和技术是从客观实际中抽象出

① 毛泽东:《毛泽东选集》第1卷，人民出版社1991年版，第284页。

来，又在客观实际中得到证明的，正确地反映了客观事物的本质及其规律的理论，是系统化的真理性认识，它能够预见事物的发展方向，指导人们提出实践活动的正确方案，对人们的实践活动有巨大的推动作用；它能提出正确地认识事物的方法，指导人们正确地认识世界。但要掌握这些理论和技术又需要在实践中去验证，在实践中去操作，在实践中去应用，只有运用的理论和技术才具有价值，只有通过实践的检验，理论和技术才有意义。

实践是人的生存方式，实践的形态包括生产活动、社会交往活动和精神生成活动。生产活动是人与自然关系的实践形态，社会交往活动是人与人相互关系的实践形态，精神生成活动是人与自身精神关系的实践形态，三者并不是独立的活动，而是同一实践的不同方面的规定，任何人的实践活动都是三者的统一。在高等职业院校加强实践教学、开展实践活动，一方面能够检验所学的书本知识，加深对所学理论知识的认识和理解。在实践中学生不再拘泥于所学知识，学生可以自己动手，亲自去取样、观察和测试等，了解认识对象的具体特征，掌握事物的运动规律；或者通过调研、访谈、测算、统计、分析等，预测经济社会发展趋势，提出最佳解决方案。另一方面，在实践中学生直接面对操作对象或者大自然等认识对象，能够感知到人与自然的关系；在实践中往往需要许多人共同完成一项生产活动或调查研究，在这一过程中能够体验到人与人、人与社会的关系；在实践中的历练，能够认清自身的优点和缺点，能够磨炼自己的毅力和意志。

所以，实践人文理念就是在实践中正确认识人与自然、人与社会、人与自身的关系，加深对自身的生命意义和价值的理解和追求，对人与人平等、互爱、互利、诚信的追求，对人与自然同一、和谐的追求以及培养个人对人类和社会的奉献精神、对祖国的牺牲精神、对民族兴衰存亡的理性认识，等等。

二、实践人文的主要内容

实践人文理念在内容上体现了对人与自然的关系、人与人关系以及对人自身的认识等方面，包括思想道德教育、社会伦理教育、理想信念教育、团队精神教育、情感意志教育、人生价值教育、爱国主义教育、责任意识教育和审美教育等。高等职业院校实践人文理念的主要内容可以概括为以下几个方面。

（一）在实践中提高思想道德修养

思想道德素质是人的基本素质，体现着人们协调各种关系、处理各种问题时所表现出的是非善恶判断能力和行为选择能力，是政治素养、道德品格的综合体，决定着人们在日常生活中的行动目的和方向。人的思想道德不是与生俱来的，是在后天的社会环境影响下逐渐形成的。社会环境对人的思想道德的形成发展的影响是以人们的社会系统和社会实践为中介而实现的。人在接受外部社会环境影响形成自己的思想道德的过程中，不是消极被动地接受，而是主动的选择、理解和认同。思想道德的形成，从根本上说，是人的思想道德意识与思想道德实践互动的过程，也是社会占主导地位的法律制度、道德规范被行为者认同的结果。

实践对提高大学生思想道德修养具有极其重要的作用，大学生的思想道德修养的提高，需要紧密结合社会实践并只能在社会实践中最终完成。在实践中，学生能够运用辩证唯物主义的基本观点，去全面客观的认识世界、观察世界、分析问题、解决问题；用历史唯物主义的观点和方法去思考社会和人生，正确分析和评价现实生活中的政治、经济、文化道德现象和各种社会思潮，从而树立科学的世界观、人生观和价值观；通过在生产、管理、服务第一线的实际锻炼，能够直接向一线群众学习，加深对国情、民情的了解，获得丰富的感性材料，加深对课堂所学理论的理解，进而在理性上得到改善和升华，增强了社会责任感，接受了爱国主义、集体主义和社会主义教育，培养了敬业奉献精神。

（二）在实践中增强社会责任感

社会责任感是在一个特定的社会里，每个人在心里和感觉上对其他人的伦理关怀和义务。社会是共同生活的人们通过各种各样的社会关系联合起来的集合，社会不是无数个独立个体的集合，而是一个相辅相成、不可分割的整体。社会不可能脱离个人而存在，个人也不可能脱离社会而生活。纯粹独立的个人是一种不存在的抽象。所以，生活在一个社会里，人们一定要有对社会负责、对其他人负责的责任感，而不仅仅是为自己的欲望而生活，这样才能使社会变得更加美好。

在当今世界多极化发展的形势下，日趋多元化的社会价值观念对当代大学生的思想意识产生了深刻的影响。培养全面发展的高技术专门人才，其首要的前提就是要对世界、国家和社会的现状有所了解和认识。通过课堂学习，学生对我国的国情和社会发展状况有了一定的了解和认识，但通过参加社会实践活动，通过在生产、管理、服务第一线亲自参与实践劳动，能够更加直接感受祖国建设发展的成就和艰辛的发展历程。在工厂车间、在田间地头，通过与一线群众的交流与合作，进一步加深对社会各方面的实际了解，更加深刻地理解我国当前的基本国情和社会现实。大学生在实践中能够更加深刻地理解知识的价值，增强他们尽职尽责、甘于奉献、勇于吃苦的社会责任感，真正达到接受教育、增长才干、敬业奉献的目的，激发他们的爱国热情和学习动力，更好地报效祖国，服务社会。

（三）在实践中培养协作精神

协作精神是社会对人才的基本要求。在社会化分工越来越精细的当今时代，如果没有团结与合作，没有集体和团队的力量，仅仅依靠个人的能力根本不可能有大的作为。协作精神要求大学生要具有共同发展的意识、与人分工合作的意识，既要有自主意识，也要有配合意识，不能一切以自我为中心，目中无人，目空一切。当前，包括高等职业教育在内的在校大学生大多数都是独生子女，独生子女的一个突出特征就是自主意识强，合作意识弱。高等职业院校开展的实践教学和社会实践活动为大学生加强协作提供了很好的平台。例如，在实践教学工厂实习中，每一个学生都只是生产线上的一环，只要其中的一环出现问题，就会影响到整个生产线的作业，只有大家互相信任、密切合作，生产线才能像流水一样源源不断。在社会实践中，要完成一项社会调查，前期要做好策划，中间要做好问卷的准备、发放、回收和统计，最后还要完成调查报告的撰写等，这些往往需要投入大量的人力、物力才能够完成，因此只有分工合作、各负其责、各司其职，才能提高工作效率，同时在合作中提高大学生的协作意识。

（四）在实践中创造自身价值

人生价值是人的生活实践对于社会和个人所具有的作用和意义。人生之所以有价值，是因为人能够自觉有意识地认识和改造客观世界与主观世界，创造物质财富和精神财富，通过创造性的社会实践把人生提升到一个更高的境界。所以，实践是实现个人价值的根本途径，脱离实践，人生价值就只会是一种潜在形态的抽象，而不表现为现实的形态。人生价值目标必须在实践中才能化为现实，人生价值目标的实现就是一个实践的过程，人生价值的评价就是对实践及其成果的评价。只有实践才能够将人们期望的东西经过创造性的活动奉献给社会。实践是人生价值的源泉，是检验人生价值的尺度。实践是认识的基础，只有通过实践才能发现、证实和发展真理，并依据真理性的认识指导自己的实践。同时实践也是实现人生价值的必由之路。通过实践，人们不断地改造主观世界和客观世界，不断地为社会创造物质财富和精神财富，不断地丰富和完善自我，从而实现人生价值。离开实践，不可能实现个人的社会价值，而且自我价值的实现也就无从谈起。通过实践，人可以改造自然、改造社会，创造物质财富和精神财富。社会实践不仅陶冶着人的心灵和品质，锻炼着人的才智，熔铸着人的内在价值，而且展示着人的聪明才智，检验着人的思想行动，体现着人的外在价值。社会实践是把内在价值与外在价值、个人价值与社会价值结合在一起的纽带和桥梁。只有通过社会实践，一个人才能实现内在价值与外在价值、个人价值与社会价值结合在一起的自我，即真正的、现实的、活生生的自我。

在高等职业院校，实践教学是促进学生全面发展的根本途径。学生要实现全面发展，并顺利进入职业生活和社会生活，必须通过教学尤其是实践教学才能得以实现。在生产、服务、管理第一线的实践过程中，学生不仅能获得知识、技能的提高，而且在这一过程中会伴随着世界观的形成或改造、社会生活基本素质的养成，最终实现了个人能力、个性发展和个人价值的充分统一。在实践教学活动中，学生自身以内在体验的方式参与教学过程，不断地获得知识、技能及道德行为等多方面的提升，不断地习得和积累社会生活经验，逐步养成参与社会生活的基本素质，这样在教育育人根本目的得以实现的同时，也满足了包括人的社会生存、社会适应、社会发展在内的全面发展的需要。

第四节　服务区域理念

一所大学的战略定位必须以区域经济发展为支撑，大学的办学理念必须服务区域经济发展，融入区域经济发展。作为以应用技术人才为主的高等职业院校，其办学资金、上级主管、学生来源都主要来自地方，其自身的人才服务、科技服务等辐射力都具有相对局限性，面向世界、全国一流是一种眼界，是一种追求，但立足点必须也只能是服务区域。眼界要高，立足要实，一定意义上服务区域理念是高等职业院校存在与发展的基础。

一、服务区域理念的发展与形成

大学向有象牙塔之誉，或许因为早期的大学给人的印象总是超凡脱俗而充满贵族气息。西方早期的大学是教会大学，服务的对象是神秘的世界，我国古代的高等教育是官学合一，主要是服务贵族阶层。虽然近代以来大学服务的对象已经有了很大的改变，但这种"贵族气息"仍有延续。有研究表明，"改革开放 30 多年来，重点大学中农民辈出率一直低于 0.4，而工人、办事人员、专业技术人员、私营企业主和国家干部等阶层的辈出率，是农民阶层的 2—15 倍。这表明我国优质高等教育资源长期被社会优势阶层所垄断，重点大学具有复制社会不平等功能，已成为强势阶层再生产的工具"①。所以，高等职业院校树立服务区域经济发展的理念是经济社会发展的需要，也是办人民满意的大学的需要。

高等学校的服务面向根本上说取决于经济社会发展的需要，大学服务区域理念的形成最早可以追溯至第一次技术革命时期。第一次技术革命始于英国，1769 年瓦特发明了蒸汽机，成为第一次技术革命的主要标志，技术革命极大地推动了工业革命，不仅是一场工程技术上的全面改革，而且是一场社会变革，是以机器生产逐步取代手工劳动，以大规模工厂化生产取代个体工场手工生产的一场生产与科技的革命。工业革命把机器和动力用于生产上来，机器和动力复杂，必须组织大生产，从而把许多人集中在一个工厂里来，在统一的管理下有机地进行生产劳动。这种大生产组织形式需要大批熟练生产劳动工人，这为通过学校教

---

① 程家福、张卫红、陈思齐：《农民子女重点大学入学机会不均等问题历史研究》，《现代大学教育》2014 年第 2 期。

育大批量培训同一职业的工人提供了可能。1823 年，乔治·伯贝克
（George Birkbeck，1776—1841）创立了具有高等职业教育性质的伦敦
机械学院，"其办学的目的正是适应工业革命的需要，为各种新兴行业
的工人提供学习、培训的机会，让他们接受能够从事新职业的技能教
育"①。伦敦机械学院在 20 世纪初发展成为伯贝克学院，后来又成为伦
敦大学的组成部分。伦敦机械学院为地方发展培养急需的熟练工人，一
定意义上开创了高等职业院校服务地方的先河。

但高等学校有意识地在观念上和实践中真正确立服务地方的理念首
先发生在美国。1862 年，美国总统林肯批准了历史上著名的《莫雷尔
法案》，对美国乃至世界高等教育的发展产生了深远的影响。法案规
定，国家给各州分配不同数量的国有土地，各州用这类土地的所得收入
在 5 年内至少建立一所"讲授与农业和机械工业有关的知识"的学院。
后来这类学院被称为"农工学院"或"赠地学院"，从此美国出现了一
大批服务地方的地方大学。在诸多的赠地学院中，威斯康星大学堪称服
务地方的典范。"真正促进大学与生产相联系、与社会相结合，并把
'直接为社会服务'正式确定为大学第三职能的，是'威斯康星思想'
的出现。"② 1904 年，范海斯任威斯康星大学校长，他提出在教学和科
研的基础上，威斯康星大学要通过培养人才和输送知识两条渠道，去服
务社会和区域经济发展，这一思想被称为"威斯康星思想"。这一做法
打破了原来大学的传统封闭状态，拓展了大学为社会服务的职能，在高
等教育史上产生了划时代的影响。

在我国，当前经济社会发展转型升级急需高等教育的支撑，高等学
校也需要通过服务区域经济发展取得更大的发展空间，服务区域、服务

---

① 刘刚：《技术革命与现代职业教育的生荣》，《河南科技学院学报》2014 年第 8 期。
② 韩延明：《大学理念论纲》，人民教育出版社 2003 年版，第 455 页。

地方、办人民满意的高等教育是高等职业院校的应有之义。在河南，很多高等学校都明确提出了服务中原经济区、国家粮食生产核心区、郑州航空港经济综合实验区三大国家战略的思想，主动融入地方发展也为学校自身发展带来了机遇。2015 年 1 月发布的《河南省全面建成小康社会加快现代化建设战略纲要》明确提出，"构建现代产业体系，推进产业结构优化升级"，建设先进制造业大省、高成长服务业大省和现代农业大省。提出抓住用好新一轮科技革命和产业变革的重要机遇，争取在智能终端、新能源汽车等战略新兴产业领域形成新的增长点；推动现代物流、信息服务、金融、旅游、文化等服务业提质扩容，加快发展科技研发、教育培训、医疗卫生、商务服务、服务外包、健康养老及家庭服务等新兴产业，带动高成长服务业大省建设；坚定不移加快转变农业发展方式，走产出高效、产品安全、资源节约、环境友好的现代农业发展道路，实施高标准粮田"百千万"建设工程、特色农业产业化集群培育工程、都市生态农业发展工程、"三山一滩"群众脱贫工程等①。这一战略纲要的实施为河南省高等职业院校服务区域经济发展指明了方向。

二、服务区域的主要形式

高等职业院校一般不具有辐射全国的能力，所以必须结合实际找准定位，踏踏实实做好服务区域发展的职能，通过服务区域发展实现自身价值、彰显自身特色。高等职业院校服务区域发展要不断丰富服务内容、创新服务形式。

---

① 《河南省全面建成小康社会加快现代化建设战略纲要》，《河南日报》2015 年 1 月 5 日。

（一）为区域发展培养各类急需人才

人才是地方发展最宝贵的资源和财富，高等职业院校为区域经济发展服务首要的就是培养地方发展最缺乏的各类技术人才，尤其是经济社会发展需要的大批应用型人才，这是高等职业院校生存、发展的基础。要紧跟区域经济社会发展需要，及时调整学科专业结构，适应区域经济发展需要。要不断改革教学内容、课程体系和教学方法，开设适应区域经济发展需要的教学内容和课程，加强实践教学和实习、实训，努力培养有实际动手能力和实践经验的各类应用型人才。

区域发展具有水平不均衡性、行业集聚性、资源差异性等特点，不同的发展水平、不同的行业、不同的资源条件，使各地发展具有显著的差异，对人才的需求同样具有显著的差异。高等职业院校主要培养应用型人才，在不具备辐射全国或者较广泛的地区的情况下，必须紧密结合区域发展需要，培养区域发展急需的专业人才。要找准自身定位，要与重点大学、本科院校等保持适当的错位发展，努力培养应用型技能型人才，与高层次人才、研究型人才互为补充，共同促进区域经济发展。要坚持学校教育与职业培训相结合，学历教育与非学历教育相结合，为区域发展培养培训大量的急需的一线工人、新型农民，建立起一种全日制非全日制贯通的职业教育培训体系，终身学习的职业教育培训体系，推动区域劳动者素质不断提高。

（二）为区域发展提供科技支撑

科学技术水平的高低决定了区域经济发展的速度和质量，高等职业院校要有意识地调整科研方向，以区域经济发展急需的应用技术为研究重心，积极开展各种应用技术研究、应用技术开发。要根据自身实际，针对区域经济建设、社会发展状况，鼓励广大教师积极为区域经济社会发展提供技术咨询、技术研发、技术转让、技术合作服务。加强校地合作、校企合作，联合开展技术攻关、技术推广和技术改造。高等职业院校也要积极参与大学科技园区建设，大学科技园区是大学服务地方的一种崭新形式，我国很多一流大学牵头组建了一批大学科技园区，高等职业院校在其中同样能够发挥重要作用。在江苏等省，很多高等职业院校联合地方政府、企业已经组建了一批省级大学科技园。2012 年，以南京工业职业技术学院为依托，江苏省批准建立了南京工业职业技术学院大学科技园，作为一个省级大学科技园，以"共建、共管、共享、共用"建设模式，充分整合学校、南京市政府、高校、上市企业优质资源，初步建成了独具特色的大学科技园，曾被科技部、教育部评为高等学校学生科技创业实习实训基地、江苏省大学生创业示范基地、南京市科技型企业孵化器等荣誉称号。2012 年，湖北省襄阳市依托襄阳职业技术学院创建了襄阳市大学科技园，被科技部认定为"国家级科技企业孵化器"，被工信部认定为"国家小型微型企业创业创新示范基地"，被人社部评为"全国创业孵化示范基地"。这些都为高等职业院校服务地方提供了有益的示范。

（三）为区域发展引领文化方向

大学被誉为"人类社会发展的'动力站'。知识的保存、传授、传播、应用和创新，文明的传承和进步，人才的发掘和培育，科学的发现和技术的更新，社会的文明与理智，不同文化间的交流与沟通，无不依赖大学作为基础"①。所以，大学始终处在社会文化发展的最前沿，是社会先进文化的重要源头，承担着引领社会文化发展的重要任务。高等职业院校同样承担着引领区域文化发展方向的任务，可以通过对区域文化、发展思想、发展战略等的研究，成为区域发展的思想库、文化源。广东工程职业技术学院在《章程》中明确规定："学校充分发挥智囊团和思想库作用，坚持用先进思想和文化，为经济建设、政治建设、文化

---

① 王承绪：《大学的理想》，浙江教育出版社 2001 年版，第 1 页。

建设、社会建设和生态文明建设服务。"①

第五节　开放共享理念

　　高等学校理念创新必须适应社会发展并在与社会的互动中不断探索和实践，随着经济全球化，市场国际化，高等教育也在越来越走向开放，国际化、全球化、市场化、信息化、大众化知识经济时代的开放共享特质对大学的理念、组织结构、体制机制等产生了巨大影响，高等学校树立开放共享理念已经是发展的趋势。一流大学要开放办学，高等职业院校同样要开放办学。

一、开放共享的含义

　　开放共享理念是一个不断发展的概念，尤其在当今时代，任何一所高等学校都是所在国家和区域社会的大学，不可能独立地、盲目地发展，必须同整个国家的发展相协调，与区域社会的发展相一致，所以一定意义上，高等学校已经成为一个与企业、政府、国家、社会相互渗透、共同合作、共享融合的开放性组织，必须面向政府、企业等社会组织形成合作共享融合的关系。甚至在新技术革命和经济全球化的信息时代，高等学校还必须面对全球性的竞争环境，必须广泛开展各种形式的国际合作与交流、共享与融合。华中科技大学原校长李培根院士认为："如果某一高等学校把融教育于社会视为其内在的教育理想；其主要的教育活动源于社会、服务于社会，甚至在某一点上能

---

① 《广东工程职业技术学院章程》，广东工程职业技术学院网站，http：//www. gpc. net. cn/180。

一定程度地引领社会或业界发展进程；其主要活动、资源等的边界延伸到社会之中，这样的高等教育可称之为开放式高等教育。"① 这也是开放共享理念的基本含义。开放共享是现代社会的标志，也是现代学校治理的核心思想。高等职业院校只有开放共享，才能融入社会发展，才能充满生机活力，才能推动学校不断创新发展，才能不断提升学校核心竞争力。

开放共享是高等职业院校办学性质的必然要求。"高等职业教育是在中等教育基础上进行、培养具有某类职业或行业技能和知识的高级技术应用型人才的教育活动。"② 人才规格适应职业标准、行业要求是高等职业院校的基本要求，否则从事的就不是高等职业教育活动，而要符合职业标准、行业要求，就要不断地适应社会职业、行业的变化和动态，只有开放共享才能保持社会适应性。高等职业院校作为一个地方性的社会组织，必须建成一个富有活力的开放体系，吸引政府、企业等社会各界优质资源参与办学、合作办学，同时保持与社会的耦合度，加强与社会的共享与融合，为学生成长成才提供全面真实的社会环境。

开放共享是地方对高等职业院校的基本要求。高等职业院校是地方的高等职业院校，地方对高等职业院校投入资金物质，进行有效管理，一个很重要的目的就是以此推动地方发展。一个开放共享的高等职业院校，才能够直接为区域地方服务，才能够有直接的推动力。对地方来说，对高等职业院校的直接管理意味着能够满足更多的要求，地方产业需要什么样的人才，就要求高等职业院校培养什么人才，地方企业需要什么样的技术，最方便的解决办法也是就近研发和提供，这些都要求高

---

① 李培根：《论开放式高等教育》，《高等教育研究》2007 年第 9 期。
② 刘刚：《问题与路径——高等职业院校人文教育策略研究》，人民出版社 2012 年版，第 58 页。

等职业院校必须开放共享。

开放共享符合高等职业院校的发展实际。相对一流大学，高等职业院校普遍整体实力较弱，开放共享意义更大。通过开放共享，高等职业院校能够借梯登高，能够更好地利用政府政策、企业资金、社会人才等各种优质资源，集聚社会力量，实现自身发展。开放共享是双向的，吸纳优质资源进来的同时，也要推动学校走出去，既是学习提高，也是体现价值，同时也满足社会的需求。

二、开放共享的主要内容

高等学校树立开放共享理念就是要以此为指导实施全方位的开放，如果从大学的基本功能来分，包括教学系统的开放、科技创新系统的开放、社会服务系统的开放。南京大学校长陈骏甚至提出国际化是大学的第四功能，认为"'国际化'已经成为高等学校的第四大功能，全球化与国际化进程的推进使高校的开放办学进入了新的发展阶段"①。就高等职业院校来说，开放共享主要体现在三个方面。

（一）教学系统的开放共享

开放共享理念首先要落实到教学活动中去，高等职业院校要通过实习、实训、实践等把课堂的边界延伸到企业、行业第一线，让学生有更多机会学习到实际动手能力。要通过走出去、请进来，让行业、企业精英走上大学的讲台，了解技术进步、技术应用的趋势，调查行业、企业对人才状况的评价与需求，听取行业、企业一线人员对于专业设置、教学改革的意见和建议。鼓励教师走出校门，尤其是应用学科的青年教师要把活动的边界延伸到企业、行业之中，不断更新实践知识和经验，提

---

① 陈骏：《推进开放办学战略建设世界一流大学》，《中国高等教育》2010 年第 15—16 期。

高自身的实践能力和创新能力。

（二）科技创新系统的开放共享

科技创新的"三螺旋"理论认为："科技创新是将科学发现和技术发明应用到生产体系并创造新价值的过程，它是科学发现、技术发明与市场应用在协同演进下的一种复杂涌现，是这个三螺旋结构共同演进的产物"①。所以，科技创新包括人才、资金、制度建设、科技基础、创新环境等多个要素，涉及政府、企业、大学、科研院所、中介机构、社会公众等多个主体。科技创新是高等学校的基本职能，大学内部的科技创新系统必须是开放共享的，必须成为国家科技创新体系的一个有机组成部分，必须能够与其他系统协同创新。但长期以来的现实是："科研机构、高校游离于企业之外，科研机构与高校之间相分离，大学的教育与科研'分家'，使得本来是一个紧密相关的创新活动被人为分割为若干个相互脱节的环节，造成有限的科技创新资源难以实现优化配置，科技创新资源短缺与闲置浪费并存，资源利用和投入产出效率不高。"②高等职业院校树立开放共享理念就要求开放内部科技创新系统，研究与开发应该面向企业和社会需求，与行业、企业相结合，要利用现有资源与企业共建研发平台或基地，地方大学限于资金、人才等因素不能把自己创办企业作为科技成果产业化的主要形式，要主动把自己的研究成果转移给社会和企业，让企业家把研究成果尽快商品化，提高科技创新的效率。

（三）社会服务系统的开放共享

美国当代教育家克拉克·克尔（Clark Kerr）认为，现代大学已经

---

① 张来武：《科技创新的宏观管理：从公共管理走向公共治理》，《中国软科学》2012年第6期。

② 张来武：《科技创新的宏观管理：从公共管理走向公共治理》，《中国软科学》2012年第6期。

从原来的社会边缘进入社会的中心地域，在社会发展中发挥越来越重要的作用。大学已经帮助社会解决了无数的繁难问题而赢得了民众的信任，但大学在未来社会中的责任更重大、更艰巨。因而，大学"要把那些自己能够做得最好、而别的社会机构不能做好或至少不能像大学做得那么好的社会责任尽数承担起来"①。比如，自主创新是建立创新型国家的关键，但目前中国的企业还远远没有成为整个国家自主创新的主体，在这种经济社会发展状态下，高等学校应该义不容辞地承担起国家自主创新的责任，主动帮助企业进行科技创新与研发。高等职业院校要主动地把研发平台、研究中心延伸到企业和地方中去，利用大学强大的技术力量和优质的智力资源，积极与企业或地方进行合作研究与开发。"一所学校的活力在很大程度上体现为它融入社会、服务社会、引领区域经济和科技进步的能力。"② 高等职业院校延伸到地方的研发平台、研究中心就是社会服务系统开放共享的良好平台。

---

① 贺国庆、王保星等：《外国高等教育史》（第二版），人民教育出版社 2006 年版，第440 页。
② 李培根：《论开放式高等教育》，《高等教育研究》2007 年第 9 期。

参考文献

一、图书文献

北京大学哲学系外国哲学史教研室：《西方哲学原著选读》，商务印书馆1982年版。

别敦荣、杨德广：《中国高等教育改革与发展30年》，上海教育出版社2009年版。

别敦荣：《高等教育管理与评估》，中国海洋大学出版社2009年版。

陈小川等：《文艺复兴史纲》，中国人民大学出版社1986年版。

陈英杰：《中国高等职业教育发展史研究》，中州古籍出版社2007年版。

刁培萼：《教育文化学》，江苏教育出版社2000年版。

董宝良：《中国教育史纲（近代之部）》，人民教育出版社1990年版。

董宝良主编：《中国近现代高等教育史》，华中科技大学出版社2007年版。

董操：《职业技术教育手册》，山东人民出版社2002年版。

杜时忠：《人文教育论》，江苏教育出版社1999年版。

杜作润、高烽煜：《大学论》，四川教育出版社2000年版。

符娟明：《比较高等教育》，北京师范大学出版社1987年版。

高亮华：《人文主义视野中的技术》，中国社会科学出版社1996年版。

国家教委高等教育司编：《文化素质教育与人才成长》，高等教育出版社1996年版。

国家教委教育发展与政策研究中心：《发达国家教育改革的动向和趋势》（第三集），人民教育出版社1990年版。

韩延明：《大学理念论纲》，人民教育出版社2003年版。

郝庭智：《职业教育学》，中国农业科技出版社1995年版。

何钦思：《教育现势与前瞻》，姚柏春译，香港今日世界出版社1976年版。

贺国庆、王保星等：《外国高等教育史》（第二版），人民教育出版社2006年版。

湖南大学编：《文化素质教育理论与实践——第二次全国大学生文化素质教育试点院校工作会议文集》，湖南大学出版社1997年版。

姜惠：《当代国际高等职业技术教育概论》，兰州大学出版社2002年版。

教育部高等教育司：《高职高专教育改革与实践》，高等教育出版社1999年版。

李海宗：《高等职业教育概论》，科学出版社2009年版。

李守福：《职业教育导论》，北京师范大学出版社1989年版。

联合国教科文组织：《教育——财富蕴藏其中》，教育科学出版社1996年版。

联合国教科文组织:《学会生存——世界教育的今天和明天》,教育科学出版社 1996 年版。

联合国教科文组织:《学会做事——在全球化中共同学习与工作的价值观》,人民教育出版社 2006 年版。

刘福军、成文章:《高等职业教育人才培养模式》,科学出版社 2007 年版。

刘刚、吴丹、张雪霞:《彰显与提升——大学形象战略研究》,科学出版社 2015 年版。

刘刚:《问题与路径——高等职业院校人文教育策略研究》,人民出版社 2012 年版。

刘明翰:《世界史·中世纪史》,人民出版社 1986 年版。

刘献君:《专业教学中的人文教育》,华中科技大学出版社 2003 年版。

吕鑫祥:《高等职业技术教育研究》,上海教育出版社 1998 年版。

潘懋元:《多学科观点的高等教育研究》,上海教育出版社 2001 年版。

潘懋元:《高等教育:历史、现实与未来》,人民教育出版社 2004 年版。

潘懋元:《新编高等教育学》,北京师范大学出版社 1996 年版。

璩鑫圭、唐良炎:《学制演变·中国近代教育史资料汇编》,上海教育出版社 1991 年版。

石伟平:《比较职业技术教育》,华东师范大学出版社 2001 年版。

孙培青:《中国教育管理史》,人民教育出版社 1996 年。

王保星:《美国现代高等教育制度的确立》,河北教育出版社 2005 年版。

王承绪：《大学的理想》，浙江教育出版社2001年版。

王道俊、王汉澜：《教育学》，人民教育出版社1989年版。

王恩杰、王友强：《现代职业技术教育理论与实践》，山东大学出版社2007年版。

王前新：《高等职业教育学》，汕头大学出版社2002年版。

王天一、夏之莲、朱美玉：《外国教育史》（上、下），北京师范大学出版社1993年版。

吴玉琦：《中国职业教育史》，吉林教育出版社1991年版。

叶春生：《江苏职业大学十年》，中国矿业大学出版社1991年版。

张岱年、方立克：《中国文化概论》（第二版），北京师范大学出版社2004年版。

张金福：《大学人文教育与科学教育结合研究》，浙江大学出版社2006年版。

张汝伦：《思考与批判》，上海三联书店1999年版。

朱汉民：《中国传统文化导论》，湖南大学出版社2010年版。

［英］阿伦·布洛克：《西方人文主义传统》，董东山译，生活·读书·新知三联书店1997年版。

［德］贝格拉：《威廉·冯·洪堡传》，袁杰译，商务印书馆1994年版。

［美］伯顿·克拉克：《高等教育新论——多学科的研究》，王承绪等译，浙江教育出版社2001年版。

［美］德雷克·博克：《回归大学之道》，侯定凯等译，华东师范大学出版社2008年版。

杜小真、张宁主编：《德里达中国讲演录》，中央编译出版社2003年版。

［意］加林：《意大利人文主义》，李玉成译，生活·读书·新知三联书店 1998 年版。

［美］克拉克·克尔：《大学的功用》，陈学飞译，江西教育出版社 1993 年版。

［德］拉普：《技术哲学导论》，刘武等译，辽宁科学技术出版社 1986 年版。

［英］罗纳德·巴尼特：《高等教育理念》，蓝劲松主译，北京大学出版社 2012 年版。

［美］马尔库塞：《单向度的人——发达工业社会意识形态研究》，刘继译，上海译文出版社 1989 年版。

［英］纽曼：《大学的理念》，高师宁等译，北京大学出版社 2016 年版。

［美］乔治·萨顿：《科学史和新人文主义》，陈恒六等译，华夏出版社 1989 年版。

［美］乔治·萨顿：《科学的生命》，刘珺珺译，商务印书馆 1987 年版。

［荷］舒尔曼：《科技时代与人类未来》，李小兵等译，东方出版社 1995 年版。

［美］约翰·S. 布鲁贝克：《高等教育哲学》，王承绪等译，浙江教育出版社 2002 年版。

二、文章文献

"素质教育的概念、内涵及相关理论"课题组：《素质教育的概念、内涵及相关理论》，《教育研究》2006 年第 2 期。

安维复：《走向社会建构主义：海德格尔、哈贝马斯和芬伯格的技术理念》，《科学技术与辩证法》2002 年第 6 期。

别敦荣、李连梅：《柏林大学的发展历程、教育理念及其启示》，《复旦教育论坛》2010 年第 6 期。

别敦荣、宋洁绚等：《发展优质高等职业教育——广东轻工职业技术学院的经验及启示》，《教育研究》2008 年第 4 期。

别敦荣、徐景武：《未雨绸缪，迎接知识经济时代的到来——再论大学科学教育改革》，《教育与现代化》2000 年第 2 期。

别敦荣：《从边缘走向中心：高等职业教育的新理念》，《煤炭高等教育》2002 年第 5 期.

别敦荣：《大学不可忽略加强科学教育》，《中国电力教育》1997 年第 3 期。

别敦荣：《我国高等职业技术教育是一项朝阳事业》，《煤炭高等教育》2004 年第 2 期。

曾华、张海峰、刘越等：《高职院校的办学理念及其制度保障研究》，《教育与职业》2007 年第 3 期。

曾景春：《人文教育与理工科人才的文化素质》，《高等工程教育研究》1989 年第 4 期。

查有梁：《论新世纪的新教育》，《教育研究》2001 年第 4 期。

陈洪捷：《什么是洪堡的大学思想》，《中国大学教学》2003 年第 6 期。

陈金芳：《素质教育的回顾与反思》，《当代教育科学》2009 年第 3 期。

陈骏：《推进开放办学战略建设世界一流大学》，《中国高等教育》2010 年第 15—16 期。

陈玉华：《略论新时期高职院校的办学理念》，《中国高教研究》

2004 年第 6 期。

陈智：《顺德职业技术学院办学理念与实践探析》，《高等教育研究》2005 年第 11 期。

程家福、张卫红、陈思齐：《农民子女重点大学入学机会不均等问题历史研究》，《现代大学教育》2014 年第 2 期。

储朝晖：《大学精神与大学理念——中西大学的心灵差异》，《清华大学教育研究》2006 年第 1 期。

戴裕崴：《高职院校应从管理学校向经营学校转型》，《经营与管理》2009 年第 4 期。

第二战略专题调研组：《推进素质教育》，《教育研究》2010 年第 7 期。

丁丽燕、沈潜：《高职人文教育研究评述》，《学术界》2007 年第 1 期。

丁学良：《什么是世界一流大学》，《高等教育研究》2001 年第 3 期。

丁原明：《道家的科学精神与人文精神》，《文史哲》2002 年第 1 期。

董泽宇：《美国康奈尔大学办学理念形成与启示》，《国家教育行政学院学报》2010 年第 3 期。

段江飞：《我国大学社会服务职能的历史考察与分析》，清华大学2005 年硕士学位论文。

范谦、沈中伟：《关于兴办高等职业技术教育的思考》，《职教论坛》1995 年第 5 期。

傅家骥、施培公：《技术积累与企业技术创新》，《数量经济技术经济研究》1996 年第 11 期。

傅龙华：《高职院校人文教育的目标定位》，《职业教育研究》2007年第3期。

傅龙华：《走向完整的人——高职院校人文教育的目标与策略研究》，湖南师范大学2006年硕士学位论文。

高宝立：《高等职业院校的人文教育：理想与现实》，《教育研究》2007年第11期。

高宝立：《高等职业院校人文教育问题研究》，厦门大学2007年博士学位论文。

高宝立：《职业人文教育论——高等职业院校人文教育的特殊性分析》，《高等教育研究》2007年第5期。

高原、杜作润：《古典书院也是大学之源》，《复旦学报（哲学社会科学版）》1996年第1期。

高志良：《19世纪中后期英国科技教育发展研究》，河北大学2010年博士学位论文。

郭红：《简论高职院校人文教育队伍的构建》，《中国成人教育》2006年第4期。

何锐连：《加强人文教育促进高职院校发展》，《教育研究》2006年第5期。

何亚非：《专业技术教学应渗透人文社会科学知识教育》，《教育与职业》2007年第21期。

洪修平：《论儒学的人文精神及其现代意义》，《中国社会科学》2000年第6期。

侯愚：《试析琉善对宗教的批判》，《黄淮学刊》（哲学社会科学版）1997年第1期。

胡建华：《科学研究在大学中的历史演进》，《南京师大学报（社会科学版)》2006 年第 4 期。

胡旭晖:《高职院校人文教育的现状及对策》,《中国高教研究》2005 年第 3 期。

扈中平:《现代教育思想的两个基本要点》,《华南师范大学学报(社会科学版)》1998 年第 5 期。

华中理工大学工科本科生基本规格问题调研组:《关于工科本科生基本规格的调查与建议》,《高等工程教育研究》1987 年第 1 期。

黄鸿鸿、于爱红:《美国高等职业教育的沿革与特点》,《教育评论》2003 年第 5 期。

黄晶、刘金凤、陈秀香:《高职院校学生人文素质现状调查》,《职业时空》2007 年第 10 期。

黄若迟:《论第三次技术革命的历史背景和意义》,《历史教学》1985 年第 9 期。

及秀琴:《高等职业教育与素质教育》,《连云港职业大学学报》1998 年第 4 期。

吉光瑜:《战后日本的职业教育及其特点》,《日本研究》2002 年第 1 期。

季美林:《巍巍上庠百年星辰——〈名人与北大〉序》,《北京大学学报(哲学社会科学版)》1997 年第 6 期。

姜大源:《论德国职业教育专业的职业性模式(上)》,《职教论坛》2003 年第 10 期。

姜大源:《论德国职业教育专业的职业性模式(下)》,《职教论坛》2003 年第 12 期。

姜大源:《现代职业教育体系构建的理性追问》,《教育研究》2011 年第 11 期。

姜玉波：《更新高职办学理念全面提高教学质量》，《交通职业教育》2003 年第 4 期。

解树青、王洪刚：《对高职教育办学理念的思考》，《滨州师专学报》2003 年第 1 期。

康健：《"威斯康星思想"与高等教育的社会职能》，《高等教育研究》1989 年第 1 期。

柯佑祥：《理性主义、功利主义对现代高等教育发展的影响》，《高等教育研究》2008 年第 3 期。

柯佑祥：《人文主义和科学主义对高等教育的影响》，《华中师范大学学报（人文社会科学版）》1999 年第 5 期。

孔凡菊：《高职院校加强人文教育的措施》，《当代教育科学》2009 年第 7 期。

孔捷：《柏林大学精神与特征之探析》，《高教探索》2009 年第 2 期。

匡瑛：《高等职业教育发展与变革之比较研究》，华东师范大学 2005 年博士学位论文。

蓝劲松：《大学办学理念：东西方文化的比较》，《清华大学学报（哲学社会科学版）》2002 年第 6 期。

黎万红：《科技进步与职业教育》，《教育研究》2002 年第 11 期。

李大华：《道家哲学性质的分析》，《哲学研究》2008 年第 6 期。

李岚清：《在全国教育工作会议上的总结讲话（摘要）》，《人民教育》1994 年第 Z1 期。

李莉：《试论高职院校人文教育》，山东师范大学 2007 年硕士学位论文。

李培根：《论开放式高等教育》，《高等教育研究》2007 年第 9 期。

李维：《试论英国工业革命和初等教育普及的关系》，《世界历史》1995 年第 1 期。

李霞：《浅析高职院校在和谐校园建设中大力加强人文教育的途径》，《教育理论与实践》2007 年第 6 期。

李孝华：《高等职业教育需要转变哪些思想和观念》，《荆门职业技术学院学报（社会科学版)》1998 年第 3 期。

凌翔：《甘肃省职业教育办学理念研究》，《兰州交通大学学报》2008 年第 5 期。

刘宝存：《理性主义与功利主义大学理念的冲突与融合》，《北京师范大学学报（社会科学版)》2006 年第 3 期。

刘宝存：《纽曼大学理念述评》，《复旦教育论坛》2003 年第 6 期。

刘保存：《洪堡大学理念述评》，《清华大学教育研究》2002 年第 1 期。

刘保存：《威斯康星理念与大学的社会服务职能》，《理工高教研究》2003 年第 5 期。

刘道玉：《论"高、大、全"思维对我国高教发展的影响》，《科学文化评论》2009 年第 1 期。

刘刚：《部分普通本科院校向职业院校转型之思》，《高等教育研究》2015 年第 4 期。

刘刚：《大学人文教育探略》，《福建论坛（社科版)》2008 年第 2 期。

刘刚：《河南高职院校人文教育主要问题调查与分析》，《黄河水利职业技术学院学报》2011 年第 3 期。

刘刚：《技术革命与现代职业教育的生荣》，《河南科技学院学报》2014 年第 8 期。

刘刚：《论高职人文教育的必要性与重要性》，《教育与职业》2004年第 3 期。

刘刚：《人文教育在高等职业教育中的地位和作用》，《河南职技师院学报》1997 年 Z 期。

刘琴、陈强、张玉文：《职教"航母"的聚变效应——河南探索职业教育集团化发展之路》，《中国教育报》2007 年 8 月 6 日。

刘日亮：《坚持"四全"变升学教育为素质教育》，《安徽教育》1988 年第 Z1 期。

刘铁芳：《技术主义与当代大学的命运》，《大学教育科学》2007年第 1 期。

刘维俭、王传金：《从人才类型的划分论应用型人才的内涵》，《常州工学院学报（社科版）》2006 年第 3 期。

刘亚平、宋泽亮：《警惕技术主义的消解》，《传承》2015 年第8 期。

刘坤：《关于资产阶级技术主义》，《自然辩证法研究通讯》1963年第 1 期。

柳斌：《关于素质教育的再思考》，《人民教育》1996 年第 6 期。

柳斌：《努力提高基础教育的质量》，《课程·教材·教法》1987年第 10 期。

柳斌：《三谈关于素质教育的思考》，《人民教育》1996 年第 9 期。

柳斌：《提高劳动者的素质是基础教育的根本任务》，《人民教育》1988 年第 2 期。

柳斌：《五谈关于素质教育的思考》，《人民教育》1997 年第 12 期。

卢国龙：《发天道以建人文——作为中国文化之理论基础的道家道教哲学》，《哲学研究》1994 年第 6 期。

马国川、刘道玉：《中国需要一场真正的教育体制变革》，《经济观察报》2008 年 2 月 2 日。

马树超：《高职教育的现状特征与发展趋势》，《中国教育报》，2006 年 9 月 14 日。

马万华：《迎来大学"灿烂的明天"》，《高等教育研究》1998 年第 4 期。

孟广平：《全民的终身教育与培训——通往未来的桥梁——记第二届世界技术与职业教育大会》，《职业技术教育》1999 年第 11 期。

米靖：《20 世纪上半叶中国"职业教育学"的学科探索》，《江苏技术师范学院学报》2008 年第 2 期。

倪瑞华：《论技术主义对人类道德责任的消解》，《伦理学原理研究》2004 年第 1 期。

聂凌燕：《高职院校人文素质教育探析》，山东师范大学 2008 年硕士学位论文。

欧阳河：《试论职业教育的概念和内涵》，《教育与职业》2003 年第 1 期。

潘懋元：《福建船政学堂的历史地位及其影响》，《教育研究》1998 年第 8 期。

潘懋元：《黄炎培职业教育思想对当前高等职业教育的启示》，《教育研究》2007 年第 1 期。

庞学光：《教育的终极目的论纲》，《教育研究》2001 年第 5 期。

溥林：《中世纪的大学及其成就》，《锦州师范学院学报》2003 年第 3 期。

茹宁、闫广芬：《模式的转换与文化的冲突——对中国大学办学理念现代化进程的思考》，《清华大学教育研究》2012 年第 3 期。

尚慧文：《高职教育集团化运作的理性思考》，《教育与职业》2007年第6期。

宋建军：《对高职院校人文素质教育现实意义的思考》，《黑龙江高教研究》2007年第1期。

宋文红：《欧洲中世纪大学：历史描述与分析》，华中科技大学2005年博士学位论文。

孙宜学：《白璧德：新人文主义者与浪漫主义者》，《书屋》2012年第4期。

孙哲：《儒家教育传统的基本特征及其意义》，《陕西师范大学学报（哲学社会科学版）》2009年第s1期。

孙周兴：《威廉姆·洪堡的大学理念》，《同济大学学报（社会科学版）》2007年第2期。

汤敏骞：《浅析国家示范性高职院校的办学理念》，《职教论坛》2010年第5期。

滕建：《片面追求升学率倾向再探》，《教育探索》1988年第3期。

王宝玺：《高等教育价值观视野下的美国大学理念》，《黑龙江高教研究》2007年第6期。

王川：《职业教育的概念、学科及学科框架》，《职业技术教育》2007年第34期。

王笛：《清末民初我国农业教育的兴起和发展》，《中国农史》1987年第1期。

王艮仲、饶博生：《再次呼吁为职业教育正名定位》，《教育与职业》1989年第5期。

王浒：《谈谈高等职业教育》，《中国高等教育》1995年第2期。

王健：《现代技术伦理规约的特性》，《自然辩证法研究》2006年第 11 期。

王坤庆：《当代西方精神教育研究述评》，《教育研究》2002 年第 9 期。

王明达、杨金土等：《职业教育基本问题访谈录（I）职业教育是什么》，《中国职业技术教育》2006 年第 14 期。

王明达：《关于发展高等职业教育的几个问题》，《中国教育报》1995 年 9 月 23 日。

王明伦：《高等职业教育的地位、规格与特色》，《教育与职业》1994 年第 9 期。

王乾坤：《变革中的德国大学发展理念与范式》，北京大学 2008 年硕士学位论文。

王荣年：《论本科教育是高校的根本任务》，《江苏高教》1987 年第 5 期。

王瑞聚：《关于"最早的大学"问题》，《临沂大学学报》2012 年第 6 期。

王善迈：《关于教育产业化的讨论》，《北京师范大学学报（人文社会科学版)》2000 年第 1 期。

王世进：《多维视野下技术风险的哲学探究》，复旦大学 2012 年博士学位论文。

王啸：《试析教育学的决定论立场》，《华中师范大学学报（人文社会科学版)》2005 年第 3 期。

王娅：《现代生态人文主义理论溯源》，《前沿》2013 年第 19 期。

王英杰：《试谈世界职业技术教育发展趋势及我国职业技术教育的困境与出路》，《比较教育研究》2001 年第 3 期。

王友建、刘建树：《区域办学联合体——实现人文教育资源优化组合和充分利用的组织形式》，《中国职业技术教育》2006 年第 35 期。

王志康：《论科学与技术的划界问题》，《自然辩证法研究》2007 年第 1 期。

文辅相：《我对人文教育的理解》，《中国大学教学》2004 年第 9 期。

邬大光、赵婷婷：《也谈高等教育的功能和高等学校的职能——兼与徐辉、邓耀彩商榷》，《高等教育研究》1995 年第 3 期。

邬大光：《大学理想和理念漫谈》，《高等教育研究》2006 年第 12 期。

肖丽萍：《二战后美国教育政策的演变及启示》，《教育研究》1997 年第 11 期。

谢维和：《素质、发展与教育》，《教育研究》1995 年第 12 期。

徐公芳：《对高职院校职业人文教育的思考》，《中国高教研究》2009 年第 8 期。

杨春苑、李春荣：《论西方人文主义》，《西安电子科技大学学报（社会科学版)》2011 年第 2 期。

杨德广：《中国高等教育办学理念的八大转变》，《北京大学教育评论》2008 年第 2 期。

杨金土、孟广平等：《对技术、技术型人才和技术教育的再认识》，《职业技术教育》2002 年第 22 期。

杨金土、孟广平、严雪怡等：《高等职业教育的标准、特点和发展途径》，《职教论坛》1995 年第 7 期。

杨金土：《杨金土先生给本刊负责人的来信》，《职教通讯》2007 年第 6 期。

杨金土：《职业教育兴衰与新旧教育思想更替》，《教育发展研究》

2004 年第 2 期。

杨柳:《人的全面发展视域下的职业文化建设》,《高等教育研究》2013 年第 7 期。

杨叔子、刘献君等:《在理工科大学中加强文化素质教育的研究与实践》,《高等工程教育研究》1998 年第 1 期。

杨叔子、余东升:《文化素质教育与通识教育之比较》,《高等教育研究》2007 年第 6 期。

杨叔子:《绿色教育:科学教育与人文教育的交融》,《教育研究》2002 年第 11 期。

杨叔子:《是"育人"非"制器"——再谈人文教育的基础地位》,《高等教育研究》2001 年第 2 期。

杨艳蕾:《大学服务社会——"威斯康星理念"研究》,南京师范大学 2011 年博士学位论文。

姚和芳、熊芊:《试论高职专业课程编制中人文教育的渗透》,《中国职业技术教育》2005 年第 34 期。

叶赋桂、罗燕:《大学制度变革:洪堡及其意义》,《清华大学教育研究》2015 年第 5 期。

叶赋桂、张凤莲:《人文教育:一个教育史的考察》,《清华大学教育研究》1997 年第 2 期。

易元祥:《中国高等职业教育的发展研究》,华中科技大学 2004 年博士学位论文。

尹国华:《高职院校人文教育的现状分析及对策研究》,西南师范大学 2004 年硕士学位论文。

於贤德:《论技术美的本质》,《浙江大学学报》1991 年第 2 期。

张斌贤、王晨:《大学"理念"考辨——兼论大学"理想"与大学

"观念"》，《江苏高教》2005 年第 2 期。

张成岗：《西方技术观的历史嬗变与当代启示》，《南京大学学报》（哲学·人文科学·社会科学版）2013 年第 4 期。

张楚廷：《新世纪：教育与人》，《高等教育研究》2001 第 1 期。

张来武：《科技创新的宏观管理：从公共管理走向公共治理》，《中国软科学》2012 年第 6 期。

张鸣：《学界的技术主义的泥潭》，《文史博览（理论）》2011 年第 4 期。

张应强：《论科学教育与人文教育的整合》，《高等教育研究》1995 年第 3 期。

张映伟：《审美境界引导生命升华—新柏拉图主义美学的伦理学分析》，《广西社会科学》2008 年第 10 期。

赵冬、宋彩萍：《人文教育的历史与历史中的人文教育》，《齐鲁学刊》2005 年第 5 期。

赵立行：《彼特拉克书信述评》，《山东社会科学》2005 年第 7 期。

赵秀红：《看河南职业教育发展新亮点》，《中国教育报》2005 年 10 月 30 日。

周洪宇：《谁在近代中国最早使用"职业教育"一词》，《教育与职业》1990 年第 9 期。

周明星、唐林伟：《职业教育学科论初探》，《教育研究》2006 年第 9 期。

周位彬：《高职德育要重视挖掘学科教学中的人文因素》，《教育与职业》2005 年第 15 期。

周秀文：《人文主义概念的历史界定》，东北师范大学 2006 年硕士学位论文。

周应德、尹华丁：《高职教育加强人文内涵建设的理论与实践》，《中国科技信息》2007 年第 6 期。

周作宇：《大学理念：知识论基础及价值选择》，《北京大学教育评论》2014 年第 1 期。

朱爱华、徐国权：《当前我国高职办学理念浅析》，《华东交通大学学报》2005 年第 6 期。

朱红义：《人文科学从古代到现代》，《社会科学辑刊》1995 年第 1 期。

庄丽：《价值观视角下的西方大学理念》，《黑龙江高教研究》2005 年第 12 期。

索　引

后　记

　　本书可以视为 2012 年河南省哲学社会科学规划项目"人文主义视野下高等职业院校办学理念的演变与归向"（编号 2012BJY014）研究的继续。2015 年，该课题被河南省哲学社会科学规划办公室鉴定为"优秀"等级（证书号 2015B038），课题组成员包括陆俊杰、邵帅、王艳荣、周全霞、郎群秀。

　　2017 年，项目主持人刘刚和邵帅讲师、学生刘志坚在原有研究基础上，重新选择了研究视角，拟定了新的研究提纲，以技术人文的视角对高等职业院校办学理念开展了进一步的深入研究。我们力图沿着技术进步与人文发展两条线，从历史发展的宏观高度，高等教育发展的整体脉络，对技术与人文在高等教育办学理念中的此消彼长、普通高等教育与高等职业教育办学理念的交织比较进行了多维的深入思考，尤其提出了高等职业院校办学理念的技术人文归向，技术人文理念既是满足现实发展需要的一种适时转向，也是不忘初心、遵循教育本源的回归。

　　在研究过程中，我们有时沉浸在历史中思考，有时叹息现实的困惑，有时感慨大学的厚重，有时赞赏高等职业教育的活力，有时惊讶技术的力量，有时洞悉人文的深邃。多重复杂的思维，让我们既有"山复水复疑无路"的困惑，也有"柳暗花明又一村"的喜悦。初稿完成于 2018 年秋，后来又进行了必要的修改。在形成书稿的过程中，刘刚、邵帅拟定了最初的研究提纲，各个章节最初有分工，后来几番修改，几乎所有的内容都是我们共同讨论完成的结果。感谢我们的团队。

《现代职业教育体系建设规划（2014—2020 年）》明确提出：2015 年，初步形成现代职业教育体系框架；2020 年，基本建成中国特色现代职业教育体系。2019 年，国务院印发的《国家职业教育改革实施方案》提出：“经过 5—10 年左右时间，职业教育基本完成由政府举办为主向政府统筹管理、社会多元办学的格局转变，由追求规模扩张向提高质量转变，由参照普通教育办学模式向企业社会参与、专业特色鲜明的类型教育转变，大幅提升新时代职业教育现代化水平，为促进经济社会发展和提高国家竞争力提供优质人才资源支撑。”与普通高等教育相比，高等职业教育或许是“妍芳落春后”（唐武元衡），但今后的一个时期将迎来大发展、大收获的历史性机遇。期待高等职业教育进入秋意浓、妍雅香的季节，愿我国高等职业教育在创新中不断增强核心竞争力，提高办学质量，实现创新、协调、绿色、开放、共享和特色的发展，为建设人力资源强国和创新型国家提供人才支撑。

刘　刚

2019 年仲春于牧野淮庐